観光と北海道経済

地域を活かすマーケティング

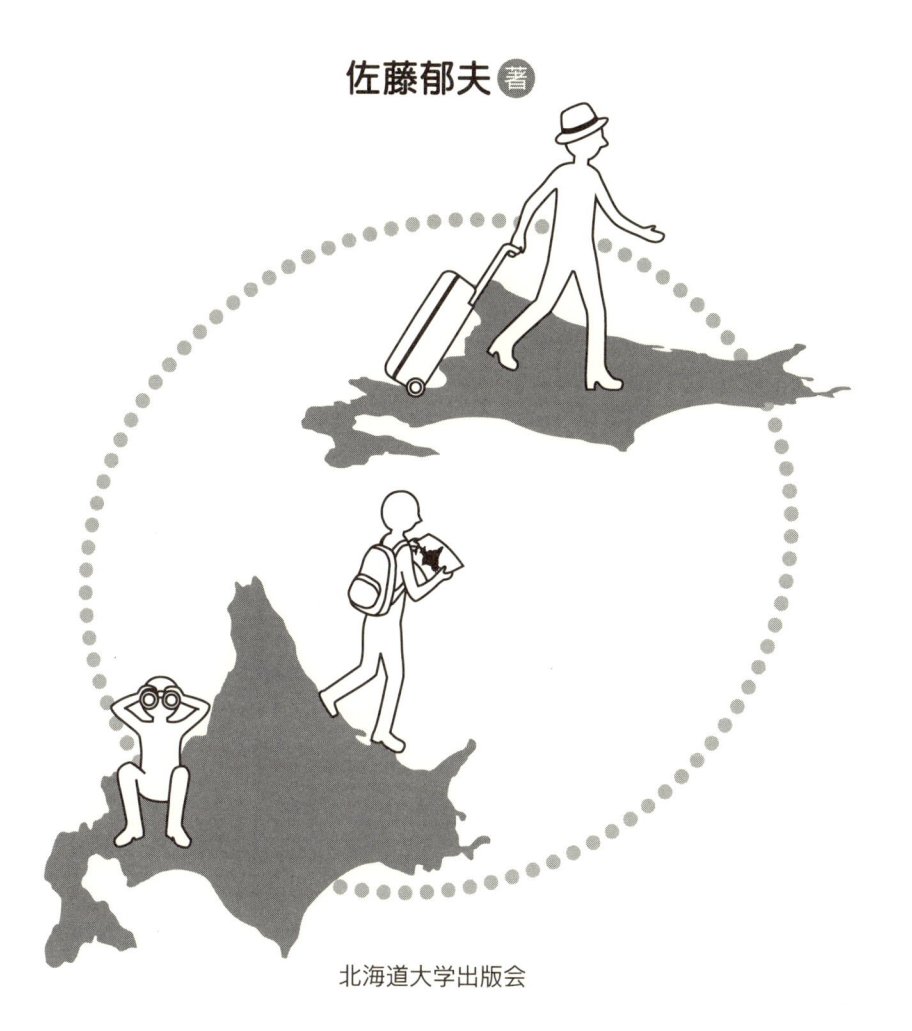

佐藤郁夫 著

北海道大学出版会

扉イラスト:阿南沙織

まえがき

　少子・高齢化が進展し，人口減少が進行しているわが国経済では，大消費地から遠距離に位置するなど産業活動からみて条件不利な地域は一層厳しい環境に追いやられる可能性がある。また，市町村合併，国の財政制度の見直しも自治体を取り巻く経営環境をさらに厳しくしている。地域が一発逆転を狙うことは難しくなっており，行政，企業，市民が地域を運命共同体ととらえて一体となった地道な努力を積み重ねなければならない。限られた地域の経営資源を有効に活用することで成熟型の経済・社会システムへと対応させながら，豊かな生活を享受できるような地域経営，すなわち地域づくり，まちづくりが緊急の課題となっている。

　地域づくり，まちづくりによって交流人口の増加を図ることで現状に甘んじることなく，内発的発展を可能にする産業として多くの地域から期待がよせられているのが観光である。しかしながら，人口減少が加速している状況においては観光への道のりもけっして平坦ではない。とりわけ，高度成長期のように団体で移動，観光を楽しんだ時代とは異なり，個人志向が高まり消費行動も多様化している現代においてその対応は容易ではない。また，担い手不足に直面している地域では戦略をもった取組みも必要になっている。

　本書はこのような地域を取り巻く環境変化，多様化する消費者への対応などを視野に入れた地域経営について考えるものである。第1章では，先行研究を通じて，観光振興に必要な視点である観光地の成立過程について整理している。観光地は多様で複雑な過程を経てできあがっているとともに，観光客の動きは経済のグローバル化が進むなかで開放されている。したがって，動態的かつ総合的に地域と観光をとらえながら，重層的かつ戦略的に地域経営と観光振興を見つめ直す必要性が高まっている。第2章以下ではより具体的に観光と地域との関係について論じるためにわが国を代表する観光地の1つである北海道に焦点をあてた。まず第2章においては，北海道観光の歴史，主に戦後の動向につ

いてフォローすることで政府の施策，交通関連事業者や旅行代理店，金融機関などが北海道観光の発展に果たした役割などについて整理を試みた。第3章では，観光を戦略的発展に導くための最初のステップとして現状分析をするために観光ライフサイクル理論を北海道に当てはめながら，さまざまな観点から分析を試みた。消費者行動の多様化，個性化などから交通アクセス・産業振興などの面で条件不利な地域や過疎が進む地域では情報発信や担い手不足などの課題を抱えている現況について整理を試みた。第4章では地域づくりやまちづくりを効果的なものとする観光マーケティングを探るなかで，インターネットなどネットワーク型の手法の可能性や課題を検討した。とりわけ，自治体職員がこのような経営資源を活かすうえでの課題について触れた。第5章では，北海道観光のライフサイクルと地域経済活性化との関係を明示するために，事例研究として函館市と旭川市を取り上げ，地域づくり，まちづくりにおいて市民が果たす役割について焦点をあてた。

　なお，第1章は書き下ろしであるが，その他は以下の原稿をもとに大幅に加筆・訂正して構成されている。

第2章　大沼盛男編著『北海道産業史』北海道大学図書刊行会，2002年
第3章〜第5章　(財)北海道開発協会開発調査総合研究所『生活みなおし型観光を目指して』2002〜2006年度報告書，並びに佐藤はるみ氏との共著になる『市町村のホームページ活用利用実態調査』(社)行政システム研究所「行政＆ADP」2002年7月号

　末尾となるが，長期間にわたる研究の機会を与えてくださったとともに，本書を構成する原稿の大部分に目を通していただき，適切なアドバイスと指導をいただいた財団法人北海道開発協会開発調査総合研究所の小林好宏所長(武蔵女子短期大学学長)，半田博保，草刈健，札幌大学経済学部松本源太郎，北海商科大学商学部加藤由紀子の各氏に心より御礼を申しあげたい。また，観光に対する関心をもつきっかけを与えてくださったとともに，原稿に対する指導までいただいた北海学園大学経済学部大沼盛男氏(故人)に深い感謝の気持ちを伝えたい。さらに，本書が世に出るまでに貴重なアドバイスをいただいた北海学園大学経済学部の奥田仁，小田清，小坂直人，高原一隆の各氏にも御礼を申しあげたい。財団法人日本交通公社観光文化事業部，並びに北海道立地質研究

所・北海道立衛生研究所，札幌商工会議所のシティガイド・テキスト作成・作問委員のメンバーなど多くの皆様には共同研究などを通じて観光研究に対するさまざまな示唆を与えていただいた。また，パートナーである佐藤はるみには税理士として忙しい生活の合間に研究のヒントや有益なアドバイスをもらうとともに，作業協力などさまざまな場面で支えてもらった。また，北海道教育大学伊藤隆介先生からご紹介いただいた阿南沙織さんにはカバーと中扉を素晴らしいものに仕上げていただいた。御礼を申し上げたい。最後になってしまったが，遅筆で作業が終わる見通しがつかない私を辛抱強く待ってくださり，出版情勢が厳しいなか，出版の機会を与えてくださった北海道大学出版会前田次郎氏や成田和男・杉浦具子両氏には最大の謝辞を述べさせていただきたい。これらの多くの人たちとの交流や支えがなければ，本書が世に出ることはなかったことであろう。なお，本書のなかにあるであろう誤りはすべて筆者の責任に帰するものであることを記しておく。

2008年1月8日

佐藤郁夫

目　次

まえがき　i

第1章　観光と地域経済 ……………………………………… 1

　は じ め に ……………………………………………………… 2
　1. 空間と観光立地 …………………………………………… 2
　2. 観光と地域経済 …………………………………………… 10
　3. 観光と消費者 ……………………………………………… 17
　ま　と　め ……………………………………………………… 25
　　ワンポイントガイド：夕張市の観光　31

第2章　北海道観光の歴史的展開 …………………………… 33

　は じ め に ……………………………………………………… 34
　1. 戦前期の観光関連産業 …………………………………… 34
　　　交通網の発展が育てた観光の芽　34／観光関連産業としての交通　37／戦前期の観光振興の動き　40
　2. 政策主導の昭和初期 ……………………………………… 42
　　　国際観光への動き　42
　3. 戦後復興期 ………………………………………………… 46
　　　官主導の復興期・昭和30年まで　46／戦後の北海道観光　49／高度成長期の観光　50／北海道開発計画と観光関連産業　50／高度成長で発展期に入った昭和30年代末　52／北海道観光振興の指針と整備　54
　4. 観光ブーム ………………………………………………… 58
　　　東京オリンピック以降の観光ブーム　58／北海道ブームの始まり　60
　5. 観光レクリエーションとリゾート開発 ………………… 63
　　　オイル・ショックと余暇利用型観光　63／レクリエーション観光振興からリゾート開発へ　67

6. バブル経済期前後 ･･･ 69
　　　バブル経済期　69／バブル経済崩壊期　80／航空業界の規制緩和　83
　まとめ ･･ 84
ワンポイントガイド：知床自然遺産登録と経済活動　93

第3章　北海道観光が抱える課題の多面的分析 ･･････････････ 95

　はじめに ･･ 96
　1. プロダクトサイクルと観光ライフサイクル ････････････････････････ 96
　2. 観光マーケティング ･･･ 102
　3. 市町村別観光客入り込み動向からみた課題 ･････････････････････････ 107
　　　北海道内市町村別観光客の入り込み状況　111／市町村別の観光客入り込みと過疎　113／温泉地の観光客入り込み状況　115／季節別の観光客入り込み状況　118
　まとめ ･･ 122
ワンポイントガイド：オーストラリア人観光客とニセコ　124

第4章　観光マーケティングのためのネットワーク ････････ 127

　はじめに ･･･ 128
　1. 観光と情報通信技術 ･･･ 128
　　　北海道観光とIT技術　129
　2. 市町村の観光振興とインターネット ･････････････････････････････ 135
　　　回答状況からみた市町村の情報環境　136／「ホームページ利用実態アンケートの結果」概要　137
　3. インターネットを用いた市町村の情報発信 ････････････････････････ 147
　　　道内市町村の観光資源とブランド力　149／観光資源のブランド認知　150／ブランド認知を生むネットワーク　151
　まとめ ･･･ 161
ワンポイントガイド：ネットワークから生まれるメタファー，メタファーとしての温泉地域力　164

第5章　地域経済の変化と観光 ････････････････････････････････････ 167

　はじめに ･･･ 168
　1. 社会・経済変化と観光地の盛衰 ･････････････････････････････････････ 168
　2. 市民と行政の協働が支える函館観光 ･････････････････････････････ 170

協働による函館市の観光活性化　170／函館市によるまちづくり　173／市民によるまちづくり　174／はこだてクリスマスファンタジー　175／特定非営利活動法人・市民創作「函館野外劇」の会　176／元町倶楽部　177／協働で魅力を育てる町・函館　179
 3. 軍都から観光へ・旭川市 ……………………………………………………179
　　　旭山動物園の閉園の危機　180／奇跡の復活　182／旭川型協働を目指す，特定非営利活動法人・旭山動物園くらぶ　185
 ま　と　め ……………………………………………………………………………187
 ワンポイントガイド：自治体の観光振興とマネジメント　190

 付表　観光・ホテル戦後略年表　193
 鉄道開業・廃止年月一覧　204
 あとがき　207
 索　　引　209

第1章

観光と地域経済

はじめに

　地域活性化にとって観光振興への取組みは重要なものの1つであるが，観光と地域経済，地域経営との関係が明示されているとはいいにくい。また，研究の対象としてみた場合，その対象分野の幅広さや，観光産業そのものが存在せず，交通，宿泊施設，レジャーなど多様な産業の集積や補完関係，重層的・動態的な関係によって観光ができあがっている，という事情も研究の蓄積を乏しくしている。本章では地域経済や地域経営にとって関係性を増している観光の先行研究の整理を試みるとともに，その動態的な特性から導き出される地域振興への戦略性や具体的な道筋について概観する。

1. 空間と観光立地

　地域経済を構成する基幹産業の1つとして観光[1]の重要性が増している。しかし，研究対象とする試みは十分な蓄積がなされないまま現在に至っている。その理由の1つとなっているのが，観光そのものに内包された研究対象の幅広さや学際的な特質である。経済学的な視点に立つと，マクロ経済における国民所得や国民経済的な接近だけにとどまらず，ミクロ経済の応用分野である地域経済学や経済地理学からの取組みもなされている。産業という観点に立つと，観光産業そのものは存在せず，運輸・交通，宿泊施設，飲食業，レクリエーション施設，旅行代理店業などさまざまな産業が多様な役割を担って機能を分担，補完，集積することによって形成されている。また，観光客を誘致する観点からは経営学，マーケティング，さらには実務的な視点からホテルやレストランなどの経営手法や交通産業などの研究も必要となる。加えて，消費者行動や心理学，社会学，文化経済学，自然保護，環境問題などとの関わりも無視できない学問分野となっている。

　これら多様な接近方法があるなかで，地域経済という観点に立つとこれまでの経済地理学や地域経済学の取組みが工業を対象とした研究が中心となってきたため，やはりサービス業の多様な集積から成り立つ観光への取組みの蓄積に

はみるべきものが少なくなる。そのなかでも正面から観光と地域経済との関係に取り組んだ数少ない研究のなかには経済地理学における空間経済分析を取り入れた立地論がある。地理学では，経済現象が地域によって異なる発展過程を経ていることを自然資源の地域的分布や気象条件など地理的自然環境に求めてきた。さらに，異なる地域間を財や生産要素が移動する可能性や地域間の距離などの空間的な要素を意識している。このため，自然景観や歴史・文化などを求めて人が移動することで成り立つ観光と親和性がみられるためである[2]。

チューネンの立地論を観光立地に適用する研究の試みは1960年代頃からなされてきた。観光客(観光主体)の移動数の多少に関した立地論からの分析は観光活動が立脚する日常生活からの空間的移動に視点をあてた考え方が基礎となっている。つまり人や情報が場所を移動することによって生じる相互作用との間には補完的な関係，すなわち2つの離れた地域において需要と供給の関係が存在することを示そうとしたものである。ただし，その間に代替的なものがあれば，その需給関係は比較的入手しやすいものに置き換わる可能性がある。ところが，このような補完性や代替性があっても移動のために要する交通費用などが大きすぎるならば相互作用は減少するかなくなってしまう場合があることを観光に当てはめて考えたのである[3]。このような立地論を観光に当てはめた代表的なモデル分析としてはグラビティー・モデルと除野モデルがある。

グラビティー・モデルは，上記のように特定の市場からある特定の目的地に到着する訪問客の数と一連の変数との間に測定可能な関係があることを示したものである。ただし，このモデルには，観光の場合，遠くに行けば行くほど，ますます遠くに行きたがる観光客が存在する場合もあることを考慮していない，などの欠点がある。つまり，グラビティー・モデルが成り立つとすれば遠くに行こうとするためにはそれに相応するだけの所得が必要になるはずである。しかし，それだけでは過去にみられた相対的にみて所得水準が低いはずの多くの学生や若者たちが移動した「離島ブーム」「最果てブーム」，希少価値を求めて「幸福駅から愛国駅」までの切符を購入するために大勢が北海道を訪れた現象などは説明できなくなる。また，除野モデルでは地代によって観光活動が決定されていると主張した。都心部ほど地代が高く，都心から離れるに従って地代が下がっていることを仮定において，都心部では高い地代を負担することが可

能となるような資本集約的な観光事業活動，すなわちより多くの資本や資金を必要とする観光事業が営まれる傾向があり，都心部から離れるに従って資本非集約的(あるいは土地集約的)な観光事業活動が営まれると述べたのである。つまり，都心部には高級なホテルやレジャー施設，都心から遠く離れた地域では自然観賞のような観光が主体となるとの見方である。しかしながら，これだけでは観光事業と観光客，観光対象などとの間に発生する移動の関係が不明瞭であるという問題が指摘されている[4]。とりわけ，バブル期にみられたように都心から遠距離に位置する離島などに都心ではみられないような豪華で建築単価の高いリゾートホテルを建設して観光客を引き付け，多くの人が時間消費や癒しを目的に長期滞在する観光行動は説明しにくくなってしまう。

　観光客が地域を空間的に移動することに焦点をあてた立地論からの観光分析は工業社会からサービス社会，そして消費社会に移り行くなかで，より多様な観点からの説明が必要になっている。デファールはその著書『観光立地論』のなかでチューネンの立地論を観光に当てはめようとする場合，①移動要因を説明するには輸送費以外の異なった要素が重要である，②自然決定論に従う，③交通手段が多様化し，鉄道輸送だけでは理解できない，④距離は観光客に心理的減価を与える，⑤商品ではなく，人が移動する，⑥完全市場からはほど遠く，独占市場に近い，などから単純に観光立地への応用は難しい，と述べている。しかしながら，西岡はこのようなデファールの考え方に対して批判的な立場をとっている[5]。つまり，①輸送費以外の要素「も」大切である，②自然決定論は自然的な観光資源の存在についてのみいえることであり，その場合でも，土地利用産業としての「より総合的なアプローチ」が観光産業には必要になる，③交通手段の進歩あるいは多様化は，立地論を無意味にするものではない，また，心理的価値の低下についても，④広義の立地論あるいは集積論に属するとみられる中心地論や引力(グラビティー)・ポテンシャル系モデルの適用の有効性を示唆するものである。同時に集積の利益，または効果，あるいは心理面での距離から受けるイメージの影響などを，逆に積極的に考慮すべきことを示唆している，さらに，独占市場に近いという指摘に対しては⑤立地論の一分野である空間競争論，あるいは製品差別化，したがって独占的競争などを想定すべきことを，製品またはファッションのサイクルに属している面があることにも

留意すべきである，と指摘して，立地論を観光に適用することは可能であると主張している[6]。この西岡の指摘は最近活発になっている地場産品や特産品にみられる地域ブランド論にまで踏み込んだものであり，観光のもつ総合的で多面的な側面を指摘するものであるが，すでにできあがった観光地に対しての見方にとどまっているような印象を受ける。

　脇田も『観光立地論 I』のなかで立地論は地理学と経済学の境界科学に属する[7]，と述べ，「距離費」が移動のための摩擦費用となって経済的・時間的に行動は制限されるとしている。このような考え方に立脚したうえで，観光地までの距離が長くなるに伴い，観光客の吸引力（そこに行きたい意欲）が漸減する関係を踏まえて，観光客の一定数を確保しようとするためには遠隔地になるほど自然的・文化的な観光資源の魅力をさらに高める努力が求められるはずである，したがって，宣伝，アクセスを容易にする交通整備，宿泊施設の充実などが対策として必要になることを指摘して，観光立地論の有効性を述べている。さらに，スイスの各都市を比較研究することで，各都市にみられる観光客数の差は，文化的観光資源の立地によってもたらされる観光客への吸引力によってそのほとんどが説明されるとみている。この場合，各種の商店，レストラン，ティールーム，バー，映画館，劇場，ダンスホール，カジノなどは，観光客に対する吸引力としてはそれ自体についてみるとさほど強くないものの，それらを集合的にみるならば大きな都市の魅力を形成して，観光客を吸引していることを指摘している。また，これらの商店以下の機能は，広義に解釈すると文化的観光資源であり，狭義にみても都市的レクリエーション資源と呼ぶに相応しいとみている。さらに，これらはいずれも都市にみられる機能であり，文化的観光資源と都市的レクリエーション機能を併せると，観光客数の集客差のほとんどが説明可能であることも示している[8]。

　脇田と同様の分析は神頭が日本の大都市における観光レジャー施設の立地について行っている。観光レジャー施設は供給サイドからは単なる財であっても，消費サイドからみると，一種の準公共財としての役割を演じており，東京ディズニーランドやユニバーサル・スタジオ・ジャパンなどを例にあげて，一定の金銭を支出すると誰もが入れる非排除性を有していることを指摘している[9]。そのため，準公共財的な機能や効果をより発揮しやすい，人口が集中して交通

の利便性も備わっている大都市またはその周辺に立地すると一般的に考えられており，施設立地モデルに応用できるとしている[10]。

西岡は「店舗やレストランの立地についての或る一般的な諸原理は，観光にも妥当する」と述べる脇田などの立場に対して，個々の観光事業所または観光地の立地のみを主として考えているようで，立地論あるいは立地問題を自己流に狭く解釈している，と批判的な見解を述べている[11]。しかしながら，この西岡の批判するところは脇田の指摘や論点と大きな違いはみられない。すなわち，脇田は個々の施設の吸引力は西岡が指摘するように弱いことを認めたうえで，それらが集積することから生まれる都市的機能の吸引力の強さに注目しているからである。つまり，西岡の論点は前述したように，すでにできあがった観光地を対象としている印象が強く，地域経済の構成要素としての特産品の発掘，開発を通じた地域づくり，まちづくりなどによって観光地が新たに生まれる場合があるという，立地を動態的にとらえた視点には乏しい。空間経済学や観光クラスター理論などで後述するように，立地論を所与のものだけにとどめて議論するのではなく，集積に至る過程も考慮に入れて動態的にとらえ，観光対象となる資源の集積による収穫逓増が引き起こす都市機能の外部効果や集積効果へと論点が移行したことで視点の違いが生まれたとみることができる[12]。

このように，人の空間的移動から生まれる観光の立地や発展・衰退過程には観光への経済学や地理学からの定量的な分析のみに限定されない経済活動や産業動向の歴史的変遷，動態的把握，そこから生まれた文化，社会など多様な質的要素を含めた広範かつ総合的な視点が必要になっている。したがって，工業立地や企業集積による外部経済性から生まれる動態的な動きや立地論において重要な要素を占める空港など交通網の発展，さらには都市形成，そしてこれらから派生した都市間の階層性（ヒエラルキーモデル）が関係していることも見逃せない。このような空間的移動に伴って生じる階層性の考え方は国際空港や国内空港の立地などによって国際観光や国内規模，さらには広域レベルから局地レベルの地域経済の特性にまで関連をもつことになる[13]。

なお，社会や経済の成長について立地理論を視野に入れて，時間と空間の両方の次元を当てはめて包括的にとらえ，過去の出来事の影響と現実の経済・社会の構造や状態に働く力を経済学の空間的，地域的な体系を導き出すための学

問として，アイサードらは「空間経済(Space-Economy)」を唱えた。しかし，これまでみてきたような「なぜここにこのような産業群が集積しているのか」という企業集積を生み出す動態的かつ多面的な発展過程に対する素朴な疑問に答えることに限界があったため，議論はマーシャルの外部経済と集積問題へと展開，さらにクルーグマンらによって国際経済，国際貿易や地域経済の内生的な成長を動態的にとらえていく大きな広がりをもった「空間経済学(Spatial Economy)」へと結実している[14]。

この新しい空間経済学について，藤田はサービスを含む財や人間の多様性，生産における規模の経済，および財や情報の(広い意味での)輸送費の3者の相互作用により内生的に生じる，経済活動の空間的な集積に向かう力とイノベーションの場の自己組織化の理論を中心として，あらゆる空間領域における地域経済システムの形成と発展を統一的に理解しようとするものであると定義づけている[15]。これらの議論はシリコンバレーのような特定地域における国際的な競争優位性をもつ企業集積を対象にとらえて理論展開したものである。つまり，経済現象の地域的に異なった発展過程の説明を試みようとしたものである。しかしながら，集積過程のなかに内包され，蓄積される供給と絶えず移ろい続ける消費者志向とのミスマッチ，これによって引き起こされる衰退要素の発生過程の分析については課題を残している。グローバル化が加速するもとでは地域経済が長期的にリニア(直線的)な発展過程をたどるのは稀有なことなのである。

ところで，これらの観光を立地論からとらえて集客要因，すなわち観光主体の空間的移動について考える議論はたとえば日本においてもっとも観光客が訪れる観光地は東京都であり，北海道でもっとも観光客が訪れているのは札幌市であるという事実を説明することは可能である。また，ラスベガスやディズニーランドのような商業施設，レジャー・サービス施設の集積がさらなる集積を呼び込んでいることも説明可能である。しかしながら，ラスベガスはかつては砂漠であったところを開発により発達させた地域である。また，わずか人口35万人強にすぎない地方の中核都市である旭川市に立地し，存続の危機に直面していた旭山動物園が東京都の上野動物園に迫る年間300万人を超える入園者数を記録するまでに急激に人を呼び込んだ事実は都市機能の外部効果だけで

は説明できない。同様に，都市機能の集積する中心部から離れた地域に人を引き寄せるような質的に異なる要素に導かれた人の空間移動の誘引や要因を説明するのも不十分である。逆に，これまで栄えていた地域が消費者志向の変化などから衰退に向かう現象の説明も難しい。つまり，できあがった観光地に蓄積された集積効果や空間的移動は立地論によって説明できても，観光客の移動原因として，交通費，時間費用に限定されない社会的，文化的，歴史的観点，そして既存の価値とは異なる新しい魅力や価値を掘り起こすような取組みを取り入れた質的な視点や観光客の消費行動の分析，さらにはこれらをうながすマスコミなどの影響，そこから生じる地域経済の多様な変化などについての動態的な考察が十分とはいえないのである。

　観光の場合，その総合的な性格，さらに多様な産業から構成されている，という事実を考慮すると，観光に関わる多様な事業者(当該事業者は観光を意識していなくても，集客の結果として観光行動を引き起こした事業者も含む)の存在とその企業家的な努力によっても観光地が生まれる場合がある。また，新たな観光地が生まれることによって衰退する地域も現れる場合がある，という動態的な視点が欠かせない。このため，山村は観光を供給するサイドの観光開発努力にも視点をあて，「観光地域の形成はその地域の観光資源性の両面から分析することは必要ではあるが，より重要な視点は観光地形成者」であるとしている。つまり，価値の高い観光資源の存在は観光地域形成の主たる条件ではあるが，さらに観光の主体である観光客に観光の財・サービスを提供する企業家などの開発意図のもとに各種の観光施設が加えられることで，観光地域が形成される，という総合的な視点や人間の感性の違いも大切であることを指摘している。このような観光に取り組む企業家などの性格差があって多様な観光地域が形成されると主張する[16]。

　しかしながら，観光地の多様性は観光客がその価値を認知，これに触れるために移動することによって形成され，新しい価値を有する観光地として定着するのであって，企業家などの事業家としての感性や着想，アイデアだけに論点を絞り込むことは難しいことであろう。たとえば，旭山動物園であっても確かに動物の展示方法の見直しは動物園の職員が最初に取り組んだのであるが，その新しい展示方法に魅力を感じた人たちの口コミ効果やマスコミによる大衆へ

の働きかけがなければブームといってもいいような活況には至らなかったはずである。やはり企業家などと観光客，そしてその間に介在する人の情報交流，つまり，口コミやマスコミ効果との間に人口移動につながるある種の相互作用が生まれて多様な観光地が生まれる，とみるのが順当なとらえ方であろう。

　このため，西岡は観光客が移動するには彼らに欲求や必要性があり，観光対象に観光（人の空間的な移動）に値する魅力や誘因性があることが前提となって移動，観光が生まれていることを指摘する[17]。こうして，観光特有の文化性や歴史性などの定性的なものにも視点があたるようになり，人間のもつ「価値観」や「その強調度」「環境ないし場」をキーワードに観光行動を解明しようとするアプローチもみられるようになった。

　ところで，これらの観光客や観光形成の議論は，いずれも観光を「日常生活圏を離れて行なう様々な活動」という観光客の空間的な移動の視点に立った定義づけを基点として生まれたものと考えられる。このため，「離れる」ための交通手段が観光のなかで重要な位置を占めている。第2章で北海道観光の歴史を事例にして詳述するように，観光地の形成過程や発展過程を歴史的かつ動態的にみると，交通網の整備や発展と密接な関連性を有していることが分かった[18]。ところが，地域における交通網の発達は鉱工業資源や農林水産資源など各種の経済資源や労働力などといった財や生産要素の輸送との関わりが深いことは歴史的事実からみて疑いがないところである。したがって，立地論から観光について論及する場合，やはり歴史的かつ動態的な変化への接近についても見落とすことはできない。北海道を例にあげると，観光の発展を牽引した鉄道を代表とする主要な交通網はその形成過程において石炭や水産業，鉄鋼業などの立地が大きく影響している，という事実がまずある[19]。さらに，最近の個人志向的な観光行動に視点を移すと，移動手段の変遷によって形成された環境変化も指摘することができる。つまり，地域経済の衰退などに伴う住民の移動頻度の減少が鉄道網の縮小・利用料金の上昇を呼び，利便性が悪化することによって大型バス・マイカー利用に傾斜・依存せざるを得なくなってきた側面を無視できない。このような交通網の発達・衰退過程が都市形成にも影響することによって，都市から温泉地などの観光地間の人の移動パターンが形成された。また，各地域が取り組んできた活性化策や生き残りへの努力によって宿泊

施設なども新たにできあがってきた。このような地域ごとの多様な経済活動や社会動向のなかで，地域によっては立ち寄る人が減少，通り過ぎてしまうことが多くなって衰退へと向かった観光地も出現するようになった。

　このため，観光地はそれ自体に限定されず，周辺の鉱工業や農業，工業，社会動向などが直面する環境変化からも影響を受ける。たとえば，第3章で述べるように，北海道を代表する観光地でありかつては離島観光に沸き，貴重な高山植物など花観光で知られる国立公園に位置する利尻島や礼文島に住む住民の経済基盤は第1次産業に依存している部分が大きい。産業活動をみると，利尻昆布など地場産品のブランド化も展開できている。ところが，長期的な人口動態をみると，少子・高齢化の影響から，人口が急減することが明らかとなっている。地域特有の教育機会の乏しさに起因した問題も大きいと推察されるが，何よりも基盤産業の弱体化を観光関連産業では支えきれていないことがこのような事態を招いているとみられる。これでは，せっかく北海道を代表する観光地の1つであっても，将来的に観光の担い手の確保の面でも苦戦を強いられるのは避けられないであろう。第1次産業を中心とした安定した経済基盤や教育環境など，地域経済や地域社会が抱える問題が観光にも大きな影響を与えるのである。つまり，北海道全体でみるなら，高度成長を支えた道内観光客の減少へとつながる可能性がある。

　ところで，最近になって各地で盛んに行われている地域づくりやまちづくりなどの取組みも過去の産業の遺物などを観光資源へと利活用したものが多い。このことも観光立地と当該地域の鉱工業や農業，各種産業，さらに都市などの歴史的発展過程，すなわち動態的な立地過程と密接な関係があることを示している。さらに，地域の産業の変遷のなかで文化性や歴史性などの新しい価値や魅力が蓄積されることによって，観光客が当該地域に誘引されて観光地が形成，あるいは衰退している。筆者はこのような地域経済における観光との一体化を強める動態的な変化を「地域と観光の重層化」と名づけることとする。

2. 観光と地域経済

　これまでみてきたように，観光はその立地や衰退過程においても地域経済の

盛衰や歴史・文化的な変遷などと切り離すことのできない関係性を有している。それは中村が指摘しているように，地域を総合的かつ動態的にとらえると観光と重なり合う部分が多いからである[20]。つまり，①自然・文化・経済，②総合性，③独自の存在，④住民が主体，⑤解放系，⑥重層的空間システム，⑦グローバル化など，中村があげた"地域"の7つの特性は"観光"にもそのまま当てはまるといっても過言ではない。とりわけ，地域を訪れる観光客の自由な移動が示すように，地域経済はグローバル化が進むなかで外に向かっての開放が急速に進展している。このため，自給型・完結型の地域再生産はもはや非現実的なものとなっている。したがって，海外への工場立地が活発になるにつれ，かつて栄えた工業地帯の荒廃が生み出されるだけではなく，後発国の所得水準の高まりによってサービス部門などでも地域間の競合が強まるにつれて，各地域は戦略性をもって経済振興を考えなくてはならなくなっている。経済のグローバル化が進み，輸出型の産業の衰退や撤退に直面するなかで，地域経済を支え，牽引する産業の1つとして，「見えざる輸出産業」と呼ばれてきた観光が注目されている理由の1つもこのような事情が背景となっている。

　北海道観光を例にみても，台湾や中国，韓国，オーストラリアからの観光客が増えている一方で，国内においても沖縄県との競合が厳しさを増し，さらには道内各地の観光地間でも観光客の誘致にしのぎを削って，地域の魅力の掘り起こしに腐心している。このような観光関連産業の関係者が置かれた現状と照らし合わせると，観光立地と地域経済の重なり合いが強まるにつれ，両者が有効に結びついた戦略性が求められていることが分かる。こうして，地球規模（グローバル）であるとともに地域規模（ローカル）の視点や取組みの両方を必要とする地域経済では，重要な位置づけを占める産業として戦略的な視点に立った観光関連産業の育成が必要になってきている。

　なお，このような国際的観点に立って北海道観光を例にみると，海外からの観光客入り込みの実績からみて，日本国内における農業地域や工業地域または地理的・気候的，文化的・歴史的特性の違いからみた，「地域内の違い」ではなく，よりグローバルな観点に立った「他の地域との違い」が観光客が選択する消費行動を誘引している可能性が高いことが分かる。たとえば，北海道は温暖なアジア各国からは気候などの面からみて北方圏という共通の特徴をもつ同

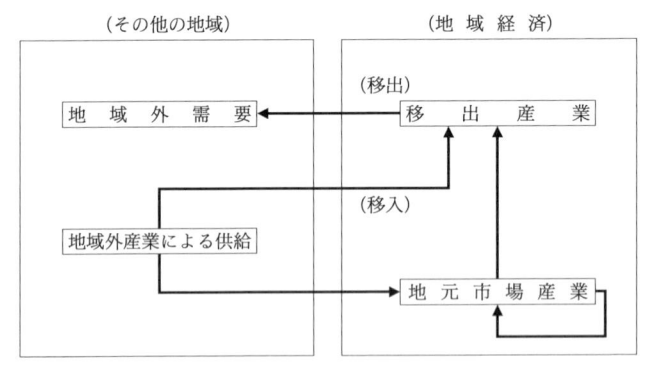

```
(その他の地域)                    (地域経済)
┌─────────────────┐         ┌─────────────────┐
│                 │ (移出)   │                 │
│  地域外需要  ←──┼─────────┼─  移 出 産 業    │
│                 │         │         ↑       │
│                 │         │         │       │
│                 │ (移入)  │         │       │
│  地域外産業による供給 ────┼─→ 地元市場産業 ─┐│
│                 │         │         ↑──────┘│
└─────────────────┘         └─────────────────┘
```

→ 供給の流れ(反対方向に需要の流れがある)

図 1-2-1　移出産業と地元市場産業の連携および地域外需用・供給との関係
出典：中村剛治郎『地域政治経済学』p.74 より

質地域(均等地域)のなかにあることの認識が戦略上の差別化につながっている。また，北海道洞爺湖サミットの際に先住民族であるアイヌ文化にイベントとして先進国の首脳や関係者が触れてもらう機会を企画するのも同様の観点で説明可能である。このようなグローバルな視点に立った地理的・気候的，文化的・歴史的特性を活用した戦略的視点も地域経済と観光形成が重なる部分である。
また，2つの地域を構成する空間の相互依存関係に着目すると，他の地域と結ばれている交通ネットワークの結節点(ハブ)としての役割を担う地域をどこに求めるか。または移動コストなどの諸条件を考慮に入れた目的地選定についても，戦略的な観点を取り入れて観光立地や地域振興を検討することがきわめて重要であるのは，これまでみてきた通りである[21]。このことは，オーストラリア人観光客が同じ北半球に位置するカナダやアメリカなどと北海道を比較したコスト面のメリットを考慮して増えていることからも示されている。

　このように地域振興に焦点を置き，動態的かつ総合的な視点に立って地域，地域資源，これを活用した観光などの産業や地域経済をとらえているのが，宮本や中村が金沢モデルで紹介した内発的発展論やポーターのクラスター理論などである。内発的発展論は後述する観光ライフサイクル理論の基礎となったプロダクトサイクル理論を地域に適用したものである。中村が指摘しているように伝統的な経済基盤説(economic base theory)では，域外需要の増大に対応す

る移出産業(基盤産業：basic industry)が地域経済全体を成長させる「基盤」の役割を果たすのに対し，その恩恵に依存する副次的産業にとどまるのが地元産業(非基盤産業：non-basic industry)であると規定してきた。このようにとらえると「今日の移出産業は明日には衰退し，今日の地元市場型産業が明日の移出産業に発展する」場合があることを示した。つまり，これまでみてきたように，地域の産業の発展には独自にたどってきた盛衰過程や多様性があるため，それぞれの地域において個別かつ動態的にとらえながら，移出産業と地元産業との相互補完的でクラスター的な関係に注目すべきであるとした[22]。

　北海道観光と海外観光，そして沖縄観光との競合にみられるように，ひとたび地歩を固めたはずの地域の移出産業が地域外需要の高まりによる脅威に対抗するためには，地域内外の同種産業に対して競争優位を維持・強化しなければならない。地域内で育った移出産業の成長の継続や移出の増大は地元市場を拡大(住民の所得水準の向上)させて移入品を増加させる。この移入品の増加は地元産業のコストを低下させ，新しい技術や情報を獲得することで改良や改善を実現し，新たな地元市場の持続的発展の礎を築き，クラスター的な展開をみせるようになる[23]。

　北海道観光にも地元産業との間にこのような好循環の例をあげることができる。たとえば全国有数の土産品販売額を誇る北海道の代表的な菓子メーカーのなかには観光によって育てられた企業がみられる。その代表が六花亭製菓と石屋製菓である。全国のお土産品売上高ランキングでトップの座を競う両社は，観光ブームによって成長を遂げてきた。六花亭製菓は菓子製造に欠かせない小麦と小豆の産地である十勝地方で営業していたが，「幸福駅から愛国駅」と記された切符がテレビ番組を通じて評判になると，同社の試作品であったホワイトチョコレートが観光客のお土産品として飛ぶように売れるようになった。さらに，その後の同社の社名変更を記念して発売したマルセイバターサンドが立て続けの大ヒットとなったことで現在の地位が築かれたのである。ちなみに，このホワイトチョコレートの土産品としての成功に触発されて自社製品に改良を加えてできあがり，国内線の機内食となったことで人気が定着したのが石屋製菓の白い恋人である。なお，六花亭製菓が成功にたどり着くまでには，取引先などが持ち込んだ他地域の市場情報が商品開発のうえで大きな参考となって

いる。①海外ではチョコレートが食べられている，②首都圏に評判がいい菓子店がある，などの情報を素直に取り入れて，六花亭製菓が独自の工夫を加えたことが実を結んだのである[24]。こうして駅名が印刷された1枚の切符を求めて旅に出た若者たちが地域に産業集積の芽を植え付けたのである。

　観光産業のことを「見えざる輸出」と称することがあるが，観光土産品の場合，わざわざ遠くから訪ねて来てくれた人が持ち帰ってくれるのであり，モノの移出のように輸送コストを必要としない魅力的な移出品である。ただし，若者たちが「離島」や「最果て」を訪ねる旅に出るようになったのは，大量生産システムから生み出される均一・均質なモノとは異なった「希少性」という価値を求めたことが最大の要因であろう。こうして，新しい需要や欲求を呼び起こされたことで北海道という地域での宿泊，お土産購買という「見えざる移出産業」が発展した。同時に，ブームにつながる，ある種のブランドが生まれたとみることもできる。こうして，雇用，そして小麦・小豆の購買，という地域の農業や地域内消費も支える好循環が生まれた。なお，この小麦と小豆も火山灰地で水はけの良い寒冷地であるため稲作に適さないという十勝地方の農民が積み重ねてきた労苦によって生み出された産品である。

　今一つ北海道観光の発達によってクラスター的な進化につながる企業の事例としてカラカミ観光の成長も紹介したい。繊維製品販売業からスタートした呉服店がお土産品へと展開，さらには，観光客を宿泊施設で受け入れることによって宿泊料を得るとともに，自社のお土産品を自店内で販売できるホテル業へと展開していったのである[25]。このように人の移動の活発化に伴って北海道の観光クラスターを構成する諸要素が集積されていった。

　これまで取り上げた事例によって，交流人口が増加することによって生じた個別企業や組織の進化が地域へと波及効果をもたらしながら動態的に集積が形成されてきたという歴史的事実が明示された。つまり，個別農家や企業，組織が長い間に育ててきた地域の資源を活用する努力を継続してきたところに人の移動の波が押し寄せたことによって新たな産業が生まれ，既存産業との間に相乗効果が生まれることで内発的もしくはクラスター的な発展が実現したのである。

　ところで，ポーターが説いたクラスター理論は，その著作名『国の競争優

位』からもうかがえるように，国家レベルで特定の産業において企業が競争優位性をもつにあたって国の経済環境，制度，政策が果たす役割を説明しようとしたのが本来の著作の目的であった[26]。クラスター理論が1980年代の内発的発展論に続いて地域経済振興の戦略設定に重要な位置づけを占めるようになったのは，1990年代以降のことである。そのなかで企業の立地に関する競争優位の原因についてはダイヤモンドモデルと呼ばれる①企業戦略，競合関係，②要素(インプット)条件，③需要条件，④関連産業・支援産業，などの4つからできあがっているとする。こうして，ポーターはそれまでの国を対象とした分析を地域にまで展開させて，中村が金沢と福井を比較して指摘したように，特定の地域(場)に競争優位性を有する産業や企業が生まれて集積しているのはなぜなのかという疑問[27]に対して，競争優位の確立の機会や競争優位を実現するために必要な経営資源の多くは，(社内にではなく)社外の近隣の環境に存在する，とみるようになった[28]。これは六花亭製菓の成長過程をみると，理解しやすいところである。なお，同様の疑問を空間立地論の観点からとらえたのが前述したクルーグマンらが唱える空間経済学である。

　このような動態的な北海道観光の発展過程，そしてその周辺産業とのクラスター的な関係を改めてみてみる。大量生産システムの導入で実現した高度成長によって市場に放出された大量生産品や均一なサービスに飽き足らなさを感じるようになった人たちが希少性や自分らしさなどを求めて，夢を抱かせる地として，北海道に何らかの魅力を感じ，移動を始めた。そのような時代や社会性を背景に，夢を感じ，抱くイメージがある種のブランド形成につながる商品やサービスへの消費行動が生み出した企業群によってクラスターが蓄積されてきた。もちろん，宿泊関連企業に代表されるように大量生産・大量消費型の流れに便乗することで成長を遂げた企業群もクラスターを形成したことを忘れることはできない。

　クラスター戦略を地域戦略に当てはめて観光関連産業を議論するにあたって，山崎は観光クラスターの概念を提示し，「航空会社，鉄道会社，バス会社，地下鉄，タクシー業界，ホテル，大学，研究所，会議の内容に直接関連する企業群，コンベンション・センター，通訳をはじめとする関連サポート産業，レストラン，劇場，地方自治体，地元財界などが一体となって情報を共有し，共同

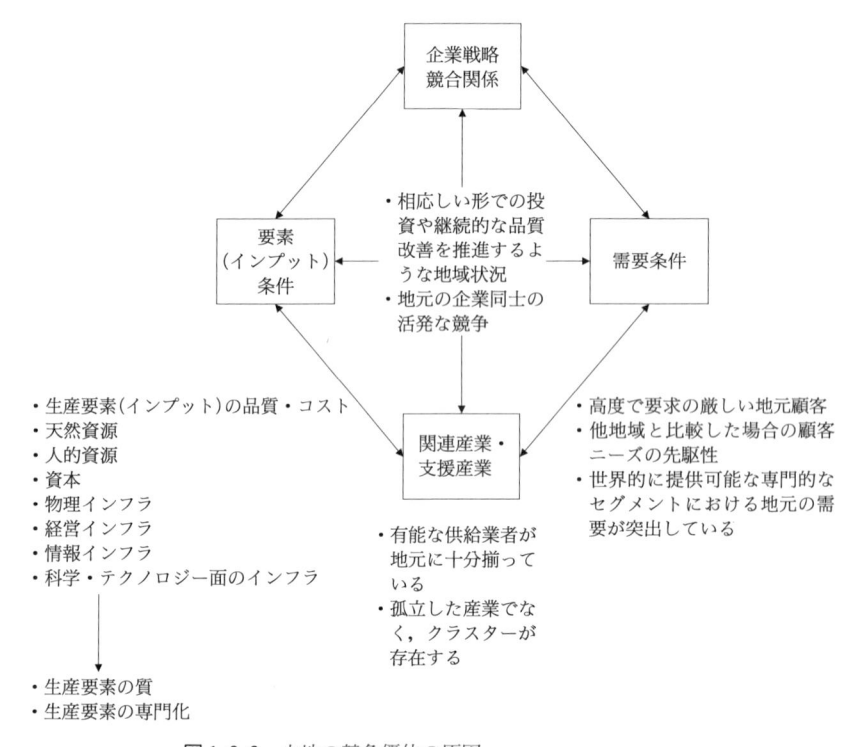

図 1-2-2　立地の競争優位の原因

```
                    ┌──────────┐
                    │ 企業戦略  │
                    │ 競合関係  │
                    └──────────┘
                         ↑↓
    ┌──────┐                          ┌──────┐
    │ 要素  │   ・相応しい形での投      │      │
    │(インプット)│    資や継続的な品質   │ 需要条件 │
    │ 条件  │    改善を推進するよ      │      │
    └──────┘    うな地域状況          └──────┘
                 ・地元の企業同士の
                  活発な競争
                         ↑↓
                    ┌──────────┐
                    │ 関連産業・ │
                    │ 支援産業  │
                    └──────────┘
```

・生産要素(インプット)の品質・コスト
・天然資源
・人的資源
・資本
・物理インフラ
・経営インフラ
・情報インフラ
・科学・テクノロジー面のインフラ

・生産要素の質
・生産要素の専門化

・有能な供給業者が地元に十分揃っている
・孤立した産業でなく，クラスターが存在する

・高度で要求の厳しい地元顧客
・他地域と比較した場合の顧客ニーズの先駆性
・世界的に提供可能な専門的なセグメントにおける地元の需要が突出している

出典：M・E・ポーター『競争戦略論Ⅱ』p.262 より

で情報を発信し，誘致活動，アフターコンベンション用のイベント，観光ルートの設定」などが観光に関係するものととらえ，「観光客，参加者の立場に立った全体最適化の模索こそが，クラスター戦略」であると位置づけている。また，知識経済化の時代には「新しい観光」の需要が生み出されるため，これまでの観光誘致とは異なる，地域ブランド戦略と地域全体にとって最適なあり方に対するビジョンとそれに相応しい行動が求められるとしている[29]。

　この山崎の観光クラスター理論を地域経済振興に当てはめてみると新しい視点を見出すことができる。それは，これまで述べてきた自然的条件や産業などの歴史的視点などに立った動態的な観光立地とは異なる観光特有ともいえる発展プロセスが存在することである。つまり，これまでみてきたのは地域経済と

観光の相互関係によって生じた立地形成や経済成長を動態的にとらえることによって説明しようとする姿勢であった。ところが，観光の場合，社会変化や消費者行動の移ろいなどをみながら，地域全体にとって最適な活性化策につながるビジョンづくりとそれに適応した行動をとることで，地域おこしやまちづくりなどがなされ，新しい価値が創造されることによってある日忽然として強力なブランド力をもった観光地が生まれる場合もあるからである。たとえば，農業だけに従事していた農家の自宅に都会からの宿泊者を招き入れることによって生まれたグリーンツーリズム，各種の博覧会やスポーツなどのイベント，動物の種の保存に主眼を置いていた動物園が野生の生態に近い動きをみせることに主眼を置き換えたことによってレジャー産業の一翼として変質，ブームになった旭山動物園，北半球と南半球の気候の違いを利用してスキー客の誘致に成功したニセコ地区，生物多様性を保護することで生まれたエコツーリズム，などは経済学や立地論，そしてクラスター理論では説明しきれない地域に内包された質的多様性の活用や住民の意識変化や日々の努力を伴ったダイナミズムから生まれたものである。その背景には自然・文化，社会環境などを含めた地域特性や人々の嗜好や価値観の多様化による消費者行動の変化，そのような消費者行動を喚起させるサービス供給側の着想やアイデア，そして企業家的センス，旅行代理店など観光関係者のマーケティング戦略，さらにはスポーツや祭りなどの文化的イベント，マスコミなどの宣伝活動，それらの多様で総合的な関わりが大きく作用しているからである。

3. 観光と消費者

　多様化し，単一の説明が難しくなった空間的な人の移動には，供給サイドの努力に加えて社会変化，さらには消費者の嗜好や行動の変化が相互に複雑な形で作用している。このため，地域経済や産業の振興を検討するにあたって消費者の嗜好や行動の変化の把握についても戦略上重要な位置づけを占めるようになる。

　ところで，生活環境を離れて空間を移動して消費活動を行う旅の行為はもともと裕福な特権階級が主たる消費者となっていた。ヴェブレンは「顕示的閑

暇」と表現したが，ヴェブレンが唱えた有閑(レジャー)が意味するのは，時間の非生産的消費であり，まさしくレジャーやレクリエーションがこれに相当している。このようなことが行われる理由は①生産的な仕事はするに値しないという意識からであり，②何もしない生活を可能にする金銭的能力の証拠として，でもあった[30]。また，アーリーは空間的な移動である旅行が大衆のものとなるのは19世紀に入ってからであるとみている[31]。したがって，ヴェブレンがいうような有閑階級が中心として行われていた観光があらゆる年齢層で可能となって大衆が基本的に労働と関係ない動機でどこかにでかけ，何かにまなざしを向け，そこの場所に滞在する行為が大衆観光の特徴であり，そのような広がりがみられるようになったのは最近のことである[32]。

かつて高度成長期には地域の農業従事者が繁忙期の収穫作業を終えると，厳しかった仕事を忘れて体を休めるために大型バスに同乗して大勢で温泉地へと向かった。修学旅行の学生も日常生活のなかでは触れる機会の乏しい自然や文化・歴史に接するために各地に研修・見学へと大挙して出かけた。また，産業効率の観点から巨大な工業地帯が形成されることによって産業集積が局地化するにつれて，その場所に労働者として吸収された地方出身者が遠く離れてしまった故郷へと帰省することによって人の移動も大規模なものになった。このような流れはまさしくヴェブレンが指摘するような所得水準の向上によって高まった購買力の向上によって現実のものとなったのである。しかし，高度成長が落ち着き，豊かさも浸透，人の移動・居住もひと段落すると，それぞれが自分らしい新たな魅力や価値の発見，さらには自分らしさや豊かさの表現を求めて，海外も含めた思い思いの場所へ出かけるようになったのである。

「幸福駅から愛国駅」というその場でしか購入できない希少性を備えた列車の乗車券を求めて大きな金銭的代償を支払うのは，その行為によって顕示的な欲求，あるいは自分らしさを表現する欲求，などが満たされたからである。希少性が生む価値については，地域ブランドの形成にもつながる視点であるが，多くの人にこのような行為が可能になったのは豊かさが社会に浸透しつつあったことと他人との違いを追い求めるような個人志向の高まり，消費者の選択肢の広がりや多様な消費行動などの浸透を明示している。

ところで，アーリーは社会学者としての立場から大衆観光や最近の個人志向

型の観光に限定されず，「観光」には共通の特徴があるとみている。それは，観光とは単に移動することに限定されず，出かけていって周囲に対して関心や好奇心をもってまなざしもしくは視線を投げかけることであると述べている。しかし，さらに共通するものとして以下のような要素をあげている。①いろいろな場がまなざしを向けられるところとして選ばれるが，選ばれる理由は，特に夢想とか空想を通して，自分が習慣的に取り囲まれているものとは異なった尺度あるいは異なった意味を伴うようなものへの強烈な楽しみの期待である。このような期待は映画やテレビ……中略……などの非観光的活動によってつくり上げられ支えられているが，これこそまなざしをつくり，強化している。②まなざしというのは記号を通して構築される。そして観光は記号の集積である[33]。つまり，観光に出かけるのは，マスコミなどによって発せられるさまざまな「情報」によって，ある特定の場所にこれまでにない価値や魅力が創造，あるいは発見され，その場所に対する関心や好奇心によって引き寄せられて多くの人が移動することによって観光が成り立つ，とみているのである。六花亭製菓の成長のきっかけがテレビ番組で知った「幸福駅から愛国駅」の切符であったことはまさしくこのアーリーの見方を裏づけている。また，高度成長期に流行した北海道を舞台やテーマにした歌謡曲や小説などが多くの若者を引き寄せたことも同様の視点を裏づけている。

　最近になり，地域によっては観光客の誘致を意識して雑誌やテレビなどのマスコミへの露出を高めようと努力を重ねるところもみられる。また，地域づくりやまちづくりへの取組みが話題(情報・記号)となることによってマスコミなどで取り上げられることもある。このような話題，あるいは地域の話題のなかから生まれた物語(ストーリー)が新しい価値や情報を求める潜在的な消費者のまなざしを引き寄せるのである。

　具体的に旭山動物園を例にしてこのことを説明してみる。旭山動物園はエキノコックス症で動物が死んだために入園者数が1996年に過去最低を記録した。この時点では動物園の存続すら地域のなかで疑問視されるような状況であった。ところが，その翌年，創立30周年を記念して施設建設予算が16年ぶりについたことが契機となり，動物本来の行動をみせる展示方法を取り入れながら施設建設を続けた。この試みが，動物園を訪れる地元の子供たちの評判を呼ぶよう

になり，子供たちが大人を誘ってリピーターとなることによって地域で話題の輪が広がるようになっていった。こうして閉園を噂された動物園の奇跡の復活劇に加えて新しい動物展示方法の背景にある野生動物の"生"にまつわるストーリーがマスコミの興味を惹き，テレビ・新聞に取り上げられ，さらには書籍として出版されるまでになった。その結果として全国から飛行機に乗って地方の動物園に人が押し寄せるようになったのである。単月で上野動物園を上回る入園者数を2度，3度と記録したことが誰にも予想しない大きな話題の渦をつくり上げてしまった[34]。こうして新しいタイプの地域ブランドが誕生した。

ちなみに，記号とは地域づくりやまちづくりなどにみられる「遊び化」につながる行為を意味している。すなわち地域そのものや特産品などにキャラクターをつくり，イメージ豊かな名前を冠することによって差別化やブランド化を図ろうとする商業的，マーケティング的な取組みである[35]。旭山動物園ならば「奇跡の復活」「行動展示」，全国の地場産品では「関サバ」「大間のマグロ」などがこれにあたる。「関サバ」「大間のマグロ」も，近隣の自治体の港で水揚げされたサバやマグロと本質的な面で異なるところは少ないはずである。しかしながら，他と識別可能で希少性を伴った価値を表現できる要素を取り込み，それが記号化することで新しい意味が生まれて，付加価値が備わり，商品価値が高まったのである。

ところで，観光，とりわけマス・ツーリズムにおける人を呼び込むための記号化は一般に比喩を用いて行われ，マス・ツーリズムではその意味伝達が比較的直接的で誰もが認識しやすい記号であることから換喩と呼ばれている。北海道観光全体としてみれば，"広大な自然""カニ""花"などがこれに含まれる。ただし，マス・ツーリズムが浸透したといわれている北海道の観光地の周辺にもまだ俗化されていない魅力を備えた場があり，いまだ広く定着した記号とはなっていない。このため，イメージを結ばせるため「ほのめかし」で表現しなければならない場合があり，そのような新しい価値を表現するための比喩のことを隠喩(メタファー)と呼んでいる[36]。

では，旭山動物園のような地方動物園がなぜ，一夜にして，このような一種のブランド効果を発揮できたのであろうか。これはネットワーク理論をマーケティング効果に当てはめてみると理解可能である。まず，スモールワールド・

ネットワーク，つまり，意外なほどにささいな記号や物語(ストーリー)で世界の多くの人がつながっているという事実である。たとえば，「ケビン・ベーコンの神託」(本書164ページ参照)で明示されたように，ケビン・ベーコンというハリウッド俳優をキーワードにして共演者をたどってみると，約88万人もの人がわずか3人以内の輪のなかに収まってしまう。つまり，ケビン・ベーコンと共演した人，共演した人と共演した人の順に3段階踏むだけでこれだけの映画出演者を数えることができる。同様の事実を示す研究は数多くあり，世界は狭いとの見方が示されている。また，急激なブームの発生についてはスモールワールド・ネットワークのなかで起きた「相転移」を用いることによって説明することができる。相転移とは情報やある種のネットワークの結節点の増加がある臨界点を超えると，急激にネットワーク間の相互交流が高まることである。たとえば，お湯を沸かし続けていると，ある時点を境に急に蒸気に変わってしまうような現象のことである。情報ネットワークの場合，情報が増え続けている間に他と識別する何か新しい情報が付加された場合，突然情報の結節点が急増してブームなどが起きることがある。例を変えると，海で泳ぐ魚や渡り鳥の群れに，外敵の存在を告げる情報が流れたときも1匹の危険を察した動きが群れ全体に瞬間に伝わり，連鎖的で雪崩(カスケード)のような現象が起きることがある。旭山動物園の場合，口コミ効果やマスコミなどによる情報発信がこのような大きな相転移や雪崩現象を引き起こしたとみられるのである[37]。

　ところで，地域づくり，まちづくりに取り組むためマスコミなどを通じたマーケティングやプロモーション活動を行うことの必要性や意味に対して，観光地には客の混雑や過密などによってもともと限界があることから，過度の顧客呼び込みを批判的にとらえる向きがある。マス・ツーリズムが加熱することによって観光地の俗化が早まり，希少性などから生まれた魅力が低下するという分かりやすい指摘である。したがって，新たな魅力を生み出すための地域づくり，まちづくりを絶えず繰り返さなければならない，という論理がこれに続く。このような指摘に対してアーリーは観光に内包されている希少性は非常に複雑であり，観光産業の担い手はシーズンオフの誘致努力や新たな開発によってそれまで1つの対象に向けられていた〝まなざし〟を増やす，と述べている。さらに，希少性の概念そのものも単純ではなく，観光地の物理的収容能力と知

覚的収容能力には違いがあり，カーニバルや祭りのような場では多くの人が集まることがかえって価値を高める場合があることを指摘している。したがって，この集合的まなざしが存在するところでは混雑や過密が問題になる度合いは逆に少なくなるとしている[38]。つまり，カーニバルや祭りの価値や魅力は場所の収容能力に帰属しているのではなく，人が集まることに付随して生じる出会いやさまざまな出来事のなかにこそ存在すると述べているのである。

しかしながら，カーニバルや祭りのすべてにこのような考え方が当てはまるとはいいにくい。確かに多くの人が集まり，参加することでふれあいから生まれる新しい価値が存在することは否定できないものの，無限の収容能力をもつことは現実的な考え方とはいえないであろう。それ以上に，経済のグローバル化が進み，社会的な変化が激しくなることによって生じた陳腐化の加速や所得上昇などを受けた消費者の選択肢の拡大，消費者志向の多様化などによって観光地に盛衰が生じることはむしろ自然な流れと受け止めるべきであろう。そのために過度の顧客呼び込みに伴う収容能力の限界などによって観光地の俗化が早まるため，地域づくり，まちづくりなどの試みが必要とされる，という見方はやはり一定の説得力をもつ。

このような消費者の行動の変化に伴って生まれる観光地の盛衰のことを，中村が地域でとらえたように製品には人間の一生のように周期性（ライフサイクル，プロダクトサイクル）があることに照らして，バトラーは観光のライフサイクルと呼んでいる。このバトラーが唱えた観光ライフサイクル理論は観光地への訪問者増加の動態的な動きをとらえたものであり，観光需要の変化を説明する手段として用いられている。その分かりやすさから広く議論されてはいるが，データ入手の難しさ，移行点や過程の分かりにくさ，さらには多くの観光地ではバトラーが提示したS字曲線よりもイベントなどのように急勾配な成長や衰退による逆V字形の成長線を描く場合がみられる，などその適用の妥当性はまだ十分に検証されていないため，批判的な意見も多い[39]。これまで述べてきた観光地形成の立地の多様性や動態的な動きを考慮すると個別観光地のライフサイクルについても多様な推移パターンが存在するとみられ，個別具体的な分析が必要になると思われる[40]。

観光ライフサイクルの成長から成熟までの動きを示す事例として，北海道の

温泉地を例にあげることができる。大衆観光の受け皿として北海道ブームが生まれ，施設整備の面でも利用効率や収益性を高めるために，大型化を進めて施設内ですべてのサービスを提供し，囲い込みを図ることで大衆化路線を効果的かつ最大限に活用して成長してきたのが北海道の温泉地であり，宿泊施設であった。しかしながら，商品やサービスが市場にあふれる豊かな時代を迎えるにつれ，大型施設は多様な価値観を求めて回遊する消費者行動への対応力を失わせ，苦戦を強いられている。たとえば，1室あたり数名の宿泊を前提としたのはまさしく観光の大衆化のなかで浸透した宿泊スタイルであって，現代の洋風化した生活スタイルを反映した個室志向には対応していない。このような消費者志向の変化のなかで模索する温泉地の姿はライフサイクルの1つの姿を示している。

　また，地域づくりやまちづくりとはやや趣は異なるが，旭山動物園が短期間で観光地へと転換したのもライフサイクルが典型的に示された事例とみなすことができる。前述したように，都市型娯楽の一部であった動物園はレジャーが多様化するなかで相対的な魅力が低下，創業以来最低の入園者数を記録するなど，存続の危機に直面した時期があった。実際，近代的動物園の嚆矢として歴史的に知られていたロンドン動物園ですら，1990年代の初頭に存続の危機に直面し，動物園そのものの存在意義が世界的に問われていたのである。このような危機に直面していた時期に，消費者(来園者)に新しい視点で動物をみてもらう試み(行動展示)を取り入れ，施設建設も行ったことが復活のきっかけとなった。しかも，新しい視点で施設をつくり続けてきたことによって訪問者を増やし続けるシナジー効果(相乗効果)の形成に成果をあげた。また，施設建設がひと段落してもそれぞれの野生動物がもつ特有の性質や行動がみられることを消費者に知らせる努力を重ねてきた。このように施設建設に限定されない新しい情報の発信を継続してきたため，人を呼び寄せるある種のポートフォリオができあがり，多様性も創造されてシナジー効果を働かせることに成功した。ポートフォリオを念頭においたレジャー施設における同様の取組みはディズニーランドにもみられる。新趣向の施設を常に導入し続けるとともに，人気が長く続いたことによって生じたリピーターの年齢上昇に対応させて東京ディズニーシーという新しいコンセプトのレジャー施設を提案することで成長を維持，

進化を続けている点はやはり戦略的なポートフォリオ形成ととらえるに相応しいものである[41]。

このように，観光地や観光産業は市場環境の変化や成長のステージ，そして消費者行動の変化を常に意識しながら新しい観光商品の開拓やホスピタリティのあり方を検討することで，地域に相応しい魅力の創出につながる戦略を継続的に打ち出すことが成熟化や陳腐化を避けるうえで欠かせないものとなっている。なお，観光における消費者行動の変化に対応させて商品やサービスについて検討するマーケティングとは，企業その他の組織が観光客のニーズを満たし，かつ事業目的を達成するように，観光客との交換関係および他の利害関係集団とのパートナーシップを構築・維持・発展させようとする一連の諸活動であることを意味している[42]。したがって，単なるマスコミなどを通じた消費者への大量，かつ頻繁で一方的な情報の働きかけとは性質を異にしている。なお，ピアスは観光地の成長を支える観光需要とはマーケティング，観光地の特色，旅行客の選択行動に関係する資金，健康，時間などの不確定要因から生み出されるものであり，特定の場所を訪問しようとする現実的な行動意図の総合的な集まりであるとしている[43]。したがって，観光地の個別の特性や魅力を掘り起こし，これを生かしながら消費者動向への対応努力を積み重ねることによって，観光地と観光客の関係が保たれ，成長は維持されるとみている。

高度成長期やバブル経済期のように物を生産し，新しいサービスを提供すれば，消費者が簡単に受け入れてくれた時代はすでに過ぎ去っている。わが国の経済全体が成熟期を迎え，地域経済についてもグローバル化のもとで市場の脅威にさらされている状況においては，自らの商品やサービスを消費者行動の変化に対応させる努力が不可欠となっている。その実効をあげるためにはサービス提供側と消費者との相互交流が維持され，良好な関係を構築することが求められており，それがマーケティングであることを再認識する必要がある。しかも，地域と運命共同体となっている住民と観光客との相互交流を意識したマーケティングが求められている。

海外や国内の観光地との競合など観光地や観光産業の経営が厳しさを増している。さらに，北海道の温泉地の宿泊施設にみられるように，消費者志向の変化などから対応能力を低下させている地域も散見される。また，地域経済では

各種の産業が偏在していることが多く，原材料の調達において他地域への依存がみられるため，観光客（交流人口）の増加がそのまま移出増加に結びついて域際収支を改善させるとは言い切れない[44]。しかし，隠れていた地域の魅力に気づいた人たちが訪れ，観光地として活性化することによって，商業や各種のサービスなど関連産業が設備投資を行い，雇用効果が働くことは地域経済にとって大きな財産となる。これまで過疎化進展で存続に苦しんでいた地域が，地域づくりやまちづくりに取り組み，さらにはリゾート建設などによる経済波及効果によって活性化した例も報告されている。観光がもつ市場規模の大きさと成長可能性を考慮すると自然や環境などとの共存を維持しながら地域がもつ固有の魅力に相応しい持続可能な観光を目指すために，移り気な消費者の動きに常に目を配る〝まなざしを引き付ける戦略性〟を地域は磨く必要があると思われる。

ま と め

　観光産業そのものは存在せず，運輸・交通，宿泊施設，飲食業，レクリエーション施設，旅行代理店業などさまざまな産業が多様な役割を担って機能を分担，補完，集積することによって観光産業が形成されている。このため，観光産業の活性化にはどのような施策が有効であるかは容易に解答を見出すことのできない問題である。しかしながら，北海道のような自然などの比較優位性を活かすことが可能でクラスター形成の実績もみられる地域では，観光への今後の取組み方次第では農業や水産業，林業などの第1次産業とのシナジー効果が期待できる重要な位置づけを占めている。このため観光活性化への新しい時代に相応しい道筋を見出すことは地域経済活性化の観点から大きな戦略的意味をもつ。ただし，経済構造の高度化・サービス化が進むにつれて，観光地の立地形成には交通網，商業施設，レストラン，レジャー施設など都市型機能の開発・集積なども重要な意味をもつようになっている。しかも，このような観光を構成する多様な資源は歴史的・動態的な形成過程を通じて生まれたものであるが，その動態性によって観光も各種の製品が人間の一生と同じように成長から衰退までの周期性（ライフサイクル）をたどる可能性がある。したがって，地

域経済振興のため観光に取り組むにあたっては成長持続を目指す戦略的な姿勢が欠かせない。その戦略性の根底にあるのは観光を規定している人の移動を単に増やすだけにとどまらない持続的な魅力形成への意識である。このため，直面する市場環境の変化や成長のステージに対応させながら観光客との関係構築，これを維持・発展させる効果的な地域戦略，すなわち広い意味でのマーケティングが必要となる。

　なぜなら，少子・高齢化に直面するとともに多様な魅力形成にまでたどり着いていない地域では，早急かつ過度の観光客の呼び込みへの傾斜によって陳腐化や魅力の破壊が生じる場合があることに留意する必要があるからである。大衆消費が定着した社会においては，見過ごしてきた希少性のなかに高い価値を発見できる場合が多くなっている。したがって，安易なマスコミへの情報提供や各種の宣伝によって訪れた観光客の期待を裏切ることは地域を大きなリスクにさらしてしまう。目指すのは，多くの潜在的観光客に地域の魅力への気づきを与え，自然な形で招き入れることによって地域おこし，まちづくりなどにつなげ，シナジー効果を起こして多様で持続可能な魅力を蓄積し構築することである。悪質なマーケティング技法のように，単に目先の収益だけを求めて，遠隔地にあって情報に乏しい消費者に「来るか来ないか」「買うか買わないか」的な二項対立的な判断を迫り，これを繰り返すことで人を誘導する集客戦略では逆効果となる可能性がある。結果として地域の悪い評判（情報・記号），そして物語の流布を招く懸念を生みかねない。多様性や選択肢をなくした結果の「安かろう，悪かろう」という観光地としての情報の口コミが蓄積されかねない。まずは自らの地域の魅力を積み重ねることで，多様な文化性・社会性を備えた良質な魅力の蓄積を優先すべきである。したがって，地域住民全体を巻き込んだ話し合い，ネットワークづくりによって地域に眠ってきた多様な価値観を掘り起こす地域おこし，まちづくりなどにつながる街としてのビジョンづくりに取り組むべきである。その地域住民の吸引力となるビジョンを実現するためには，商品・サービスの供給側と消費者をつなげる相互関係に配慮したマーケティング手法を工夫し，魅力形成につなげる息の長い取組みがこれまで以上に重要になっている。そのためには，地域経済における観光の供給側であるとともに，口コミを通じた魅力の伝達（マーケティング）媒体となり，消費者でも

ある，プロシューマー的な住民意識の高揚や市民活動のあり方などについても目配りをする必要があるとみられる[45]。

〈注・参考文献〉
(1) 観光の定義がしっかりと確立しているとはいいにくい。岡本伸之編『観光学入門』有斐閣アルマ，2004 年，p.2-5 のなかで，岡本は「楽しみのための旅行」と定義しているが，各種機関や統計ではビジネスを目的として各地を訪れている旅行者を含んで観光客の行動分析に取り組んでいる。これは経済学的な視点から「見えざる輸出(invisible export)」としての側面を観光が有しているからである。このような観光の主体である観光客の滞在地に及ぼす経済的社会的影響に着目した定義づけも数多くなされている。本書では「観光客入り込み調査」を分析のために幾度も用いるが，この統計はビジネス客も含んだものとなっている。このため，基本的には，1995 年の観光政策審議会で用いた「余暇時間の中で，日常生活圏を離れて行う様々な活動であって，触れ合い，学び，遊ぶということを目的とするもの」のなかで「余暇時間の中で」に限定されない「通常の生活環境を離れて旅行する人」を観光客とする立場に立つことにする。また，本書では観光客のことを観光主体と表現している箇所もある。
(2) 宮本憲一，横田茂，中村剛治郎編『地域経済学』有斐閣ブックス，1992 年，p.161，山田浩之編『地域経済学入門』有斐閣コンパクト，2005 年，p.3．
(3) ピーター・ディッケン，ピーター・E・ロイド著，伊藤喜栄監訳『改訂版　立地と空間　上』古今書院，1997 年，p.79-87．
(4) 小沢健市『観光の経済分析』文化書房博文社，1992 年，p.151-154．
(5) 西岡久雄，神頭広好「観光と立地論」『青山経済論集』青山学院大学経済学会，1994 年 3 月号，第 45 巻第 4 号，p.20．このデファールの考え方は，一等質空間のうちで，均質であり，また等しい距離をもつ地域市場にあっては，本来同質の諸資源に関する立地重要度は，設備のもつ諸要素に依存する，と述べている。この点は大型施設で抱え込み型中心となっている北海道観光に照らしてみても興味深い指摘である。また，鈴木忠義編『現代観光論』有斐閣，1984 年，p.308 も参照されたい。
(6) 同上，p.20-21．
(7) 脇田武光『観光立地論Ⅰ』大明堂，1995 年，p.1．
(8) 同上，p.24-25，p.34-35．このような考え方は主としてレクリエーション行動を前提にした見方から生まれたものである。しかし，観光学の分野の研究者の立場からは旅行客の旅行経路モデルを中心に据えたものとしてレクリエーションに出かける人とバケーションに出かける人を分ける考え方も提示されている。また，脇田などと同じように観光地からの距離と旅行客の量的な側面に焦点をあてて大都市からの同心円的な行動を「訪問の円錐形」としてとらえる向きもある。ダグラス・ピアス著，内藤嘉昭訳『現代観光地理学』明石書店，2001 年，p.31-33 参照．
(9) たとえば，観光は大気・河川・森林などの自然資本や道路・鉄道・公園などの社会的インフラストラクチャーから成り立っており，準公共財的な側面を色濃く有している。

このため，宇沢弘文は地域のなかで「社会的共通資本」概念が当てはまるサービス財であることを指摘している。宇沢弘文『社会的共通資本』岩波新書，2003年，はしがき p.ii，p.5を参照されたい。ところで，自然景観は本来，誰もがみることができるものであるが，これを特定の自治体などが観光地として独占的に自地域の経済活動の活発化のために利用することや，公園など公共の施設の多くは無料や低料金で誰もが立ち入りを許されていることが多いため，公共財に対するフリーライダー（ただ乗り）が生じるため，環境問題や景観の維持費用の面などから社会的ジレンマが生じることもある。山岸俊男『社会的ジレンマ』PHP新書，2000年，p.18-25を参照。

(10) 神頭広好『観光の空間経済分析』愛知大学経営総合科学研究所，2002年，p.53-54．

(11) 前掲『青山経済論集』第45巻第4号，p.17-18．

(12) 藤田昌久，ポール・クルーグマン，アンソニー・J・ベナブルズ著，小出博之訳『空間経済学』東洋経済新報社，2002年，p.19-20．

(13) 前掲『現代観光地理学』p.42-45では構造モデルと表現している。なお同書のp.61-62も参照されたい。

(14) アイサード著，木内信蔵監訳『立地と空間経済』朝倉書房，1966年，前掲『空間経済学』などを参照されたい。

(15) 石倉洋子，藤田昌久，前田昇，金井一頼，山崎朗『日本の産業クラスター戦略』有斐閣，2003年，p.215．

(16) 山村順次『観光地の形成過程と機能』御茶の水書房，1994年，p.327-335，西岡久雄「観光地域の評価と観光施設の立地決定」『青山経済論集』青山学院大学経済学会，1993年3月号，第44巻第4号，p.107．

(17) 同上『青山経済論集』1993年3月号，第44巻第4号，p.107．

(18) 観光と交通の関係についてはS・ページ著，木谷直哉，図師雅脩，松下正弘訳『交通と観光の経済学』日本経済評論社，2001年が詳しい。

(19) このことは高原一隆が大沼盛男編著『北海道産業史』北海道大学図書刊行会，2002年，p.237において，「戦前は石炭，木材，農水産物を移出し，生活必需品を移入する構造であり，戦後は食糧を移出しさまざまな加工品や生活必需品を移入する構造に変わりなく，運輸構造もこうした移出・移入構造に規定されていた」と指摘している。なお，北海道の鉄道の開業時期と産業衰退による過疎を背景とした廃線の時期を本書の最後（204ページ）に示したので参考にされたい。

(20) 中村剛治郎『地域政治経済学』有斐閣，2004年，p.61-63によると，①地域は自然環境，経済，文化（社会・政治）という3つの要素の複合体である。②地域は総合性の視点を不可欠としている。地域経営の基本目標は……中略……経済的利害という単一の関心だけで地域開発をすすめると，地域の発展ではなく，地域の破壊や衰退を導く危険がある。③地域は独自性をもつ個性的な存在である。自然環境，経済，文化という3つの要素は，地域ごとに異なるし，複合の仕方にも地域ごとの特徴が生まれる。④地域は住民を主人公とする自律的で主体的な存在であり，自治の単位である。⑤地域は開かれた存在であり，地域間の交流と連帯を不可欠とする。⑥自然環境，経済，文化の複合体である地域という人間の基本的生活圏の経営がまずあって，地域間の広域的調整システムと

しての広域経営，国土経営があり，国際的総合調整システムとしての国際的地域経営や地球社会の経営があるというように，地域経営を基本とする重層的空間システムの経営の問題として世界を捉える。⑦地域は直接世界と結びついている。……中略……地域はフィジカルな空間としては狭いにもかかわらず，人間の社会的空間としてはいよいよ大きくなっている。

(21)　前掲『地域経済学入門』p.5-6.
(22)　前掲『地域政治経済学』p.72-73.
(23)　前掲『地域政治経済学』p.74-75.
(24)　佐藤はるみ「六花亭ブランドの形成」『産研論集』札幌大学経営学部附属産業経営研究所，2006年3月，No.31・32.
(25)　前掲『北海道産業史』第13章を参照されたい。
(26)　M・E・ポーター著，土岐坤，中辻萬治，小野寺武夫，戸成富美子訳『国の競争優位』ダイヤモンド社，1992年，p.5.
(27)　前掲『地域政治経済学』p.39-42.
(28)　M・E・ポーター著，竹内弘高訳『競争戦略論Ⅱ』ダイヤモンド社，2005年，p.260-261.
(29)　山崎朗編『クラスター戦略』有斐閣選書，2002年，p.12.
(30)　ソースティン・ヴェブレン著，高哲男訳『有閑階級の理論』ちくま学芸文庫，1998年，p.47，56.
(31)　ジョン・アーリー著，加太宏邦訳『観光のまなざし』法政大学出版局，2006年，p.7-8.
(32)　同上，p.9.
(33)　同上，p.4-6.
(34)　『旭山動物園の奇跡』扶桑社，2006年4月，並びに小菅正夫，岩野俊郎著，島泰三編『戦う動物園』中央公論新社，2006年7月などを参照のこと。
(35)　遠藤英樹，堀野正人編著『「観光のまなざし」の転回』春風社，2004年，p.127.
(36)　前掲『観光学入門』p.242-246. なお，メタファーの概念と応用については野中郁次郎，紺野登『知識創造の方法論』東洋経済新報社，2003年を参照されたい。
(37)　マーク・ブキャナン著，阪本芳久訳『複雑な世界，単純な法則』草思社，2005年，p.47-54，p.80-88，ダンカン・ワッツ著，辻竜平，友知政樹訳『スモールワールド・ネットワーク』阪急コミュニケーションズ，2004年，p.48-50.
(38)　前掲『観光のまなざし』p.74-84.
(39)　レス・ラムズドン著，奥本勝彦訳『観光のマーケティング』多賀出版，2004年，p.145-147，この他にも小沢健市『観光を経済学する』文化書房博文社，1994年，p.222-223でも当該モデルに対する批判が紹介されている。
(40)　山上徹『観光マーケティング論』白桃書房，2005年，p.75.
(41)　東洋経済新報社発行の『経済倶楽部講演録』2006年11月号に掲載されたオリエンタルランド代表取締役会長加賀美俊夫の「東京ディズニーリゾート─夢を与える顧客満足経営とは」を参照のこと。

⑷₂　長谷政弘編著『観光マーケティング』同文舘，2000年，p.8.
⑷₃　ダグラス・G・ピアス，リチャード・W・バトラー編著，安村克己監訳『観光研究の批判的挑戦』青土社，1995年，p.129.
⑷₄　域際収支については奥田仁『地域経済発展と労働市場』日本経済評論社，2001年，p.72-81を参照されたい。
⑷₅　プロシューマーとはアルビン・トフラーがその著書『第三の波』日本放送出版協会，1980年10月，p.381-396で唱えた概念であるが，これを地域の市民活動に当てはめて発展的にみてみると，下河辺淳監修，香西泰編『ボランタリー経済学への招待』実業の日本社，2000年，p.123で指摘しているコモンズ（共有地）の考え方も参考になると思われる。同様に，情報共有による関係性と課題解決という視点では，金子郁容『コミュニティ・ソリューション』岩波書店，1999年，p.15も参照のこと。なお，観光における公共財，共有地の観点について注(9)も参照されたい。

> **ワンポイントガイド**
>
> ## 夕張市の観光
>
> 　1980年代初めの北海道経済はオイル・ショックのダメージから立ち直るための糸口を必死に模索していた。1983(昭和58)年度版の北海道の「経済白書　北海道経済実相報告書」で当時の雇用情勢を振り返ると，景気の長期停滞を反映して，厳しい状況で推移していた。1980(昭和55)年以降，常用有効求人倍率は低下傾向を続け，1983年になっても回復することなく推移，同年10月には0.22倍にまで低下していた。ちなみに，第1次オイル・ショックと第2次オイル・ショックの間の深刻な不景気に直面していた1977年度の常用有効求人倍率ですら，0.26倍であった。四半期別に常用有効求人動向をみると，1981年4〜6月期以降一貫して前年同期を下回って，12期連続マイナスとなっていた。
>
> 　このような厳しい雇用情勢の一因となったのは石炭から石油へのエネルギー政策の転換を受けた1969年の新石炭政策の決定によって，炭鉱が相次いで閉山(なだれ閉山)したためであった。北海道で最大の生産量を誇った夕張市では，1972年に夕張第二鉱(従業員数1580人)，1973年には三菱夕張鉱(同2673人)，1975年北炭平和鉱(同1533人)と閉山が続いた。その後も閉山に歯止めはかからず，1990(平成2)年の三菱大夕張鉱の閉山によって夕張市から炭鉱が消えた。
>
> 　この間の夕張市の人口の推移を住民基本台帳に基づいて1979年9月末と1989年9月末の10年間で比較すると，4万4613人から2万4440人へと▲45.2％もの大幅な減少となっており，道内市町村でもっとも大きなマイナス幅である。ちなみに，夕張市に次いで人口減少率が大きかったのは上砂川町であるが，同▲40.2％であり，5％も夕張市の人口減少率が高くなっている。このような石炭産業の厳しい情勢を受けて，1960年4月30日の11万6908人をピークに夕張市の人口は約1/10まで減少したのである。
>
> 　1979(昭和54)年4月に市長に就任した中田鉄治氏はまさにこのような人口の大幅な減少という苦境のなかで「石炭から観光」への施策を推し進め，1980年3月には新総合開発計画を策定，7月には石炭博物館を開館させた。しかしながら，観光振興策は炭鉱閉山による人口減少に歯止めをかけることができず，市長就任から10年の間に▲50％近い落ち込みを経験することになったのである。なだれのような1000人単位の就業の場の閉山が続くなかで，100人単位の観光関連施設の雇用機会の創出策では，歯止め効果も限定的にならざるを得なかったのである。

夕張市を代表する特産品として知られているのは夕張メロンである。ただし，夕張市の地理的環境をみると，山と河川に囲まれていて耕地面積が少ないうえ，砂地なため，長い間，零細な農家経営を強いられてきた。このようなハンディを克服するために，砂地に適した農産品としてメロンの品種改良が推し進められて夕張メロンは生まれた。したがって，全国に知れ渡ったブランドとなっても単品だけで地域経済を支えるだけの生産額を期待するのは難しい構造にある。

　石炭の企業城下町だった夕張市の経営トップとして就任した中田市長の手元に残されていたカードは数少なかったのである。

〈注〉
有効求人倍率などの雇用統計は後に修正が加えられているが，ここで用いたのは以下の参考文献に記載時点のものをそのまま採用している。

〈参考文献〉
保母武彦，河合博司，佐々木忠，平岡和久『夕張　破綻と再生』自治体研究社，2007年2月．
大沼盛男編著『北海道産業史』北海道大学図書刊行会，2002年11月．
新山毅『図説北海道経済』北海道新聞社，1990年8月．
北海道『経済白書　北海道経済実相報告書』昭和58年版，昭和59年版，昭和60年版，2007年6月10日付夕張市ホームページ．

第 2 章

北海道観光の歴史的展開

はじめに

　豊かな自然に恵まれる北海道に国際競争力を有する観光産業を育成することは，行政，産業界など多くの関係者にとって積年の課題であった。最近，道内各地で盛んに取り組まれている産業クラスターや各種の地域振興事業においても農業のグリーンツーリズム，林業のヒーリング，水産業のマリーンツーリズム，旧産炭地の産業遺跡などのように観光への取組みがさまざまな観点から盛り込まれている。同様に，少子・高齢化に悩む過疎地域では，自然や地域の特産品を活かした観光振興によって交流人口を増やすことによる地域活性化に期待を寄せている。

　観光振興の歴史を振り返ってみると，戦前期から重要な外貨獲得の手段として国策による育成に取り組んでおり，北海道においても有望産業の1つとして早くから認知され，道路網の整備など基盤整備もなされてきた。そのような政策効果もあり，高度成長期に訪れた北海道観光ブームを契機にホテル・旅館などの宿泊業者や航空会社など担い手の育成にも一応の成果を積み重ねてきた。その一方で，夏場と冬場の繁閑格差の問題，サービスの質やホスピタリティの問題など，現在にまで続く多くの課題も残されてきた。

1. 戦前期の観光関連産業

交通網の発展が育てた観光の芽

　北海道では，1873(明治6)年から米国人地質学者のライマンが開拓史の命によって各地で地質調査を行ったことも寄与して，湯治を主にした温泉と旅館の存在が早くから各地で知られていた。たとえば，道南の有力な温泉地である函館市の湯の川温泉は自然湧出であったため，幕末の頃から療養目的の湯治場として利用されていた。明治20年代なか頃には温泉湧出箇所が40ヶ所にもなっており，温泉旅館や温泉別荘などがつくられ，付近の地価が急騰していたという。しかし，温泉街として発達したのは1898(明治31)年に湯の川線を営業開始した函館馬車鉄道会社が1913(大正2)年6月に電化され，函館の東雲町と温

泉が30分で結ばれてからである(1)。

　1858(安政5)年に初めて和人の手によって開発されたといわれる登別温泉でも，1913(大正2)年の栗林合名温泉部開設や1915年の登別温泉軌道会社創立にみられるように栗林五朔のような民間人によって温泉の配湯や交通整備が進められたことによって注目されるようになった。栗林合名温泉部は1915年10月から翌年2月までに旅館12軒に内湯を配湯している(2)。

　また，1866(慶応2)年に豊平川上流で野生の鹿が傷を癒しているのをみた修行僧の美泉定山が温泉地の建設を望み，1871(明治4)年当時の開拓判官岩村通俊に進言したことによってできあがった定山渓温泉についても，第一次世界大戦後の好景気を受けた1918(大正7)年の定山渓鉄道開通(白石―定山渓)を契機に温泉行楽地として繁栄を始めている(3)。大正の初期には薄別方面の農家も含めて34戸，人口130人といわれていたのが，鉄道が開通した1918年には151戸，約750人に達していたといわれている。1922年までに元湯ホテル，鹿の湯，玉の湯旅館(北海ホテルの前身)，翠明館(ホテル章月の前身)など6軒の旅館がすでに開業していた(4)。

　ところで，北海道観光の潜在的な市場性の高さは1923(大正12)年に当時の小樽新聞が創刊30周年を記念して「北海道三景」を募集した際に広く知られるところとなった。応募総数が400万件もあり，「利尻富士」「洞爺湖」と並んで「定山渓」が三景として選ばれた。新聞社は再企画として観楓団体を募集したが，人気が高く多くの人が定山渓を訪れ，鹿の湯では従業員が総手で対応に追われたという(5)。

　また，『登別観光史　1』によると，定山渓鉄道が開通した1918(大正7)年に登別温泉軌道会社が蒸気機関車を取り入れたことによって登別温泉の発展に勢いが生じたと述べている。同年の乗客数は5万7573人であり，1916年と比べると62%増であった。さらに，1917年の延べ宿泊者数は10万3千余人，1918年では12万9000人と推定している(6)。

　『登別町史』は，地元新聞の室蘭毎日新聞によると，1924(大正13)年1月7日には「大正12年の関東大震災による影響が登別温泉まで波及したが，軌道会社の調査では1年間の利用者は9万人弱で，月別の最高は3月の14608人，次いで8月の10089人であり，旅館宿泊数は第一瀧本館で1万7千余，月別で

は8月の2千百余人，3月の1千4百余人」であり，日本中が不況の最中にあっても登別温泉は道内温泉トップの座を保っていたと伝えている。なお，この時点では，第一瀧本館を含めた16軒の他，鉄道療養所，日本製鋼所，七師団療養所があった[7]。

『物語 虻田町史 第5巻 洞爺湖温泉発展史』によると，登別温泉に近接する洞爺湖温泉の発展もまた，1927(昭和2)年に設立された「洞爺湖電気鉄道」が1929年に開通してからである。1917(大正6)年から1926年頃までの間に竜湖館，望羊館，竹沢旅館などが建てられたものの，温泉地としての発展は遅かった。鉄道が開通した1929年6月には札幌の北星女学校の生徒五十数名の修学旅行団が洞爺湖を訪れている[8]。

一方，道東を代表する観光地である阿寒湖温泉では，1925(大正14)年に北見相生と阿寒湖畔を結ぶ道路が開通して観光客が漸増していった。大正年代の初期から雌阿寒岳は40～50人の大学生たちが毎年夏に登山に訪れており，その景観は知られるようになっていた。しかし，1925年に伊藤鉄次郎が伊藤自動車を発足させて舌辛―北見相生間にトラックを通したことで，7月から10月までの期間に毎日1回湖畔までバスが運行され，1日20人くらいの旅客が移動するようになった。こうして，1924年の井上旅館の建設に続いて1926年には山浦旅館も客室を12に増築するなど，観光客の受け入れ態勢が整備されていった[9]。

道北の層雲峡温泉では，その最初の発見は1854(安政4)年に遡るが，事業用の温泉許可がおりたのは1914(大正3)年であり，陸軍の転地療養所設立の案が浮かんで熊本団体，徳島団体が入植したのが1926年のことである[10]。自動車道が開通したのは，阿寒に道路が開通したのと同じ1926年であり，上川駅前を起点に，層雲別を終点とする5人乗り乗合自動車2台が走り始めたのである。層雲峡への宿泊者数は1925年で4320人，1926年で5923人であった[11]。

このような道内各温泉地の発展状況を比較すると分かるように，湯の川，登別，定山渓のような人口集積地との交通網の整備が早かった温泉地では大正期からすでにかなりの宿泊数があった。また，阿寒，洞爺湖，層雲峡でも，交通網の整備に伴って観光客の呼び込みが可能になっていったことが分かる。したがって，交通網の整備が観光地の発展段階において重要な意味をもっており，

表2-1-1　道内主要温泉地の開湯時期

時　期	温　泉　地　名
江戸時代	定山渓温泉　登別温泉　湯の川温泉　大沼温泉
明治時代	北湯沢温泉　ニセコ温泉峡　天人峡温泉　阿寒湖温泉　川湯温泉　摩周(弟子屈)温泉　温根湯温泉　十勝川温泉
大正時代	洞爺湖温泉　層雲峡温泉　豊富温泉　養老牛温泉　糠平温泉
昭和時代	支笏湖温泉　朝里川温泉　旭岳温泉　白金温泉　十勝岳温泉　知床温泉　然別温泉

出典：北海道自治政策研修センター政策研究室『北海道の「温泉」をめぐる多面的な考察』p.14 より

整備が進捗するにつれて観光客が増加し，観光地としての体裁が整っていったとみられる。

　ちなみに，道内の主要温泉地の開湯時期は表2-1-1のようになっているが，1247(宝治元)年に甲斐の国伊原群の領主荒木大学によって発見された知内温泉がもっとも古いものとされている。また，第二次世界大戦前までに開湯された温泉は，その大部分が自然湧出によるものである[12]。

観光関連産業としての交通

　ここで，戦前期における北海道の交通網，とりわけ観光と結びつきの深い鉄道，連絡船，バスについてみてみる。まず，日本において鉄道の歴史がスタートしたのは1872(明治5)年10月に開業した新橋―横浜間である。次いで1874年には神戸―大阪間，1877年には京都―大阪間が開業している。これらは都市と都市を結んで人と物の流通を図っている。ところが，北海道の場合，石炭採掘と密接に結びついている。1856(安政3)年に道内で初めて石炭の試掘を行った茅沼炭山(現岩内町)では1869(明治2)年に二条の鉄条を打ち付けた木製レールの上を産出された石炭を四トン車で運んだ。これが日本最初の軌道といわれている[13]。その後発見された幌内炭山で産出された石炭を搬出するため，1880(明治13)年に手宮(現小樽市)―札幌間の鉄道を開通させ，2年後の1882年には札幌―幌内間が営業を開始している。石炭を搬出するための今一つのルートである室蘭への路線は1889年に手宮―札幌間と幌内太―幾春別間の鉄道，幌内炭山の官有付属物件の払い下げを受けて設立された北海道炭鉱鉄道会

社(資本金 650 万円のうち鉄道資本 500 万円)によって推し進められた[14]。

　その後，上野―青森間の鉄道建設を目指して 1881(明治 14)年に設立された日本鉄道会社は 1889 年までには上野―仙台間を開通させ，さらに路線を北上させるとともに，同年 7 月には北海道への線路敷設を上申していた。鉄道が経済的にも軍事的にも重要であることを知っていた政府や軍部は鉄道建設を国策に盛り込むため，鉄道敷設法を 1892 年に成立させている。ただし，この時点では北海道炭鉱鉄道会社への払い下げなどを問題視する反対派によって北海道線は除外されている。ところが，日清戦争の勝利で得た清国からの軍事賠償金が国の財政に余裕をもたせたことや官民をあげた鉄道敷設への機運が高まったこともあり，1896 年 3 月に北海道鉄道敷設法が成立されることとなった[15]。

　こうした動きを受けて，小樽―函館間を結ぶことを目的に 1899(明治 32)年に設立された函樽鉄道株式会社(翌 1900 年に北海道鉄道に社名変更)が，建設工事を進めていた。また，ロシアの南下政策への脅威から札幌に置かれていた第 7 師団の旭川への移転準備など，日露対立の顕在化が鉄道建設を加速させた。1904 年 7 月には北海道鉄道線の全通祝賀会が関係する各地で行われた。函館―青森間の航路は日本郵船株式会社が 7 時間で運航し，青森―上野間の鉄道は日本鉄道が 20 時間で運転していた。札幌を午後 5 時 50 分発の手宮行きに乗り，乗り換えを繰り返して 3 日後の午前 7 時 50 分に上野に到着する行程であった。運賃は札幌―上野間は 10 円 18 銭であったが，この頃の米 1 升の値段は小樽では 18 銭であり，利用客にとっては安い運賃とはいえなかったが，北海道鉄道が期待した収入は得ることができたようであった[16]。

　1906(明治 39)年 3 月の鉄道国有法に基づき 11 月には日本鉄道は政府に買収され，国有化されている。この国有化に際して，社歴が短いことなどから買収金額が少なく見積もられた北海道鉄道は大きな損失を計上し，解散へと追い込まれた。一方，北海道炭鉱鉄道は国有化によって多大な資金を得たため，社名を北海道炭鉱汽船株式会社へと変更し，株式会社日本製鋼所を設立するなど製鉄・製鋼業界への進出を果たしている[17]。

　北海道の鉄道と本州の鉄道を結んだのが青函連絡船である。1875(明治 8)年に函館に支店をおいた三菱会社は，同年 10 月に函館―青森間の定期航路の許可を開拓使に求めた。開拓使はこれを認め，1879 年 6 月から運航を開始した。

このときの運賃は，上等2円30銭，中等1円50銭，並等1円であった。ところが，日本の海運界を独占した三菱会社に対する反発から1882年に共同運輸会社が設立され，激烈な競争が展開されるようになった。両社の経営は急速に悪化し，政府は1885年，両社を合併させて，日本郵船株式会社を設立させた。このため，青函航路は同社の政府受命の航路となって，毎日1往復の定期航路となった。ただし，浪華丸・志摩丸・貫効丸の3船を配して運航していたものの，この時点では，青森―函館間の渡し舟的役割しか果たしていなかった。その一方で，1891年の日本鉄道の青森到着，1892年の岩見沢―室蘭間開通によって東京から札幌にかけての交通路が完成されるに伴って，急激に北海道への渡航者，貨物が増加するようになった。そこで，日本郵船は配船を増やして，航路の延長を図り，毎日1往復の定期航海に取り組んだものの，客貨はさばききれなかった。日本郵船がこのような状況に直面している頃，日本鉄道は青函航路への進出を検討していた。1905年8月の株主総会に鉄道運輸連絡上の便利を期するために，本州北海道連絡航路において海漕業を兼営する旨を盛り込んだ議案を提出すると，満場一致で可決，同月内に認可手続きも終了している。1908年3月7日に最初の船が青森港を出港して航路が開設されている。こうしてしばらくの間，日本郵船との並行運航が続いたが，客貨を奪われ，業績が急速に悪化した日本郵船は1910年3月に航路を廃止した[18]。

次にバス事業であるが，北海道における旅客運送事業は根室の大津滝三郎が1914(大正3)年6月に根室一円および根室―厚岸間に1日2往復させたのが最初といわれている。運賃は片道3円70銭という高いものであったが，当時は根室と釧路の間にはまだ鉄道がなく，住民の支持を得ることができた。しかし，車体の故障が多かったことなどから採算がとれず，わずか1年半で約7500万円の赤字を出して廃業した。その後，道内各地でバス事業への進出が相次いだ。当時のバス事業は内務省令の自動車取締令による地方長官の免許制で，法的な規制がほとんどなく，ある程度の資金があれば，誰でも容易に営業免許を受けることができたからである[19]。

札幌において本格的な旅客運送事業が始まったのは，第一次世界大戦後の好況に沸いた1918(大正7)年である。この年，開道50周年記念博覧会が札幌市で行われた。建物数が総数で57棟，出品点数は2万1141点，入場者数も140

万人と空前の好景気を招いたイベントであった。これに目をつけた東京の菊川タクシーが主要会場を乗用車5台で往復運航して人気を集めたが，終了後は引き揚げてしまった。この頃，札幌—月寒間で乗合馬車を営業していた札幌乗合馬車合資会社の経営に参加していた加藤幸吉は，自動車の将来性に目をつけ，乗合自動車営業を始め，1926年には独立して，札幌自動車合資会社を設立した。同社はその後，ほぼ全道をネットする路線網を築いていった[20]。また，小樽最初のバス会社は，1921年5月に資本金3万円で設立した小樽乗合自動車合資会社であり，T型フォードを8〜10人乗りに改造したバス5両で営業を開始している。ところが，この設立の4ヶ月後に小樽市街自動車株式会社がバス8両で営業を開始したため，両社の間で熾烈な競争が展開された。このため，小樽警察署などの指導勧告もあって，1922年7月に合併が実現，資本金12万円で小樽市街自動車株式会社として新生発足している[21]。

その後，バス事業に対する免許の付与が厳しくなり，監督権が逓信省から鉄道省に移管され，1933(昭和8)年には自動車交通事業法が公布されて，各種の規制が強化されるようになった。さらに，戦時統制に入ると，ガソリンの入手難などから事業運営の厳しさが増すことになり，1943年3月には，札樽地区(後志，石狩，空知支庁管内を含む)にあった上記の2社を中核とする21の事業者が北海道中央乗合自動車株式会社に統合されることとなった。なお，同社は戦後1949年に社名を北海道中央バスへと変更し，後に北海道を代表するバス企業へと成長している[22]。

戦前期の観光振興の動き

わが国において観光産業に関する認識が高まるようになったのは北海道における鉄道建設を推し進める要因であった日露戦争が1つのきっかけとなっている。膨大な軍事費によって戦後財政が疲弊したため，時の鉄道院は，国際親善と国際収支改善の立場から，外国人客誘致斡旋のための機関を設立することが急務と考え，これを政府に進言した。同時に，鉄道，汽船，ホテル，商社など関係機関に協力を要請し，1912(明治45)年に現在の日本交通公社の前身であるジャパン・ツーリスト・ビューローを設立させている。なお，わが国最初の旅行代理店は現在の日本旅行であり，ジャパン・ツーリスト・ビューローが設

立される7年前のことである。旧国鉄草津駅開設にあたって尽力した南新助が旧国鉄側から御用商になることを勧められ，構内での立売営業権を得た。その後東海道線に食堂車を運転させることになり，この食堂車を東海道沿線各地の立売営業者の共同出資で経営することになり，南も参加することになった。これが日本食堂の前身である。このような旧国鉄からの支援に対し，南は自分の力によって国鉄に感謝の気持ちを示すため，日露戦争直後の1905年に高野山参詣団並びに伊勢神宮参拝団を組織した。旧国鉄に運賃を納めるのが目的であり，わが国における旅行斡旋業の始まりとなった[23]。しかしながら，当初から海外を意識した旅行斡旋業としては1912年創立のジャパン・ツーリスト・ビューローが最初とみられ，外国人客の誘致と外国人客に諸便宜を図ることを目的とし，国際観光に関係する諸事業者の連絡，外国人客に対する日本の紹介・斡旋などの事業を始めていった。同年7月には創立のパンフレット，英文2000部，和文3000部を発行しており，会費収入を中心にした事業規模は年間5万5000円，案内所8，職員11名でのスタートとなっている。ちなみに，このジャパン・ツーリスト・ビューローの総予算の約半分を鉄道会計によって引き受けることを明言して設立を決断したのは時の鉄道院総裁原敬であった[24]。

　大正期に入ると1913(大正2)年1月の世界周遊船クリーブランド号の神戸入港に伴って，ビューローは観光団330名に対して初めての斡旋事業を行っている。翌月には横浜への入港にあたって第2回観光団500人にも事務員6名を派遣して斡旋を行っている。この年にわが国を訪れた外国人は中国人を除くと2万1866人であり，その内訳はアメリカ人5077人が最高で，イギリス人が4123人，ロシア人が2755人となっており，ちょっとした外国人ブームとなった。その後，第一次世界大戦時の落ち込みなどもみられたものの，大正期を通じてビューローが斡旋した外国人客数は約25万人にのぼっている[25]。

　この頃から，政府も国際観光振興を政策に取り入れるようになっている。1916(大正5)年8月には，大隈内閣の諮問機関である経済調査会は，来日外国人誘致の方策確定を急務として，国立公園やホテル，道路など観光設備の整備に関する6項目からなる「外客誘致に関する具体案」を決定している。国際観光事業の振興を，政府の諮問機関が正式に決定したのはこれが最初である。ちなみに，このなかの四で，外客誘致の機関としてビューローはその事跡にみる

べきものが多く，さらにその活動を促進すべき，と触れている。また，1919年3月には第41議会の衆議院で「外客誘致及待遇に関する建議案」が提出され，可決採決されており，これが議会でこの問題が取り上げられた最初であるが，現実の行政に具体的に反映されるのは昭和に入ってからである[26]。

1918(大正7)年1月，内務省令1号「外国人入国ニ関スル件」の制定によって，旅券・査証の制度が初めて導入されている。ただし，中国は日本人の入国に旅券を求めなかったために，わが国も中国人の入国に関しては無旅券を認めている。さらに，1924年には，内務省令を改正して，欧州各国を中心とする19ヶ国と査証相互免除協定を結んで，わが国への入国を容易にすることが図られた[27]。

年代は前後するが，ホテルについては1860(万延元)年に横浜に初のホテル・ヨコハマホテルが開業している。その後，1868(慶応4)年に築地ホテルも開業しているが，いずれも消失しており，現在につながるホテルは1870(明治3)年の横浜グランドホテルの開業まで待たなくてはならない。次いで1873年には日光金谷ホテルが営業を開始し，その5年後の1878年には箱根宮の下に外国人専用の富士屋ホテルが開業している。1890年11月に帝国ホテルが総建坪1300坪余，室料は最下等50銭，2食付2円50銭〜9円で営業を開始，開業広告を東京日日新聞に掲載している。三井財閥の大番頭である益田孝が東京商工会において欧米視察でみたフランスの観光がイギリスやアメリカからの観光客で成り立っていることを講演を通じて知らしめた3年後のことである[28]。

その後，第一次世界大戦後の好景気に沸いた時期には，全国各地でホテルの建設計画ブームが起きたが，北海道においては1918(大正7)年，小樽市に各室に電話を配置した北海ホテルができ，2年後の1920年には旭川北海ホテルが開業している[29]。

2. 政策主導の昭和初期

国際観光への動き

近代的な産業としての観光の形成は，交通インフラの一般的な整備の遅れなどもあって昭和初期に国家政策の後押しがなされるまで待たなければならな

かった。当時のわが国は関東大震災や金融恐慌の影響から深刻な経済不況に見舞われていた。わが国の全ホテルの85％が倒産するほどの深刻な事態となっていた。貿易収支も1919(大正8)年から入超が続き，1928(昭和3)年までの10年間に約45億円にまで達していた。このため，同年7月，田中義一内閣は，経済審議会を設置し，貿易収支改善のための積極政策として観光振興をうながしている。その諮問答申には「外人渡来を拡大するため名勝の保存，ホテルの増設，其他観光視察のための諸般の施設完備を図ること」の一項があった。これが官民の観光への関心を高め，近代的な観光産業育成へと向かわせた[30]。ちなみに，前年の1927年7月には大阪毎日新聞・東京日日新聞が行った「日本新八景」の一般投票が発表された。一般公募で官製葉書だけを通じた投票で，1景1枚として扱われ4月から5月までの約1ヶ月間に毎日新聞社には約9350万枚の葉書が寄せられ，国民の間に風致に対する関心を高めた。この投票で北海道からは「平原の部」で十勝住民14万人の支持を受けて狩勝峠が選ばれた[31]。この新八景指定を受けて，日本旅行会は北海道，樺太視察団を募集，全国から500人以上が集まり，2列車を用いる盛会となった。1930年6月8日に神戸駅を出発し，22日に帰る行程であった[32]。

　1929(昭和4)年7月に成立した浜口内閣においても国際貸借改善審議会が設置され，この特別委員会は「外客誘致」問題に関する詳細な調査，審議を行っている。同年11月に行われた総会で可決された政府への答申には「政府部内ニ中央機関ヲ設置シ，外客誘致ニ関スル施設ノ統一，連絡及促進ヲ図ルコト」の一文が盛り込まれていた。これを受けて1930年には鉄道省の外局として国際観光局が設置されている。さらに，同年には「国際観光委員会」も設置され，翌1931年には「財団法人国際観光協会」が設置され，対外観光宣伝を実行することとなった[33]。こうした国家政策を受けて，同じ1931年には「国立公園法」が成立(1月)，施行(10月)された。

　北海道にも観光振興の動きが伝わってきた。1931(昭和6)年4月には初の観光協会が室蘭に設立され，8月には釧路にも設立されている。また，同年6月には「登別温泉宣伝協会」が設立された。初代会長に就任したのは栗林五朔の子，徳一であった。なお，昭和初期の北海道における宿泊施設の整備状況を洞爺湖温泉でみると，前述した洞爺湖電気鉄道の開通を受けて旅館の開業が集中

している。1929年にホテル万世閣，富士屋ホテル，洞爺観光ホテルが相次いで開業。この後，終戦までは目立った開業はなく，終戦時点でも先の3件に加えて山形屋と19年にできた一二三の5軒しかなかった。洞爺湖温泉に宿泊施設の建設ラッシュが起きるのは1950年以降である[34]。

　北海道観光の産業化は1932(昭和7)年に大きく進展した。それは同年10月に大雪山，阿寒，十和田，日光，富士，日本アルプス，瀬戸内海，阿蘇，霧島，吉野および熊野，雲仙，大山の12ヶ所の国立公園指定が決定されたからである。ただし，実際に指定・告示されるまでには今少し時間がかかった。第1次指定は1934年3月になされ，12月4日に大雪山と阿寒の国立公園指定が告示されたのである。なお，大雪山国立公園については地元住民によって四半世紀もの長期間，指定のための請願活動が行われていた[35]。

　同じ1934(昭和9)年に札幌グランドホテルが営業を開始している。前年5月に設立発起人会が札幌に本格的なホテル，とりわけ外国人客が宿泊可能なホテルをつくりたいと各方面に働きかけ実現にこぎつけたのである。札幌市内には1880(明治13)年に建てられた豊平館が開拓史の洋風ホテルとしてあったが，実際にホテルとして使われたのは短期間であり，レストランと公会堂的な役割を果たしていた。また，市内の大手旅館である山形屋にも洋室は6部屋しかなかったため，外国人向けの宿泊施設建設の要望は強かった。今一つの背景として，実現はしなかったものの，冬季オリンピック誘致の動きがあったこともあげられる[36]。担当部局であった鉄道省国際観光局ではホテル建設の必要は認めつつも，民間企業に直接資金を貸し出すことができなかった。このため，当初は官営ホテルとして営業を開始する予定が，官設民営，民営へとその運営形態が変遷した後，札幌商工会議所が建物を建設，民間企業側が内装や暖房などの費用を負担しホテル経営を行うということとなった。5階建のうち1階が北海道の商工奨励のための商品陳列場，2階以上がホテルという他に類をみない形態ではあったが，本格的な国際ホテルが札幌に誕生したのである[37]。

　札幌グランドホテル建設に鉄道省観光局が担当部局にあたっていたことは，当時の国際観光事業振興の施策が大きく影響している。地方自治体によるホテル新築，改善に対して国際観光局が積極的に支援していたため，大蔵省預金部を通じて長期低金利の融通(年利率3分6厘，償還25ヶ年〜30ヶ年賦)を行っ

表2-2-1 急増する国際ホテル

	1930年初頭	1940年末
ホテル数	65	115
客室数	3117室	5944室
収容人員	5279人	9944人
投資額(推計)	3497万円	6214万円
1ヶ年売上高(推計)	1390万円	4345万円

出典:『帝国ホテル百年史 1890—1990』p.309を参考に筆者作成

ていたからである。これによって1933(昭和8)年以降，ホテル建設ブームが起きていた。札幌グランドホテルはこの流れに乗ったのである。このため，国際観光局が発足した1930年から1940年までの10年間に，全国(台湾，朝鮮，満州を含む)のホテル数，収容人員は倍増し，売上高の伸びは3倍を超えている[38]。

　戦前における北海道観光のピークは1936(昭和11)年に訪れた。オホーツク沿岸に皆既日食がみられた(6月)ことや10月に陸軍最大の年中行事である大演習が行われたことから，来道客が急激に増えたのである。とりわけ陸軍演習場である島松と恵庭など，札幌近郊に人が集まった。演習最後の観兵式には将兵と汽車を利用した見物客だけで5万人が札幌市内を訪れたという。当時，同市の人口は20万人強にすぎなかったため，開闢以来の賑わいを呈したといわれた。そして，受け入れのために，札幌市の斡旋で一般民家にも将兵が宿泊したという。このような受け入れ態勢の整備の一環として同年4月には札幌に観光協会が設立されている。演習参観で来道した外国武官などが宿泊した札幌グランドホテルでは，売上は前期比2割増，利益も倍増となったという[39]。このような観光振興に対する意識の高まりを受けて，1934年5月の旭川，1935年4月の函館，そして札幌と道内主要都市に相次いで観光協会が設立，国立公園の指定，ホテル建設など北海道観光の基盤は整いつつあった[40]。

　しかし，1937(昭和12)年7月に日中戦争が勃発して戦時色が濃くなるとともに，それまでの享楽的な旅行の概念から，心身を鍛錬する「国策旅行」が前面に押し出されるようになった。温泉地は傷病兵のための療養，産業戦士のための厚生に転向するようになり，旅行も戦争目的にそっていなければならなく

なったのである[41]。また，日中戦争の進展につれ，中国全土にわたる旅行斡旋業務を迫られるようになった「ジャパン・ツーリスト・ビューロー」は，1941年に名称を「東亜旅行社」へと変更することにした。さらに，1942年には戦時下に観光事業は成立しないとされて鉄道省観光局が廃止され，翌1943年には「東亜旅行社」と「財団法人国際観光協会」が合併して「東亜交通公社」へと名称が改名された[42]。こうして，産業としての「観光」は言葉すら用いられなくなり，戦後の高度成長期までその発展を待つことになったのである。

3. 戦後復興期

官主導の復興期・昭和30年まで

ポツダム宣言を受諾して終戦を迎えた1945(昭和20)年8月の翌9月，東亜交通公社は社名を「日本交通公社」へと改め，国際観光事業の振興を長期目標に据えるとともに，進駐軍の斡旋と復員業務を当面の重点事業に絞るなど，いち早く新生観光産業育成に取り組んでいる。これは戦争さなかの1945年1月に同公社の首脳が〝第一次世界大戦後における欧州各国の復興と観光事業〟についての調査・資料収集を命じるなど，戦後の観光事業について対策を練っていたことの表れであった[43]。

ちなみに，多くの観光客にとって必携ともいえる「時刻表」は日本交通公社の素早い立ち直りとほぼ同時の1945(昭和20)年9月に復刊されている。月刊誌として発行され始めたのはその2年後の1947年7月号からである[44]。

政府の観光復興への動きも素早かった。1945(昭和20)年11月には，運輸省鉄道総局業務局に観光係が設置され，翌1946年6月には観光課となっている。戦時中には休止あるいは廃止されていた地方の観光機関や観光関連事業も相次いで復活している[45]。こうした動きを受けて北海道観光復興の第一歩となったのが北海道観光連盟の設立であった。1946年4月に北海道，札幌鉄道局，日本交通公社の有志によって他府県に先駆け道観連は誕生した。これは当時の連合軍総司令部(GHQ)が「役所が指導性をもってはいけない」という考えであったことから，有志の話し合いで観光関係の指導連絡機関を任意団体で設立

することにしたのである。観光振興のための全国組織である「全日本観光連盟」の設立に2ヶ月先んじての発足であった(46)。

なお，1946(昭和21)年8月，第1次吉田内閣体制の国会で「観光国策確立に関する建議」が衆議院で可決されており，このなかで「経済の復興と財政危機の救済」「国民文化の向上と厚生，慰安の助長並びに失業救済と平和産業の促進」がうたわれていた。同月には，「国際客誘致準備に関する建議案」も提出されているが，その提案理由には「敗戦後の財力没落に対処する一方法として，外貨獲得の手段を講じることが，平和条約設立後における必須条件である」と述べられていた(47)。このように，戦争で多くの犠牲を被ったわが国の復興の鍵となる産業として観光産業は大きな位置づけを与えられていたのである。

GHQも平和日本復興の旗印の1つとして観光産業を取り上げていたため，1946(昭和21)年夏には司令部の観光専門家ポーパム大尉を北海道に派遣している。道，札幌鉄道局，日本交通公社が協力して同大尉とともに阿寒，大雪山国立公園並びに主要観光地を視察し，観光地としての開発価値の診断を受けるとともに，開発手法の指導も受けた。これが背景となって，観光ポスターの作成や自然公園指定の陳情運動が行われた。当時，まだ札幌の食糧配給が2ヶ月以上も欠配しているなど，国民生活が戦後の困窮期にあった頃のことであった(48)。

一方，1947(昭和22)年には民間貿易が再開され，海外から観光客が入国することが認められるようになった。一般観光客の戦後初来日は，1947年12月

表 2-3-1　戦後入国者数の推移

年次	入国者数(滞在者)	推定消費額(千ドル)
1947	549(482)	634
1948	6,310(1698)	3,445
1949	15,283(8326)	7,709
1950	21,339	
1951	56,238	

出典：『帝国ホテル百年史　1890—1990』p.525 および(財)日本交通公社社史編纂室『日本交通公社七十年史』p.162 を参考に筆者作成

末，世界周遊の途中，横浜に寄航したプレジデント・モンロー号の船客であった。こうして GHQ は翌 1948 年 6 月に「覚書」によって制限つきながら一般観光客の入国を認めるようになった[49]。ちなみに，1947 年から 1951 年にかけての「戦後入国者数の推移」は表 2-3-1 のようになっている。

全国的な観光開発，施設の整備態勢は 1948 (昭和 23) 年頃から急速に進められた。まず，同年 7 月には内閣に「観光事業審議会」が設置された。審議会の設立趣旨を記した「観光事業審議会令」には「外貨を獲得して経済を復興するためにも，観光事業を振興することは極めて重要である」と明記されている。また，1948 年 2 月，厚生省に国立公園部が設置され，1945 年にできた文部省文化財保護課，1946 年の運輸省観光課，1948 年 7 月の建設省施設課などが設置され，これらとあわせて観光に必要な政府担当課と各省を統合する調整機能もできあがったのである。

さらに，前述したように条件つきながら観光目的の外国人の入国が許可され，旅館業法，温泉法も制定された。1949 (昭和 24) 年 6 月には日本国有鉄道が発足するとともに，運輸省観光課は観光部へと昇格している。また，国際観光事業の助成に関する法律として同年 12 月に国際観光ホテル整備法が制定され，一定の基準に達した施設は運輸大臣の登録が受けられることになり，その政府登録ホテルには固定資産税の減免，施設設備などに要する資金の斡旋などの優遇措置が与えられるようになった。さらに翌 1950 年には国鉄推薦旅館全国連盟が設立された[50]。

1952 (昭和 27) 年になると，全国に旅行業者が 500 社を超えるまでに内外旅客の往来が増えていたため，悪質業者もみられるようになったことから，同 10 月に「旅行斡旋業法」を施行している。同法は昭和 30 年代の旅行ブームにはその機能を十分に果たせなくなり，1971 年には「旅行業法」へと代わっている。また，1951 年度の国鉄を利用した修学旅行生徒の数がすでに 2800 万人を超え，乗車賃だけでも 15 億円に達していた事実を重くみた文部・運輸省は，翌 1952 年に「日本修学旅行協会」を設立させている[51]。

こうして戦後から現在までを結ぶわが国の観光育成基盤はほぼ整った。

戦後の北海道観光

　北海道では1946（昭和21）年から行われた国立公園指定への動きが実を結び、1949年に戦後としては初めて支笏湖洞爺湖国立公園の指定を受けることができた。また、1950年には北海道庁商工部商務課に観光係が設けられた。同時にそれまで交通公社で引き受けていた道観連の事務局を道庁に移管することとなった。こうして道から道観連に対し補助金がつくようになったのである。また、札幌市経済部振興課にも観光係が設置されている。札幌市の場合、観光協会が設立されたのは1936年であり、当時の新聞にも市の組織として観光係の設置予定が報道されていたが、戦時期の混乱などから実に14年を経過して実現したことになる[52]。

　同じ1950（昭和25）年に北海道観光にとって歴史的な出来事が起きている。今やわが国を代表する冬の観光イベントであるさっぽろ雪まつりの第1回が開催されたのである。同年1月24日付の新聞は「札幌観光協会は三笠宮様のご来道を機会に、二月十八日〝雪の祭典〟を盛沢山のプログラムで」展開すると報道している。プログラム内容は次のようになっており、現在の雪像中心のものとは異なっていた。午前10時半　開会　歌謡コンクール予選、午後1時　タンブリング、午後2時　スクエアダンス昼の部、午後3時　演芸大会、午後5時　ドッグレース、午後6時半　スキー仮装行列　スクエアダンス夜の部、午後7時　歌謡コンクール決勝、午後8時　映画「銀嶺の果て」。1日の観客数5万人、スクエアダンスの夜の部では観衆が路面凍結のため転倒する騒ぎとなり中止、映画会も上映中に映写台が押しつぶされるなど、予想以上の盛会であった。このため、翌1951年からは札幌の正式な年中行事として定着した[53]。

　さっぽろ雪まつりは小樽の北手宮小学校で行われていた児童の雪像づくりがルーツといわれるが、当時の雪像づくりは中高生のコンクールとして行われた。初期の頃は3〜4mの小規模なものだったが、第4回に高さ15mの大雪像がつくられ観客に大きな衝撃を与えた。これが大雪像づくりの先駆けとなったという。また、第6回から自衛隊が参加したことによって雪像は本格的に大型化していった。自衛隊参加の背景となったのは、中高校生の受験競争の本格化と指導者不足、地域社会に貢献する自衛隊のイメージ戦略が合致したため、といわれている[54]。

高度成長期の観光

　朝鮮戦争が勃発した1950(昭和25)年以後，わが国は驚異的な高度成長期に突入することとなった。国民の所得水準が急増し観光産業は復興の歩みを早めたのである。1951年10月23日に民間航空再開の第1号機として東京を発った〝もく星号〟が千歳空港に試験飛行で到着している。その2日後の25日には民間航空再開に伴い同年8月に設立された日本航空が東京―千歳間に隔日1往復の定期便を再開している。1953年には北日本航空が創立，11月には東亜航空も創立し，両社はその後1971年に合併して東亜国内航空(後に日本エアシステムを経て日本航空に統合)として発展した。1952年12月には，全日本空輸の前身である日本ヘリコプター輸送が創立され，1954年に千歳―東京間に定期航路を開設，1957年には同社と極東航空が合併して全日本空輸として再スタートしている。また，1953年11月には札幌―千歳間の弾丸道路が開通している。このように高度成長の進展とともに空のインフラが整いつつあった[55]。

　ちなみに，1926(大正15)年に，北海道鉄道の沼の端(苫小牧)―苗穂(札幌)間の路線が開通した。この開通したばかりの鉄道を利用して，小樽新聞社が見学会兼観楓会を開催することになり，飛行機を飛ばして歓迎のビラをまく，という企画を打ち出した。これが北海道の空の玄関口である千歳空港ができあがるきっかけとなった。飛行機を千歳に着陸させるために当時の千歳村住民約150人が整地作業を行い，長さ200m，幅110mの着陸場を完成させたのである。その後1927年(昭和2)年に北海タイムス社の「北斗第五号機」が飛来したことを契機に，飛行場誘致活動を開始したが，国設民間飛行場の立地は札幌飛行場に先を越されてしまった。このため，軍用飛行場の誘致に力を注ぐようになり，1934年には住民延べ1772人の勤労奉仕によって第一期拡張工事に取り組み，これを毎年続けたことから，17万2000坪の広さをもつ飛行場ができあがった。初の旅客機の離着陸は陸軍の大演習が行われた1936年であり，日本航空輸送のダグラス式DC-2型機が羽田を往復したときである[56]。

北海道開発計画と観光関連産業

　朝鮮戦争勃発前のわが国は戦後のインフレーション，失業，貿易収支の赤字

などの経済情勢下にあったことから，これを国内の開発，生産力の増強によって打開するため，1949年（昭和24）年3月に内閣総理大臣の諮問機関として，北海道総合開発審議会，総合国土開発審議会の内閣設置が閣議決定された。翌1950年には北海道開発法が公布され，北海道開発庁が設置されている。こうして，1952年4月から北海道総合開発第一次5ヶ年計画が実施されている。この基本方針では，北海道開発をわが国の再建にとってもっとも重要な意義をもっていると述べている。

この北海道総合開発第一次5ヶ年計画は，1948（昭和23）年9月に北海道庁が独自に作成した北海道総合開発計画書を当時の経済安定本部に持ち込んだことが契機となっている。この頃は，まだ北海道に関して国の考え方が定まっていなかったため，この計画書が北海道開発の重要性を認識させるきっかけをつくり，一連の北海道開発の動きを引き起こしたのである[57]。

ところで，道庁が作成した北海道総合開発計画書にはほとんどの産業を網羅した発展計画が盛り込まれているが，そのなかで観光については，北海道は資源に恵まれていることから，施設拡充と振興策を図り，観光客を誘致することが必要であることを強調している。特に外国人観光客を対象とするうえで，観光ルートの快適性と近接旅館の新設を要望している。こうして，観光地帯の候補地として国立公園の指定を1ヶ所増やして3ヶ所にすること，道立公園を4ヶ所指定して5ヶ所にすることを計画した。また，各地帯を結ぶ自動車道路および登山道路を新設改修することを計画に盛り込んでいる。このための道の予算としては，ホテル宿舎の新設（11棟）用に3億8500万円，38ヶ所の改造用に7600万円を経費として計画している。さらに公園，スキー場，ゴルフ場などの施設用として1億5000万円を計画している[58]。

開発計画で重視された宿泊施設については，1952（昭和27）年には前年に道内初の政府登録国際観光ホテルとなった札幌グランドホテルの米軍接収が解除され，営業を再開している。同様に，1953年4月に登別グランドホテルも営業を再開している。後に道内初の観光産業における店頭公開企業・カラカミ観光となる繊維品販売業の「唐神呉服店」が同じ1953年12月に洞爺村に創業し，2年後には洞爺湖温泉町に移転するとともに土産品販売業の「唐神商店」へと発展させている。さらに2年後の1957年には店舗を増設して土産品販売業界

では道内随一に成長している。こうして観光産業の基盤は徐々に整いつつあったが，まだ揺籃期であり，観光客が増加するなかで，これを受け入れる側の民間資本の蓄積は十分でなかったようである。

ちなみに，『新北海道史』に記された昭和20年代の北海道の観光客数の推移をみてみると，1948(昭和23)年に道民の延べ観光客数は100万人をわずかに超える状況だったのが，1953年には約485万人へと5倍近くまで増えている。本州から北海道を訪れた観光客については1948年に約6万人だったのが，1953年には約69万人へと12倍以上の伸びとなっており，戦後復興を受けて観光客が急速に増えていることが分かる。なお，1953年の道民観光客のうち，約51％が支笏・洞爺・阿寒・大沼などの自然公園地域および主要都市周辺観光地帯に入っている。これは本州客についても同様の傾向となっている[59]。

高度成長で発展期に入った昭和30年代末

昭和30年代には，高度成長を受け，行政主導の観光振興から観光の大衆化が進んだ。観光行政の面では，1955(昭和30)年8月には運輸省観光部が観光局に昇格している。また，同年6月に外国人観光客の増加を図った国際観光協会が設立，観光事業の中央機関は海外の国際観光協会と国内の全日本観光連盟の2本体制で進められることとなった。しかし，会費負担の重さや業務の煩雑さなどから，1959(昭和34)年に両者を解散して日本観光協会へと引き継がれている[60]。

また，1956(昭和31)年には「観光事業振興基本綱要」が閣議決定され，同年11月には「国際観光施設整備5カ年計画」が策定され，外人客の受け入れ体制の整備に力を入れるようになっている。このため，観光事業審議会は1959年9月に1963年度の入国外客数35万人，外貨消費額1億9600万ドルを目標とする「観光事業整備計画」を策定し，宿泊施設の拡充や重点地域の整備による外客誘致などを推進することにしている。この計画に基づき，国際観光ホテルについては，1958年末の有効客室数4749室に対して1963年には倍以上の1万2000室を整備する国際観光施設整備計画も作成されている[61]。

観光事業の帰趨を左右する個人消費の大衆化の面をみると，わが国経済は1956(昭和31)年の経済白書が「戦後は終わった」と宣言したことで知られる

ように，昭和30年代には戦後復興から大量生産・大量消費型経済へと移行していった。ちなみに，1956年には全国的に映画館建設ブームが起き，東京では終戦時の4倍もの映画館が建設された。また，「週刊新潮」が創刊，週刊誌ブームも起きている。これらはわが国が大衆消費時代に入りつつあったことを示すものであろう[62]。

　観光産業における消費の面においても1955(昭和30)年2月には，国鉄が現在のワイドにあたる均一周遊券を発売している。この発売初年度の利用者は40万4000人にも達した。この人気を受けて翌1956年7月には「北海道周遊券」が発売され，次いで九州，四国の周遊券も発売されることとなり，1959年には札幌も含めた航空路線も周遊券の経路に組み入れられた。ちなみに，日本交通公社が発売する雑誌「旅」の1955年6月号で周遊券の制度化にあわせて「新しき北海道」を特集したところ，たちまち売切れとなっており，観光地・北海道への関心の高まりはこの頃からみられるようになっている[63]。また，1957年には団体乗車券代売制度を実施するなど，大量輸送，大量消費の動きが活発になった。なお，代売が許可された旅行代理店は日本交通公社，日本旅行会，近畿日本ツーリスト，全日本観光などである[64]。

　大衆消費，消費ブームは1958(昭和33)年頃から顕著となった。ラジオ普及率が82.5％に達したものの，前年から一気に倍増し100万台を突破したテレビ受信契約がその後も急速に普及していった。いわゆる洗濯機・冷蔵庫・掃除機に代表された三種の神器のうち，掃除機がテレビと入れ替わったのである。観光業界でも消費の大衆化を意識し，公営のユースホステルの設置が始まった。消費の大衆化が加速するなかで，1959年には国鉄が修学旅行専用電車を東京―大阪間に走らせた他，ことぶき周遊券を発売している。また，ダットサン・ブルーバードが日産自動車から発売され，マイカー時代も到来した。1960年にはポータブルトランジスタラジオが発売され，ダッコチャン人形がブームになったことに加えてカラーテレビの本放送が始まり，消費ブームは定着，本格化した。こうして1960年12月に首相に就任した池田隼人は国民所得倍増計画を発表した[65]。

　交通面では，1956(昭和31)年の神武景気に後押しされて，国内航空市場も本格的に成長している。1955年から1957年にかけての国内線の輸送実績を日

本航空の旅客人キロでみると，1955年度2億200万人キロだったのが，1957年度には32%増の2億6700万人キロへと急激に伸びている。このなかで札幌線は，1957年度の旅客人キロが1億200万人キロ(対前年度比20%増)に達しており，全体の4割近くを占めている。これは，大阪線(6800万人キロ)や福岡線(9600万人キロ，前年度は1億300万人キロ)と比較しても分かるように，すでに同社の有力路線へと成長していたのである[66]。翌1959年7月には，長い間米軍の管理下におかれていた千歳空港が全面的に日本側に返還されている。また，1957年には日本ヘリコプター輸送が全日本空輸と社名を変更，翌1958年3月には極東航空と合併している。さらに，1961年4月には函館空港が開港，7月には，バイカウント828の東京―千歳間が就航し，釧路空港も開港している。この間に大型ジェット機導入の動きも活発化しており，観光産業は輸送面でも発展に向けた体制が整いつつあった[67]。

北海道観光振興の指針と整備

　北海道観光も全国同様活気にあふれていた。1958(昭和33)年3月には，第15回国体スキー大会が札幌で開催された他，7月には北海道大博覧会も札幌と小樽で開催された。この博覧会では，58日間の会期中に札幌桑園と中島会場と小樽の3会場に足を運んだ人は419万人，主会場の中島公園だけでも120万人に達したという[68]。また，同年7月には網走，大沼両道立公園が国定公園に指定され，釧路にタンチョウヅルの自然公園が完成するなど，インフラの面でも一層の整備が進められた。なお，この年，登別の登別温泉ケーブルが熊牧場を造成している。同社は後にルスツリゾートの母体となる。こうして民間資本による観光産業の形成は着実に進みつつあった[69]。

　また，1960(昭和35)年には札幌観光協会などが中心となって農林省北海道農業試験場畜産部と長い間観光客受け入れを交渉してきたのが受け入れられ，札幌市の羊ケ丘展望台の参観が許可されている。この年の6月1日から10月31日までの入場者数は11万人を超えた。また，同年，藻岩山リフトも運航を開始している。加えて，北海道観光の歴史のなかで特筆すべきことは，1961年4月に町村知事の諮問機関として北海道観光審議会が設置されるとともに道庁内に観光課が設置されたことである。同年11月，同審議会は「本道におけ

る観光事業振興方策とくに当面措置すべき施策について中間答申～当面における観光振興方策について～」を発表している。

　この中間答申では，まず観光動向として当時のわが国の観光事業は，外客数でみると 1955(昭和 30)年の 10 万人台から 5 年後の 1960 年には 21 万人へと目ざましく伸び，世界の 10 大観光地に数えられる実績をあげていることを指摘している。また，国内観光についても「経済の高度成長に伴う国民所得の増加並びに生産及び消費技術の革新に伴う労働の質的変化と余暇の増大」によって国際観光を上回る活況であると述べている。また，このような情勢を受けて政府は観光事業が国際収支改善や地方産業開発に大きく寄与することを重視して，国民所得倍増計画においても強力に推進していることを指摘している。

　とりわけ，高度成長による国際収支の悪化を改善するうえで観光振興が重要であることに触れている。金融恐慌最中の昭和初期に時の政府は外貨獲得のために観光振興を国民に訴えていた。その 30 年後，わが国は奇跡的な戦後復興を遂げつつあったが，やはり観光産業は外貨獲得を可能にする重要産業として位置づけられていたのである。このことは，小泉政権のもとで押し進められたビジット・ジャパン・キャンペーンを唱導したのが，経済財政諮問会議であることにも共通する経済戦略的判断とみられる。

　さらに，中間答申は，北海道観光について触れ，3 国立公園，2 国定公園，7 道立自然公園などの自然観光資源や地理的特性に恵まれ，道外からの観光客が年々急増しており，観光日本のホープと目されていることを指摘している。したがって，北海道観光を積極的に育成することは道民所得の増大，道民福祉の向上に寄与するとともに，北海道に対する内外の理解を深めて，北海道開発の達成に大きな役割を果たす，としている。

　しかし，その実情としては，①開発が局地的で関連性に欠けている，②自然観光資源はまだ保護利用の施設が不十分で，自然公園地域外の未開発資源が放置されている，③観光シーズンが夏季に集中し，季節的平均化に欠ける，④自然および温泉地の観光に偏り，産業，都市，文化(教化)財などの観光対策に欠ける，⑤運輸関係については，青函航路の輸送力の限界，列車頻度など，観光ルートとなる道路の整備が遅れている，⑥ローカル航空路の整備が十分でない，⑦国際観光地としての整備が遅れている，⑧国民健全旅行のための施設が未整

備である，⑨観光宣伝，観光事業の推進体制が弱い，⑩道民に対する観光概念の普及活動が不十分である，など随所に現在にも通じる課題が指摘されている。

具体的な振興策については，自然公園の整備や温泉資源の保護と開発，北海道の特徴ある産業を観光対象として選定・整備する，などの対策をあげている。また，受け入れ体制の改善・整備のため，道路・鉄道・自動車などの輸送体制を整えるべきであることを述べている。さらに，観光関連の企業については，東京オリンピック開催を間近に控えて，国際観光ホテル，旅館などの整備を急いでいたこともあって，①一部の大手を除いてきわめて劣弱な観光企業の経営健全化のために企業診断など経営指導を実施する，②資金源あるいは融資順位などにおいて，きわめて不利な立場におかれている観光事業に対する金融措置の強化を図るため，北海道東北開発公庫の融資対象化促進をはじめ，日本開発銀行，日本興業銀行，中小企業金融公庫，商工中央金庫，その他金融機関融資の増大を期する，と述べている。このことは，当時の民間観光関連企業はまだ発展途上にあり，他産業に比して資本力が乏しかったことを示すものであった。

この中間答申が出された翌年の1962(昭和37)年5月，1956年に発足したばかりの北海道東北開発公庫が出融資対象業種に「国際観光旅館業」を追加しており，1962年から1969年までの間に64件，約43億円の融資を実行している。この金額は同公庫がこの期間に北海道内に対して行った出融資の3.3％を占めている[70]。この融資実績に表れているように，東京オリンピックを直前にした時代背景や政策などもあって，1963年に全国的なホテル建設ブームがあったが，札幌市でも，1964年にホテルの開業ラッシュが起きている。5月には札幌ロイヤルホテル，7月にはホテル三愛(後に札幌パークホテル)が相次いで開業している。

なお，本中間答申は観光事業団体の育成・助長の必要性についても触れている。このため中間答申を発表した翌年の1962(昭和37)年には，北海道観光連盟が社団法人化されている。また，やはり提言を受けて，1965年までに野付・風蓮の道立自然公園指定(1962年12月)，ニセコ・積丹・小樽海岸の国定公園指定(1963年7月)，天売・焼尻の道立自然公園指定(1964年2月)，知床半島の国立公園指定(同年6月)，などが相次いでいる。交通面でも函館―大間間のカーフェリー就航，新狩勝トンネル開通，帯広空港開港と整備が進んでい

る[71]。

　道内観光を支えるインフラの1つであるバス事業についてみても，北海道中央バスが定期観光バスの運行を開始したのは，1957(昭和32)年からであり，小樽駅前—銀鱗荘—手宮古代文字—小樽駅前を1周する小樽市内定期観光コースが最初である。この後，1960年に積丹定期観光コースの運航が開始，1964年には札幌から岩内，雷電海岸までの西積丹コースが開設されている。また，同社は1964年12月に札幌からニセコ，ひらふスキー場に行くスキーバスを初めて運航しており，この頃からレジャー型の観光も育ちつつあったことを示している[72]。

　ちなみに，1964(昭和39)年11月，それまで国鉄・バス協会・旅館組合など関係機関が個別に行っていた「観光客入込調査」を北海道商工部が調査・取りまとめるようになった。これにより，統一的に北海道の観光客の入り込み数を把握し，観光振興施策の基礎資料とすることとなった。以上から，北海道観光に関し一応の施策方針が立てられ，具体的な形で振興策が練られていったのは昭和30年代の末であることが分かる。

　このように，この時期の観光は単なる一時的なブームから大衆化への道を着実に進めていた。とりわけ1963(昭和38)年6月に成立した「観光基本法」は画期的なものであった。その特色の第1は，観光事業の振興ではなく，消費者あるいは国民の立場からみた法律であった。第2は，従来の計画法とは違って，国の観光に関する基本方針を指し示していることであった。このため，本法はわが国の観光行政の憲法と称されるようになった。その政策目標には，当時の外貨保有状況を反映して外国人旅行者の受け入れによる外貨獲得の狙いが強く表れていた。なお，この基本法に基づき，総理府に「観光政策審議会」が設置され，1964年には同じく総理府から「観光白書」が初めて刊行されている[73]。

　なお，昭和30年代末の来道客の動向をみると北海道観光の活況ぶりは目ざましいものであった。1962(昭和37)年度には約40万人が来道したが，その伸びは前年度比13%増である。次いで1963年度は同16%増，1964年度には約55万人が来道し，伸び率は同17%増である。この戦後初の観光ブームを牽引したのが大衆化を象徴する団体による慰安旅行などである。観光バスの発達が旅慣れない農漁村の従事者や主婦層を大量に観光へと導き，これが観光産業の

発展に寄与したのである[74]。

　また，このような団体旅行の他に，個人向けの〝旅行商品〟という概念が商品化されている。1962(昭和37)年9月には日本航空，全日空と日本交通公社が提携して，秋の北海道，十和田の「セット旅行」の発売がスタートしている。北海道は9月15日から10月31日まで毎日，道南・道東各コースが設定され，東京と大阪から観光客が訪れている。このようなセット旅行が人気になったことや団体旅行の成長などもあって，日本交通公社の業績は急成長している。ちなみに，1960年度から1964年度にかけての日本交通公社の国内業務の実績を対前年度比でみると，1960年度が20.5％増，1961年度が24.4％増，1962年度16.3％増，1963年度16.1％増，1964年度21.0％増となっており，この間における同社の国内旅行事業の販売額は244.8％増と，まさしく高度成長時代を表す成長ぶりであった。こうして旅行代理店による企画型の旅行が人気を得るにつれ，客室の事前仕入れなどが活発化されるようになり，その重要性が高まっていった[75]。

4. 観光ブーム

東京オリンピック以降の観光ブーム

　高度成長に沸いた昭和30年代から東京オリンピックをはさんで観光旅行の動きはさらに活発化した。インフラの面では，1964(昭和39)年9月の東京モノレール開業，10月1日の東海道新幹線の開業，航空機のジェット化促進などで，大量高速輸送時代へと突入した。さらに，急増する観光客を，東京プリンスホテルやホテルニューオータニの開業など，第1次ホテルブームによってこれを吸収していった[76]。

　わが国を訪れた外国人客も急増していた。1960(昭和35)年度の約21万人から毎年10％前後の伸びで入国外国人数が増えており，1964年度には35万人を超えるまでとなっていた[77]。また，高度成長による所得水準の向上と1964年4月の海外旅行の自由化，1965年1月の日本航空による「ジャルパック」の発売，4月からの団体客の送り出し開始，などを受けて，海外旅行者が急増している。持ち出しできる外貨は1人年1回だけの500ドルに制限されていたが，

海外旅行の事実上の解禁に学生や若い女性の間で海外旅行人気が広がっていった。この外貨持ち出し制限は1966年1月には回数が無制限となっている。このため，1964年の海外旅行者は13万人余だったのが，1968年には約45万人，1969年50万人と増え続けた[78]。

　北海道においても，観光関連産業興隆の動きはさらに加速している。まず，交通インフラの整備については，1964(昭和39)年5月に全日空のジェット機ボーイング727が東京―千歳間に就航している。また，その1ヶ月前の同年4月に日東，富士，北日本航空が合併してできた日本国内航空の東京―札幌線が翌1965年3月に開設されている。また，自然公園整備の面でも1965年7月には利尻・礼文が国定公園へと昇格している[79]。また，宿泊設備の面をみても同じ1965年4月には土産物販売が成功し業容を拡大した唐神商店が温泉旅館進出第1号としてニュー阿寒ホテル(客室数51室)を開業している。

　ところが，この頃になって地方では大都市への労働力流出で過疎化が深刻化，都市においてもコンビナート周辺に「産業公害」が顕在化するなど，国民の間に高度成長，乱開発に対する反省の気運が高まってきた。こうした変化は1963(昭和38)年に北海道ばい煙対策審議会を廃止して，北海道公害対策審議会を設置したことや第1回石狩川汚水被害対策協議会を開催する(1964年5月)などの形となって，道民にも広く知られるところとなった。

　このような動きを受けて北海道観光審議会は「本道における観光資源の保護と産業開発の調整施策とくに当面措置すべき方策について中間答申」を1965(昭和40)年11月に発表した。計画性に欠ける住宅開発，観光開発，工業開発などが観光地の汚損と俗化，都市周辺の緑の破壊と環境の劣悪化，さらには公害の誘発などを招くことに警報を発したのである。1970年10月に全国初の「自然保護条例」が道議会を通ったのはこのような動きが背景となっている。この答申で興味深いのは，総合産業としての観光の特徴から，保護規制が細分化する弊を避けるため，観光行政の一体化を唱えていることである。いずれにしろ，自然環境，文化財など優れた観光資源を保護，活用し，増大が予想されるレクリエーション分野へ展開するならば，北海道観光が今後さらに発展する見通しを有しているということを改めて述べた答申であった。

　観光振興は1965(昭和40)年8月に第1回観光週間が実施され，さらに進ん

でいった。また，国連が 1967 年 1 月に「国際観光年」を採択し，「観光は平和へのパスポート」をスローガンにしたため，国際的にも観光振興が注目されるようになっていた。同年 8 月 1 日には，国際観光年を記念して，第 1 回「観光の日」の各種の記念行事が開催されている。こうした気運を受け，1968 年 6 月，運輸省は観光局を廃止して，大臣官房観光部を設置している。また，同時に文化庁も発足している[80]。

実際，国内の動きをみても 1966(昭和 41)年 1 月開業の常磐ハワイアンセンターの人気に始まり，7 月には初のオートキャンプ場が開業している。さらに，日本航空，全日空が同年 7 月にスカイメイト制度を東京―大阪間に導入している。また，1967 年 2 月の国鉄によるエック(エコノミークーポン)発売，同 4 月には国民保養センターが設置されている。この年からドライブ旅行や旅行のセット化が進んでいる。翌 1968 年 4 月には簡易保険保養センターが設置され，同年 7 月には日本交通公社が海外旅行商品の「ルック」を売り出すなど，昭和 40 年代に入っても観光やレジャーの大衆化は加速していったのである。なお，1967 年 7 月には東海道新幹線の利用客が開業以来の累計で 1 億人を突破し，一般旅行斡旋登録業者数が 100 社を突破している[81]。

北海道ブームの始まり

1970(昭和 45)年には日本全体に爆発的な観光ブームが起きた。まず，3 月 14 日から開催され 9 月 13 日に終了した日本万国博覧会の入場者は当初予想された入場者数 5000 万人をはるかに上回って 6421 万人以上に達し，日本民族の大移動とも称される盛況となった。なお，このうち，6251 万人が日本人であり，外国人は 170 万人に達した。外国人の内訳としては，約 38％が北米からの訪問客であった。この東京オリンピックに続く一大イベントを受け入れるため，再びホテルブームが起きている[82]。

万国博覧会の終了によって，その反動で観光客が激減することは関係者にとって予想されていたことであった。とりわけ，新幹線の車両を倍増，増結，駅ホームの改修を行うとともに，在来線についても団体客を対象とした車両の改造など，国鉄の輸送力や設備は著しい増強がなされていた。このため，万国博覧会後の旅行需要を喚起するため，万国博覧会終了直後の同年 10 月，国鉄

は従来の固いイメージを脱却する「ディスカバー・ジャパン」キャンペーンを展開した。東京，名古屋，大阪を中心とする東海道ベルト地帯の若い女性に対象を絞り込んで，日本の良さ，美しさの再発見を国民の前に企画したのである。キャンペーンの期間中には，新しい旅を具体化させるために「ミニ周遊券」が登場している。日本交通公社にとっても万国博覧会の終了後の対策は頭の痛い問題であった。万国博覧会に向け，大量に採用も行ったため，人員が1万人を越えていたからである[83]。

こうして，国鉄の「ディスカバー・ジャパン」キャンペーンに呼応するため，1970(昭和45)年12月，日本交通公社は国内旅行の新しいパッケージ商品「エース」を売り出している。これらの提案に対し，高度成長に酔っていた国民は競って離島，最果て，小京都へと出かけたのである。こうした観光関連業界の試みは大成功をおさめて，後の〝アンノン族〟に代表される新しい旅の姿が生まれていった[84]。

高度成長による個人所得の高まり，そして，東京オリンピック・万国博覧会と国際的・歴史的な大イベントが続いたことによって，一時的に膨れ上がった人員や設備を縮小させることなく，再び新たな企画を国民に提案し，これが受け入れられて需要が維持される。このような好循環があって，わが国の経済や観光産業が成長を持続したことがこの間の動きからみえてくる。このような好循環が可能になったのは，雇用の維持を優先した企業経営システムやその基盤となる国力の伸びが背景になっていたとみられる。同時に，このような企画提案型観光によって大きな恩恵を受けることになった北海道は，この膨張する需要を吸収するために，大量輸送・大量宿泊型の観光に大きく依存する体質を形成するようになり，代理店に頼る体質も浸透していくことになったものと推測される。

実際，国鉄の花の北海道キャンペーンや歌謡曲のヒットから北海道ブームが始まり，オイル・ショックに見舞われるまで，来道客は急激な伸びを遂げた。その伸びの一翼を担ったのは，日本交通公社が夏の北海道を対象に，初のオンシーズン，大量仕入れを実現することで団体企画商品として発売した「エース・団体〝夏の北海道〟」である。1971(昭和46)年に発売されたこの商品は，もともと観光客が多い夏の北海道に対してあえて大量仕入れを行うことで，仕

入れコストの軽減と販売量拡大などを目指して初めて取り組んだものだった[85]。このような北海道に向けて観光客を導く動きが活発化することで，1970年度に来道客は100万人の大台を超えたが，その伸びは前年度比23%増と驚異的であった。翌1971年度には同30%増，1972年度が同16%増，1973年度は同23%増，オイル・ショックがあった1974年度ですら10%近い伸びを示していた。この間に来道客数は倍増し，1974年度には約240万人に達していた。

ちなみに，この恩恵を受けたのが，帯広市に拠点を置く菓子メーカーの帯広千秋庵（現在の六花亭製菓株式会社）であった。当時，同社のホワイトチョコレートは海外で売れていたチョコレートがわが国でも支持されると見込んで生産していたものの，通常の黒いチョコレートは当初の見込み通り売れたものの，売れずに残っていた在庫品であった。しかし，テレビ番組で紹介された帯広市内の愛国駅と幸福駅の名称が書かれた切符がブームとなったことによって，北海道帰りのお土産品として爆発的なヒット商品となり，その後の成長を決定づけた。

また，このホワイトチョコレートのヒットにヒントを得て飛行機の機内で提供されるお菓子として生まれたのが1976（昭和51）年に売り出された石屋製菓株式会社の白い恋人であり，これも北海道を代表する観光土産品となっている。

この時期の北海道ブームには1972（昭和47）年開催の札幌国際冬季オリンピックがインフラ整備の面で大きく貢献した。大会費用総額2200億円のうち，都市環境の整備事業に約2000億円が投じられ，このうち道路整備費に825億円が札幌市内とその周辺に使われた。この膨大な資金によって交通インフラが整備されたのである。なかでも，1971年12月の道央自動車の千歳―北広島間と札樽自動車道（札幌―小樽）には総工費317億円が投じられて開通している[86]。この2年前の1969年10月には国道230号線，通称「定山渓ルート」も開通している。また，海路では，1970年7月の小樽―舞鶴を結んだ世界最大のカーフェリー「すずらん丸」就航，そして空路でも1973年10月の日航ジャンボ機ボーイング747-SRの千歳空港への初乗り入れが行われている。

宿泊施設の面でもこの間に大きな動きがみられ，オリンピック開催前には札幌プリンスホテルが開業している。1973（昭和48）年以降もオリンピックで札

幌市の知名度が飛躍的に高まったことと北海道ブームを反映してホテルの開設が相次いだ。札幌グランドホテルが1973年に創業時の旧館を解体して17階建の新館建設に着工(1976年営業開始)するとともに、センチュリーロイヤルホテル、札幌東急ホテルなどが開業。1974年6月には26階建の札幌全日空ホテルが開業しており、シティーホテルについては現在につながる宿泊態勢が整いつつあった。

なお、雪崩のような観光客の急増は道内観光を箱物中心に走らせる遠因をもたらした、とみることができる。施設不足のもとでは受け入れ態勢さえ整えば経営的には十分成り立つ状況となったためである。また、夏場の繁忙期の賑わいは顕著なものになり、業務処理能力を超え、サービスのノウハウ蓄積の機会を逸してしまうことにもつながったとみられる。

5. 観光レクリエーションとリゾート開発

オイル・ショックと余暇利用型観光

高度成長に冷や水を浴びせた第1次オイル・ショックによって観光産業は長い低成長のトンネルに入ることとなった。北海道においても、来道客数は前述したように1974(昭和49)年度に約240万人に達したが、この記録は1985年度まで、10年間も更新されることはなかった。とりわけ、時間距離が長くかかる鉄道を利用した来道客は1974年の108万人をピークに減少を続けた。その一方で、航空機による来道客数は2003年度まで一貫して増加を続けているが、1977年度に初めて鉄道を上回り、1979年度には100万人を突破している。

道内各地への観光客の入り込み数(延べ人数)をみると、1974(昭和49)年度に7400万人を記録した後、1975年度はいったん前年度を2.5%下回ったものの、1976年度には前年度比6.6%増と再び増加している。その後一進一退を繰り返しながらも総じてみれば増勢傾向を維持し、1985年度には約9400万人に達している。この主因となったのが道内客の入り込みである。1974年度の道内客が全体に占める割合は62.5%であったが、1985年度には70.8%にまで上昇しており、道外客の伸び悩みを道内客の増加でカバーしたことが分かる。同期間の日帰り客の推移をみると31%伸びているものの宿泊客についてはわず

かに同8％増にとどまっている。低成長期に入るにつれ，宿泊を伴う観光客は伸び悩み，経済波及効果が少ない日帰り客に移行していったのである。これは低成長による所得の伸び悩みに加えて，モータリゼーションの急速な普及によって，レクリエーションなど通過型観光への志向が強まったためとみられる。

ところで，この頃の北海道経済はオイル・ショックによって重厚長大型産業が深刻な打撃を受け，第1次産業についても減反政策や200海里規制などで縮小を迫られていた。そのように基幹産業の基盤が弱まりつつあった状況において，地域を牽引する産業の育成は緊急かつ最大の課題であった。したがって，豊かな自然資源や文化財に恵まれているとともに，低成長を背景にしたモノ消費から時間消費的活動への志向の高まり，などを考慮すると，北海道にとって観光関連産業の育成はもっとも重要な政策の1つと目されるようになっていた。

こうして，北海道観光審議会は知事の諮問を受け，1975（昭和50）年12月に「北海道の特性を生かした観光レクレーション施設整備の推進方策について」と題した中間答申，1978年2月には「北海道の特性を生かした観光レクレーション施設整備の推進方策」を知事にあてて答申している。これは，国民の間で海外旅行の普及による意識変化などから，余暇に対する意識も変化するようになり，これまでのラジオ・テレビなど受動的なものから，滞在型の旅行やスポーツ，レクリエーションが普及する，という見方が広まりつつあったことも背景にある。また，このような国民の余暇利用施設への需要の高まりを受けて，建設省の「大規模観光レクレーション都市」，運輸省の「大規模観光レクレーション地区」，林野庁の「総合森林レクレーション・エリア」など，新たな構想が浮かび上がってきたことも背景になっている[87]。

なお，中間答申では，まず，北海道における観光レクレーションの高い市場性について触れている。このなかで道内観光地への入り込み客の総数は1973（昭和48）年から1985年までの12年間に3.4倍の約1億9900万人にまで伸び，年平均増加率は10.9％になると見込んでいた。また，1973年時点の宿泊客の割合である約49％が1985年には64％になると予想していた。このような変化に相応しい北海道における施設の計画的，先行的な整備を図る必要性について述べていたのである。ちなみに，2004年度の観光入り込み客数（延べ人数）の実績は約1億3800万人，宿泊客の割合は20％であり，1970年代に見込

んだ成長とオイル・ショックをはさんだその後の伸びがいかに大きく異なっているかを雄弁に物語っている。

　また，答申では，北海道の観光地は広大であるとともに，特有の資源を有しているため，道南地域，道央地域，大雪山地域，道東地域，道北地域の5つの広域観光地域に分類，それぞれの特性が観光レクリエーション開発に十分生かされているとはいえないと述べている。このため，①ニセコ山系周辺地区に大規模観光レクリエーション基地の建設，②既存観光地の再開発，③都市観光および産業観光施設の整備，④観光レクリエーション地区の整備，などについて提言している。加えて，自然保全に十分配慮しながら道路整備を進めることや鉄道およびバス輸送力の増強，航空・海上輸送力の拡充整備についても提唱している。

　このような観光レクリエーションへの動きが官民あげて活発化したのは，オイル・ショック以降，昭和50年代に入るとわが国の旅行動向が量的にはほぼ横ばい状態となったことが影響している。内容的にも交通費の上昇が反映して近距離旅行が増えている一方で，離島や海外への旅行客も増加している。また，料金の面でも低廉なものと高級志向商品がともに人気となるなど，旅行の二極分化が強まっていた。日本交通公社はこのような状況をとらえて，大衆旅行は国民の間にすでに定着して，市場は成熟期に入ったと分析している[88]。

　北海道においては，レクリエーションを主体にした観光の具体的な動きは早い段階にみられていた。札幌オリンピックが行われた1972（昭和47）年，全日空の子会社である全日空商事が"スカイホリデー"の"北海道スキーツアー"を発売したのである。この商品は，いわゆるキャリアと呼ばれる航空会社が国内パッケージ旅行市場に本格的に参入した最初でもあった。全日空がこのような商品に取り組んだのは，航空機の輸送実績が急増していたことによる冬のオフ期対策が背景にあった。1966年度に500万人であった国内航空旅客輸送実績は機材のジェット化，大型化などから，1975年度には2500万人と5倍にも伸びていた。また，輸送機関別にみても，東京―札幌間の航空機のシェアは国鉄を圧倒して，約90％に達していたのである。

　このため，輸送能力にあわせたデスティネーション開発とホテル業への進出が必要になっていた。とりわけ，巨大路線に育っているものの，冬場にはオフ

期になる北海道での潜在需要の開発・拡大が搭乗率向上にとって重要になっていたのである。こうして，強力な宣伝をバックに若年層を取り入れる戦略によって需要拡大が図られるようになり，〝日航ジェットプラン〟も1976(昭和51)年にこれに追随した。この結果，冬の北海道は，短期間でスキーのメッカへと育て上げられたのである[89]。

このように旅行業界がレクリエーション観光に傾斜する動きを横目でみながら，北海道は1981(昭和56)年3月「北海道観光圏別整備基本計画―魅力ある広域観光地域の創出をめざして―」を策定，発表している。このなかで観光レクリエーションの動向については，①単なる自然鑑賞や温泉での休養など〝見る観光〟から〝体験する観光〟への志向の強まり，②旅行目的の多様化を受けた団体旅行から家族・小グループ旅行への志向の強まり，③所得水準の上昇や費用の相対的低下による海外旅行のウエイトの高まり，④高齢社会の進行に伴って，健康で自由時間をもち，比較的金銭的にも余裕のある高齢者の旅行が増大する傾向にあり，生きがいを求める観光レクリエーション志向も強まっている，などを指摘している。

しかしながら，北海道は①市場性の高い関東以西から遠隔地にある，②観光地が点在しており旅行日数や費用がかさみやすい，③海外旅行との競合関係が強まっている，などの課題があることを指摘している。さらに，④夏に6割以上の観光客が集中する傾向に対し，大規模スキー場など冬季レクリエーションの開発など受け入れ体制の整備が必要となっている。また，⑤地方空港の整備・拡充，国鉄幹線の電化による輸送時間短縮，高速自動車道の延長などが入り込み客拡大に貢献する一方で，従来の滞在型観光地が通過型観光地に変容するなど，新しい流れへの対応の必要性，⑥地域の特質を生かした個性ある観光地づくりと受け入れ体制の整備，などが必要になっていることについて指摘している。

対応策としては，これまでの2度の答申でも設定した5つの基礎的な観光圏をさらに道内93ヶ所(98市町村)の主要観光地を基礎にした17の広域観光地域に分類している。このように地域分類したのは，①観光地域の連携を強めて複合機能の効果を高められる，②既存観光地の環境整備と再開発によって，地域の個性化を強めることができる，③既存観光資源にあわせて産業の活用，資源

の開発などにより，観光価値を高められる，④点在する観光地をルート化することで一帯としての魅力を発揮することができる，などの観光ポテンシャルを考慮したためである。なお，この地域区分は交通機関の発達など社会環境の変化や観光客の動きにあわせて弾力的に対応する，としている。

　基本計画では，広域観光地域相互間を結ぶ幹線道路を主体とする広域的な観光ルートの設定と観光公共施設の整備によって，各広域観光地域の観光効果の相乗効果を高め，均衡ある観光客の入り込みを図っている。具体的には指定地域の各種交通機関の接続・連携の強化，コース内の優れた景勝地や休憩地への展望・休憩施設，駐車場，便所および給水施設などの計画的な整備である。この幹線ルートは，追分ソーランライン，日本海オロロンラインなど7ヶ所の沿岸周遊幹線ルートと12の内陸周遊幹線ルート，一般周遊ルートなどからなっている。

レクリエーション観光振興からリゾート開発へ

　こうした行政主導の滞在型観光，レクリエーション型観光の育成を目指した政策と軌を一にして，民間資本を中心に，新しい動きが道内各地に表れてきた。

　まず，レクリエーション観光にいち早く取り組んだのは北海道中央バスであった。1971（昭和46）年5月同社のトップ交代の際に，ニセコアンヌプリにスキー場建設の計画が持ち上がった。同社にとって①バス旅客輸送の増加を図る，②営業エリアの地域でスポーツ振興，地域社会の発展貢献，③経営の多角化，などが期待できたからである。同年中には土地を取得，突貫工事を経て，1972年12月に開業にこぎつけている[90]。ちなみに，1978年に北海道が出した答申でニセコ山系の大規模開発を提示していたが，この答申は1972年からのスキーツアーの増加と北海道中央バスによるニセコ開発の成功などを背景にして提示されたものとみられる。

　また，道内最大都市の札幌郊外でもスキー場建設の動きがみられた。札幌市の第三セクターの札幌リゾート開発公社は朝里岳をスキー場に開発する構想を立ち上げ，日本交通公社もこれに賛同・協力することとなった。開発の途中において，自然保護団体からの反対運動が起きたため，ゴンドラ，リフトの夏季運航をしないなどの条件を付けた協定を結ぶことになった。このため，工事は

予定より遅れたものの1978(昭和53)年12月に日本交通公社の子会社が出資した1700万円を合わせた資本金3000万円で定山渓高原観光株式会社が設立されて，札幌国際スキー場がオープンしている[91]。

このようなレクリエーション観光と滞在型観光を融合・発展させた形として，リゾート開発も行われるようになってきた。まず，過疎で悩んできた占冠村は地域活性化のための方策として大規模なスキー場の建設を計画し，1974(昭和49)年から調査活動を続けてきた。こうして1980年に占冠村は国鉄札幌鉄道管理局長に陳情書を提出，1981年10月に国鉄石勝線が開通，村内に2駅が開設されたことに伴い，アメリカのコロラド州アスペンを意識したリゾート構想は具体的に動き始めた。1982年3月には株式会社シムカップ・リゾート開発公社が設立(資本金9800万円，うち占冠村5000万円，ホテルアルファ2800万円，関兵精麦2000万円)し，9月にはホテルおよびスキー場の起工式が行われている。翌1983年には，ホテルアルファトマム，リゾートセンター，インフォメーションセンター，リフト4基，ゴンドラ1基などが完成し，スキー場としてオープンしている。

また，新得町では，かつて日本新八景に選ばれたこともある狩勝峠周辺の611ヘクタールに及ぶ鉄道防雪林の買収を契機に観光による再開発に取り組むようになった。当初本州企業による大型開発計画も進んだが，オイル・ショックで頓挫，その計画は縮小してしまった。その後，再開発のために設立した狩勝高原開発株式会社がその目玉と考えていた佐幌岳スキー場の再開発計画は林野庁から1980(昭和55)年6月に承認され，株式会社旭川台場ケ原サンバレーによる造成が始まった。同年10月には狩勝高原スキー場としてオープンした。その後，このスキー場を滞在型のものにするため，分譲方式のホテルを建設，町も500万円を出資して，台場ケ原サンバレー熊谷組と第三セクターを組むとともに，ホテルの3室を購入して事業に協力している。この後，資金的な問題から，西武セゾングループとの関わりができ，リゾート開発が急速に進み，1985年には株式会社サホロリゾートが成立している。翌1986年には世界有数のレジャー企業「地中海クラブ」が西武セゾングループと提携して，日本最初のバカンス村が狩勝高原に建設することになった。こうして総事業費440億円という巨額な投資が進められていったのである[92]。

一方，やはり過疎で悩んでいた留寿都村では村にあったスキー場運営会社が倒産。村長は登別でのぼりべつクマ牧場を経営し，その手腕を評価されていた加森社長にスキー場の経営継承を依頼した。同氏はこれを承諾し，1981（昭和56）年 9 月加森観光株式会社を設立，大和ルスツスキー場の運営を開始している。翌 1982 年には全天候型カラーテニスコートをオープン，コテージを竣功させるなどリゾート化のための施設整備を始めている。なお，同年「大和ルスツ」から「ルスツ高原」へと名称を変更している。

　このようなレクリエーション観光やリゾート開発の動きを受けて，北海道東北開発公庫の出融資実績も大きく変化していた。第 1 次オイル・ショック直後の 1974（昭和 49）年度から 1980 年度の間の〝国際観光ホテル業及び国際観光旅館業並びに観光レクリエーション施設整備事業〟向け年平均出融資実績は 55億円となり，業種別の構成比で約 10％を占め，順位で紙・パルプ，産業用土地造成事業，水運業に次ぐ 4 番目に多くなっていた[93]。

　ところで，同じ頃，まちづくりが観光振興に資するという新しい動きも表れた。小樽市の運河とその周辺の倉庫群である。1966（昭和 41）年に策定された市内の道路建設計画は倉庫群を壊し，運河の埋め立てを予定していた。実際，1972 年には，有幌地区の石造倉庫群が支障物件として撤去され，周辺の景観が一変していた。こうした事態に反対した市民は「小樽運河を守る会」を結成，文化遺産として保存する運動を開始したが，結局，市議会において運河の一部埋め立てで決着した。こうして 1982 年の水底ヘドロ固定に始まる周辺整備が進められ，翌 1983 年には北一硝子 3 号館が営業を開始した。1986 年 4 月には運河周辺の散策路やガス燈も完成し，小樽市はかつての商業拠点から道内有数の観光地へと変身していった[94]。

6. バブル経済期前後

バブル経済期

　オイル・ショックとその後の円高不況から脱した日本経済は戦後復興期を想起させる高い成長を享受することとなった。いわゆるバブル経済と呼ばれる高度成長である。その一端を担うこととなったリゾート建設の背景にあるのは国

民所得の向上を受けた余暇時間の拡大もさることながら，金融機関の「カネ余り」現象と内需拡大政策であった。高度成長期が終わるとともに，企業の資金需要が減退，企業の「銀行離れ」が進んだ。また，優良企業は転換社債やワラント(新株予約権)などを通じて資金を調達するエクイティ・ファイナンスによって資金を調達するようになっていった。このため，銀行は優良企業に代わる新しい貸付先として，1980年代に入って日本経済の国際化を受けて都心の一等地のオフィス需要が高まるにつれ，不動産業への融資を拡大した。しかも，この不動産向け融資のほとんどが転売，「土地転がし」のための資金融通としての資金供給であったため，金融部門が実態経済から乖離していった。このような不動産価格の上昇は個人も引き寄せ，投資用の賃貸マンションやリゾートマンションなどの購入も活発化した。また，企業の側も都市開発・住宅建設へと積極的に乗り出していった[95]。

　実態経済についても金融・保険，不動産業，サービス業の設備投資が高い伸びを示し，マイクロエレクトロニクス技術などハイテク・新技術などの向上によって生産能力が高まりをみせていた。さらに，関西国際空港や東京湾横断道路の建設，幕張新都心計画などの開発プロジェクトも行われ，物流・輸送能力なども増強された。一方，土地投資や株式投資によって余裕資金を手にした東京など大都市圏住民を中心に高級・高額商品などの購買へと向かい，個人による消費活動も空前の好調を記録した。このため，スキー場や別荘地などのリゾート開発，ゴルフ場開発なども大規模に進められた[96]。

　1975(昭和50)年度から1985年度の10年間，来道客数は6%しか伸びなかったが，バブル経済期の1986年度から1990(平成2)年度までの4年間で62%も来道客が増加した。とりわけ，航空機による来道客の伸びが著しく，同じ1986年度から1990年度までの4年間に83%もの高い伸びとなっている。また，観光客の入り込み数(延べ数)の推移をみると，1987年度に初めて1億人を超え，その後も着実に伸びている。同じ4年間でみると全体では27%の伸びとなった。この内道外客は40%，道内客が21%の伸びである。また，地域への経済効果が大きい宿泊客の推移をやはり同期間でみると約37%伸びているが，その一方で日帰り客の伸びは24%にとどまっており，消費額の多い宿泊客の方が伸びているのである。

このような活発な消費活動や生産活動などバブル経済に突き進むわが国の経済活動を政策的に推進するエンジンとなったのが，英国のサッチャー首相が最初に取り組んだサッチャリズムとこれにならって米国のレーガン大統領が行ったレーガノミックスなどの規制緩和と民間の力を活用して市場主義を押し進める経済政策である。中曽根政権では，この世界的な動きを受けて，市場開放，門戸開放，内需拡大，金融の自由化・国際化に向けた一連の施策を打ち出した。

そのような流れを生み出す前段階となったのはオイル・ショックを契機に悪化した財政赤字への対処として鈴木内閣で取り組まれた行政改革であり，「増税なき財政再建」を掲げて1981（昭和56）年3月に設置された第二次臨時行政調査会がその道筋を切り開いた。同年7月に出された第一次答申のなかには「民間の創造的活力を活かし」の一文が盛り込まれており，これが「小さな政府」の実現，公社などの解体・民営化，規制緩和，という路線へとわが国を導いていった[97]。

また，産業構造の転換に成功してオイル・ショックからいち早く立ち直り，対米輸出で巨額の経常黒字を計上し続けるわが国に対する米国からの批判に対応し，プラザ合意後の円高基調によって輸出型産業が主導する経済構造への見直しを迫る動きに対処するものとして1986（昭和61）年4月に前川春雄前日銀総裁が座長となって『国際協調のための経済構造調整研究会報告書』，通称「前川レポート」が取りまとめられ，発表された。この有名な報告書は内需主導型の経済成長，産業構造の抜本的転換，金融資本市場の自由化・国際化の一段の促進を柱に据え，消費生活の充実，地方における社会資本の整備の推進を図ることを目指したものであった。前述した関西国際空港などの大型公共工事もその一環であった。

ただし，財政的に脆弱なままで内需を拡大するためには民間の力を活用する必要があった。このため，1986（昭和61）年には「民間事業者の能力の活用による特定施設の整備の促進に関する臨時措置法」など民活法が公布された。このような法整備を行うことによって財政を出動させることなく，たとえば国有地の払い下げを前提とした公共施設の建設を実施する過程で民間企業による公共事業への進出を狙おうとしたのである。したがって，土地利用区分の見直しや農地の転用，保護林の指定解除などが具体化するようになっていった[98]。

実際，トマムリゾートの開発を例にみると，舞台となったトマム山は大部分が国有林であり，民間企業がこれをスキーコースとして借り受けることはできなかった。このため，第三セクターがレクリエーションの森として営林署から借り受け，その後で民間企業が借りるという方法がとられた。また，農地にかかっている規制（農地法・農業振興法）の解除も第三セクターが中心になって行った。つまり，許認可は第三セクター，開発は民間業者という手法ができあがり，これが広まっていった[99]。

　ところで，このような多くの自治体が観光開発に取り組む際に事業主体として採り入れた第三セクター方式とは，行政（第一セクター）が民間企業（第二セクター）に出資や人的支援などを行うことなどによって，つくられた株式会社のことである（一部に有限会社などもみられる）。行政がもつ高い信用力と民間の経営能力を利用して巨額の資金調達を円滑に推し進めることや財政負担の軽減を期待するとともに，健全な経営を目指した経営手法である。なお，第三セクター方式が公式に社会に登場したのは1973（昭和48）年という比較的早い時点といわれている[100]。

　それが一般的な認知を得るようになったのは，1980年代に入って起きた民活への動きのなかで国鉄などの赤字ローカル線網の見直しに伴って各地に第三セクター方式の鉄道会社ができ，マスコミなどから大きく取り上げられたことが1つのきっかけとなっている。しかし，高いコスト構造など厳しい競争に向かない体質が染み付いた行政が主導する企業経営は多くの問題を抱え，その多くが失敗へと向かった。ちなみに，1980年代に入って本格化した炭鉱の閉山とともに大量に発生する失業者の働く場の確保と経済基盤の維持のために夕張市が取り組んだ観光事業の多くも第三セクター方式であった。

　内需拡大の動きが活発化するなかで，スキー場，ゴルフ場，ペンション・ホテル建設などのリゾート開発などの関心は急速に高まっていった。改めてリゾート開発への経緯をみてみると，1985（昭和60）年7月，一部国会議員でつくった政策集団である自由主義経済推進機構が「緑陽日本構想（グリーンシャイン構想）」を発表しているが，そのプロジェクトの1つに大規模リゾート整備が提言されていた。これを受け，同年8月に通商産業省が「大規模複合余暇施設整備事業構想」を発表したことを契機に，都合7省庁が8つのリゾート整

表 2-6-1　総合保養地域整備法（リゾート法）と民活・規制緩和

```
4条：基本方針の策定（主務大臣）
    国土庁長官　農林大臣　通商産業大臣　　←（意見）－文部大臣
    運輸大臣　建設大臣　自治大臣　　　　　＝（協働）＝環境庁長官

    （公表）　│基本方針│　　（変更）
                  ↓
5条；│基本構想の作成（都道府県）│＝（協働）＝関係市町村
  －（指導）→│民間事業者（合意形成）│←→（反対運動）
                  ↓
    │基本構想の承認（主務大臣）│＝（協働）＝環境庁長官・関係行政機関の長
                  ↓　（都道府県による変更：主務大臣の承認）
            基本構想
            事業の実施（都道府県）←（助言，指導，援助）　文部大臣
    │民間事業者の能力の活用│←関係行政機関，事業者相互の協力
                  │
                  ▽　公共施設の整備促進（11条）
                  │
                  ▽　地方債に対する特別の配慮（13条3項）
                  │
                  ▽　国有林野の活用についての適切な配慮（15条1項）
                  │
    特定施設　　　───
    特定民間施設　　←　特別償却の優遇措置（8条）
    （民間事業者）　←　国，地方公共団体による必要な資金の確保（10条）
      マリーナ　　　←　国，地方公共団体による必要な助言，指導その他援助（12条）
      ゴルフ場　　　←　地方公共団体による出資，その他の援助（13条）
      etc.　　　　　　（土地取得，造成に関わるときの地方財政法上の措置）
    重点整備地区
    特定民間施設　　←　地方税の不均一課税の是正措置（9条）
      土　地　　　　←　農地法その他の法律による処分について施設措置の促進が図
                      　られるよう適切な配慮（14条）
      港　湾　　　　←　港湾管理者は水域の利用について適切な配慮（15条2項）
```

出典：鈴木茂，小渕港『リゾートの総合的研究』p.132 を簡略化して引用

備に関する構想を掲げる結果となった。さらに，47都道府県は同年11月に「大規模リゾート地域整備推進協議会」を設立し，国をあげたリゾートブームとなった。これらを統合するために1987年3月には，事務局は国土庁地方振興局において関係6省の局長クラスなどによる連絡会議を設置，リゾート構想の一元化を働きかけた。こうして同年6月には「総合保養地域整備法（通称リ

ゾート法)・同施行令」が公布・施行された。また，同月に閣議決定された「第四次全国総合開発計画」でも戦略プロジェクトの1つとして，大規模リゾート地域の整備が位置づけられた[101]。

　こうした全国的な動きに合わせて，北海道が1987(昭和62)年に策定した「北海道新長期総合計画」のなかでも戦略プロジェクトとして「国際リゾート連担都市」が組み込まれている。このなかではリゾート開発が求められる背景として，①今後自由時間が大きく増加し，所得が高まり，国民意識が変化することで，人々の余暇活動へのニーズが増大する，②質的にも自然とのふれあい，健康づくり，文化活動，国や地域，世代をこえた人々の交流など創造的なものへと大きく変化する，と述べている。また，1989(平成元)年3月に北海道庁は「北海道観光振興基本計画」を発表しているが，これは1981年の「北海道観光圏別整備基本計画」以来のものである。この間に観光の地域振興に与える効果について評価が高まり，各種の観光プロジェクトの活発化，リゾート，イベント，コンベンションなどに積極的に取り組む必要から基本計画を策定した，と述べている。

　北海道では大規模リゾート開発として，大沼やニセコ周辺，石勝高原や狩勝高原などで，民間資本による開発がすでに進んでいた。1986(昭和61)年12月には新得町に進出した地中海クラブが西武セゾンと提携，日本初のバカンス村の建設が決定した。翌年には「クラブメッド・サホロ」が創立されている。また，1987年7月にはルスツ高原ホテル・サウスウィングが竣功し，12月にはイーストMt.がオープン。ゴルフコースも1988年5月にオープンしている。

　1989(平成元)年4月には，総合保養地域整備法に基づく基本構想が承認され，北海道富良野・大雪リゾート地域整備構想として重点整備地区に指定されている。この地域には，大雪国立公園を中心にしているだけでなく，千歳，帯広，旭川という3つのジェット化空港を結ぶ三角形のなかに位置していて，富良野，トマム，サホロなどのリゾートを組み入れた大規模なものとなっている[102]。

　さらに，これら先行組にはやや遅れたものの赤井川村でも1987(昭和62)年からヤマハ・グループによるキロロ・リゾートの開発が展開された。同リゾートはカナダの山岳リゾート「ウィスラー」をモデルにしたといわれているが，バブル経済まっ最中の1988年6月にはスキー場，レクリエーションなどを管

表2-6-2　北海道富良野・大雪地域整備構想の概要

重点整備地区	特徴
旭岳地区	旭岳，天人峡などの温泉と山岳スポーツをドッキングさせた山岳レクリエーションリゾートの形成を目指す
ジャパンヘルシーゾーン地区	体験牧場・農園などや健康増進のための温泉活用など健康リゾートの形成を目指す
北星丘陵リゾート地区	ラベンダーなどヨーロッパ風の田園風景，丘陵景勝地を利用したおしゃれなリゾートの形成を目指す
ふらの地区	スキーのメッカとしての知名度と，特産品などや文化村を利用して都市的機能を併せもつ大型滞在リゾートの形成を目指す
かなやま地区	広大な樹海とかなやま湖の豊かな水を利用して，家族で楽しめる野外レクリエーションリゾートの形成を目指す
トマム地区	豊かな自然のなかに，景観との調和を図ったホテル，コンドミニアムなどを設置し，スポーツとコンベンション機能を併せもった国際的山岳型リゾートの形成を目指す
日高地区	日高山脈や沙流川を利用した森や水とのふれあいを目指すファミリーアドベンチャーリゾートに大型スキー場，ゴルフ場が一体となったリゾートの形成を目指す
サホロ地区	十勝平野の田園パノラマが眺望できる狩勝高原に開村した地中海クラブバカンス村を中心にスポーツ，文化などを楽しめる国際リゾートの形成を目指す

出典：『北海道開発庁四十年史』p.85 より

轄する第三セクター，株式会社赤井川森林レクリエーション開発公社が設立されている。必要資金の大部分はヤマハが出資し，設立時点での赤井川村の出資比率は12%であった。なお，バブル経済が崩壊した1991(平成3)年に増資を行うとともに株式会社キロロ開発公社に社名を変更，スキー場，マウンテンホテルをオープンさせている。

　行政の関与だけに限定されず，民間が単独主体となって取り組む事業についてもバブル経済最盛期から末期にかけ，金融機関の積極的な融資姿勢とバブル経済期の過大な需要予測から，巨大レジャー施設や高級ホテルなどへの建設も相次いで進められた。道内新興ゼネコンによる洞爺湖湖畔の高級会員ホテル建設，理容・美容サービス企業による札幌市郊外へのレジャー施設，ホテル建設などである。

　本州からの巨額な資金流入で大きな影響を受けたのが水産都市から観光都市へと変身しつつあった函館市である。1989(平成元)年の函館市のマンション建

設数は32棟，うち19棟が道外資本であり，購入者に至ってはその8割が首都圏在住者といわれていた。とりわけ歴史的建築物が多い市の西部地区がマンション建設ラッシュに見舞われたため，1988(昭和63)年4月には景観が損なわれないように歴史的景観条例を制定。同年9月には伝統的建造物群保存地区にも指定している。反面，観光振興にも積極的に取り組み，同年には「函館ヒストリープラザ」「ベイ・はこだて」などを相次いで営業を開始させ，港湾周辺の再開発を進めている。また，1989年には国際観光都市宣言も行っている。なお，翌1990年には西武グループが大沼湖畔にリゾートホテルを完成させている[103]。

バブル経済期に巨額の資金が北海道観光の整備に向けられたことの証左として1980年代の北海道東北開発公庫の業種別出融資実績の推移をみると，国際観光ホテル業および国際観光旅館並びに観光レクリエーション施設整備事業に傾斜配分されている様子が明確に表れている。この間に紙パルプなど製造業や工場用地造成事業の割合が低下して観光関連向けの融資割合が増加した結果，業種別にみて観光関連業種が1980年代における最大の融資先となっている[104]。

このように国民全体が消費に走ったバブル景気を背景に開発型の施策が過熱するなかで注目される動きがみられた。自然保護や環境意識への社会的な関心の高まりである。レクリエーションなどのリゾート開発に林野庁は積極的に動いていたが，これは膨大な赤字を抱えて深刻化していた国有林野特別会計の問題がその根底にあった。このため，老齢木を切ることで森が若返る，を建前に林野庁は赤字解消を図るため国有林の伐採に乗り出したのである。道内では知床国立公園がその対象となった。1985(昭和60)年，北見営林支局は第5次網走地域施業計画を立案し，知床国立公園内の国有林で1700ヘクタール，約2万立方メートルの伐採を計画した。この計画に対して地元の自然保護団体がシ

表2-6-3 北海道東北開発公庫の北海道における国際観光ホテル業および国際観光旅館並びに観光レクリエーション施設整備事業への出融資実績と出融資全体に占める構成比の推移

	1974～1980年度平均	1981～1985年度平均	1986～1990年度平均
出融資額	55億円	113億円	130億円
構成比	9.0%	19.9%	20.7%

出典：日本政策投資銀行『北海道東北開発公庫史』を参考に筆者作成

マフクロウなど野生動物の保護上問題があると計画の白紙撤退を求めた。開発一辺倒の流れに対抗し，離農跡地を買い取ることで森林再生を図るナショナルトラスト運動も高まりをみせ，国民からの共感も広がっていった。こうして1987年に行われた野生動物調査の後，530本の立木を伐採してこの伐採計画は終了している[105]。このナショナルトラストの動きが結果として後の知床の世界遺産登録に結びついたのである。

　また，その後の北海道観光に大きな影響を与えたとみられるのが国鉄の分割・民営化に先立って行われた赤字ローカル線の廃止である。1980（昭和55）年，政府は膨大な累積赤字を抱える国鉄の再建のため，1985年を目標に定員削減による合理化と赤字ローカル線の廃止，バス転換を図る国鉄再建促進特別措置法（国鉄再建法）を設立させた。この法律では原則として1日1キロあたりの旅客輸送量を8000人とし，それを下回る路線のうち，1日あたり4000人未満の路線は廃止してバス転換，ないしは第三セクターなどの民営鉄道にするのが適当とされた。1日あたり2000人未満の路線は1985年までの廃止が盛り込まれていた。その後廃止方針の見直しもみられたが，広域な北海道では廃止路線は他の地域と比較しても多いものであった[106]。ちなみに，線区別にみて，100円の収入をあげるのに必要な営業係数は深名線が全国でワーストワンであったが，ワースト10には深名線の他，道内から7線が入っていた[107]。

　1982（昭和57）年，臨時行政調査会は国鉄を5年以内に分割・民営化し，その推進機関として国鉄再建監理委員会を設置することを政府に答申した。それから1年も経たない1983年に白糠線が全国で初めてバスに転換した。1982年11月には第2次廃止路線も発表された。道内は14線が対象となっていたが，これらは長大線で，準幹線扱いの路線であった。こうして，1987年3月29日の羽幌線を最後にローカル線の廃止が推し進められ，北海道の鉄道網は大正時代へと逆戻りしたのである。なお，このような暗い話題続きのなかで1980年，千歳線と室蘭線が電化され，旭川―室蘭間を電車L特急が運行を開始した。また，翌1981年には帯広と札幌を結ぶ石勝線が開通した[108]。この石勝線の開通がアルファトマムリゾートへとつながっていったのは前述した通りである。

　ここまでみてきた国鉄赤字ローカル線の廃止は，高度成長以降の大都市への人口の流出，炭鉱や農業・水産・林業など地域の基盤産業の衰退に伴う過疎化

の加速，国民の所得水準の高まりによるマイカーの浸透，個人志向の高まりなど，多くの要素を含みながら起きたことである。ただし，観光という観点からみると広大な土地を有する北海道においては，高速道路の整備ともあいまって，移動手段に多様性を失わせ，大型バスやマイカー，レンタカーに頼った移動を決定づけ，その後の道内における観光行動に少なからぬ影響を及ぼしたとみられる。

　ところで，バブル期の北海道観光の歴史を振り返るなかで教訓として今一つ記憶にとどめておく必要があるのが1988(昭和63)年に行われた「世界・食の祭典」である。1981年に神戸市が行った神戸ポートアイランド博(通称ポートピア'81)は入場者1610万人，剰余金94億円という大成功をおさめた。これに触発された全国の自治体も地方博覧会に取り組むようになり，これを契機に博覧会ブームが起きた。しかしながら，バブル経済が終了するまで毎年各地で行われた地方博覧会で，わずかに横浜博覧会(入場者1333万人)，名古屋市の世界デザイン博覧会(同1518万人)がそれなりの実績をあげたものの，ポートピア'81を超える成功をおさめたものは現れなかった[109]。博覧会ブームが起きるなかで，国からの支援などもあったことから北海道でも博覧会への取組みが決められた。ところが，事前準備の不足などから「世界・食の祭典」の入場者は当初計画の400万人を大きく下回る171万人にとどまり，抱えた負債金額も約90億円に達し，大きな政治・社会問題となった[110]。なお，1981年から1989年までに開催された観客動員50万人以上の主要な博覧会をみると，神戸ポートランド博以降，36回もの博覧会が実施されている。そのうち，北海道関連は7回ともっとも多くなっている。

　繰り返しとなるが，知床の伐採問題の背景となったのは林野庁の財政であり，国鉄の民営化も財政問題が背景となっている。後述するようにリゾート開発もその根底には疲弊する地域経済，深刻化する過疎，そして農家家計の問題などがある。夕張市が「新生・夕張地域おこし計画」(総事業費4911億円，うち観光開発686億円)を1987(昭和62)年に発表し，翌1988(昭和63)年に松下興産株式会社の大型プロジェクト「レースイリゾート計画」(事業費128億円)を呼び込んだのも炭鉱閉山による人口流出問題に対処して地域の生き残りを目指す試みであった[111]。

表 2-6-4　1981〜1989 年までの観客動員 50 万人以上の主要博覧会

開催時期	名　　称	開催地	観客動員数
1981 年　3〜 9 月	神戸ポートアイランド博	神戸市	1610 万
1982 年　3〜 5 月	ふくおか '82 大博覧会	福岡市	136 万
6〜 8 月	北海道博覧会	札幌市	268 万
1983 年　7〜 8 月	'83 新潟博覧会	新潟市	108 万
10〜11 月	大阪城博覧会	大阪市	532 万
1984 年　3〜 5 月	'84 高知・黒潮博覧会	高知市	102 万
6〜 8 月	小樽博	小樽市	120 万
7〜 9 月	とちぎ博	宇都宮市	134 万
10〜12 月	国際伝統工芸博・京都	京都市	130 万
1985 年　4〜 6 月	'85 鳴門ピア	鳴門市	52 万
4〜 8 月	くにうみの祭典	洲本市など	218 万
1986 年　6〜 8 月	'86 さっぽろ花と緑の博覧会	札幌市	130 万
6〜 9 月	北海道 21 世紀博	岩見沢市	200 万
1987 年　3〜 5 月	葵博―岡崎 '87	岡崎市	181 万
3〜 5 月	世界古城博覧会	彦根市	84 万
7〜 9 月	未来の東北博覧会	仙台市	297 万
8〜11 月	天王寺博	大阪市	247 万
1988 年　3〜 5 月	さいたま博覧会	熊谷市	250 万
3〜 8 月	瀬戸大橋架橋記念博 '88（香川県側）	坂出市	350 万
3〜 8 月	瀬戸大橋架橋記念博 '88（岡山県側）	倉敷市	296 万
4〜10 月	なら・シルクロード博	奈良市	682 万
6〜10 月	世界・食の祭典	北海道	171 万
7〜 9 月	青函トンネル開通記念博	函館市	146 万
7〜 9 月	青函トンネル開通記念博	青森市	147 万
7〜 9 月	ぎふ中部未来博 '88	岐阜市	408 万
7〜 9 月	十勝海洋博覧会	広尾町	52 万
1989 年　3〜 5 月	サザンピア 21（南の理想郷）	鹿児島市	88 万
3〜 5 月	静岡駿府博覧会	静岡市	108 万
3〜 6 月	'89 姫路シロトピア博	姫路市	158 万
3〜 9 月	アジア太平洋博覧会―福岡 '89（よかトピア）	福岡市	609 万
3〜10 月	横浜博覧会	横浜市	1333 万
4〜 5 月	世界のつつじまつり '89 くるめ	久留米市	83 万
4〜 5 月	松江菓子博 '89 第 21 回全国菓子大博覧会	松江市	73 万
7〜 8 月	'89 鳥取世界おもちゃ博覧会	鳥取市	61 万
7〜10 月	'89 海と島の博覧会・ひろしま	広島市	598 万
7〜11 月	世界デザイン博覧会	名古屋市	1518 万
9〜11 月	甲府博覧会（こうふ博）	甲府市	56 万

出典：宮崎辰雄『神戸を創る』p.194 より

ここで改めてバブル経済期の北海道観光の動きを振り返ってみると，その背景には農業，林業，水産，国鉄，炭鉱など，経済の基盤となり，雇用を支えてきた産業が次々と産業転換や政府主導で打ち出される産業政策のもとで疲弊し，衰退，大量の失業者を抱えて苦悩する姿がみえてくる。こうして生き残り策に行き詰まり，翻弄される地域経済の担い手たちは唯一の生き残り策としてリゾートをはじめとする観光，そしてイベントへと走り，ときには活路を見出し，あるいは蹉跌を味わった。

　また，バブル経済期にみられた動きとして，家庭内ゲーム機の浸透，衛星放送やケーブルテレビ放送の開始，スポーツクラブ・カラオケボックスの流行，東京ディズニーランドの成功に触発された各種テーマパークの普及など，レジャーやレクリエーションの多様化が急速に進んだこともその後の観光の動きに影響を与えていった。

バブル経済崩壊期

　バブル経済期には1村1リゾートのような一大観光開発ブームが訪れたが，バブル経済崩壊とともに局面は一転する。特に，バブル経済のさなかに消費者の高級指向や需要の伸びの見込みを誤って，過剰な投資を行ったリゾート施設，レジャー施設などについてはバブル経済崩壊とともに顧客獲得に追われ，経営不振に苦しめられることとなった。また，開業が相次いだテーマパークについてもカナディアンワールドにみられる地域性とテーマ性の不一致，グリュック王国の冬季シーズンの不振，などから，その多くが経営難に直面し，バブル崩壊後の景気後退期になって破綻に至ったところも現れた。

　過剰なリゾート開発が引き起こした問題を国民に知らしめたのが，1991（平成3）年に発覚した空知管内浦臼町のリゾート開発をめぐって起きた不正融資事件である。バブル経済期に地域の存亡をかけてリゾート開発に取り組んだ自治体，その弱い立場を利用して巨大開発を展開した民間企業，というわが国経済の矛盾や問題が顕在化したのである。こうしてバブル経済崩壊後の不況が長期化するとともにトマム，キロロ，サホロなどのリゾート，高級会員ホテルなどが過大な投資と需要の伸び悩みを背景に経営不振となり，なかには，破綻，経営者交代によって開発計画が見直しされているところも現れた[112]。また，

第三セクター方式で観光開発を行ったところでは，民間事業者の撤退などによってそのツケが自治体に回るところもみられた。

ただし，来道客数については，バブル経済崩壊後もほぼプラス成長を維持している。この背景としては①地方航空路線が整備されるにつれ，道北，道東などへの来道客が増加した，②航空会社や旅行代理店の格安ツアーが人気となった，③人気テレビ番組効果で北指向が強まった，④経営不振に陥った宿泊施設などが積極的な顧客獲得競争に走った，などの要因をあげることができる。

ちなみに，北海道新長期総合計画では国際リゾート連担都市の形成をはじめとした，滞在型観光など新しいニーズにこたえる観光施設の開発や各種イベントの開催などで，1997(平成9)年度の観光客の入り込み客数(延べ数)は1億5200万人(1985年度実績9351万人)に達すると見込んでいた。集計方法が1997年度から変更され，やや多めに算出されているものの，結果として同年の入り込み客数は1億4070万人となった。達成率は93%であるが，その内訳は道外客の達成率が87%，道内客の達成率が96%であり，バブル崩壊を考慮に入れると比較的目標に近い実績値になったとみられる。

ただし，来道客数は堅調であっても，バブル経済崩壊以降の失われた10年に北海道観光の"安・近・短"指向(安い料金で近場の宿泊日数の少ない短期間の旅行)の定着と全道的なホテル，旅館の過剰，不況でありながら円高が定着したことによって10万円前後で欧米まで行けるようになった海外旅行との競合は，観光関連企業の経営環境を厳しい状況に追いやっている。とりわけ，過当競争に入った宿泊施設の面では，東京発千歳行きのパック料金が1泊2日で2万円を切るまでに下落するなど宿泊単価低迷に悩まされている。

ここでこの時期から顕著になってきた格安ツアーについて少し詳しく触れておきたい。バブル経済期に海外観光に多くの国民が出かけていった。プラザ合意後の1987(昭和62)年の海外渡航者は683万人で前年に比べて24%も増えた。JTB(日本交通公社)，近畿日本ツーリストなど各社は円高還元として格安ツアーを売り出し，旅行業界は活況に沸いた。これに目をつけたのが1987年の国鉄民営化に伴うJR6社の旅行業への参入であった。JR東日本の「びゅう」，JR東海の「ぷらっと」など，その成り立ちからJTB，日本旅行の株主であった国鉄が競争相手となったのである。旅行会社の収入は国鉄など交通機関の切

符販売による手数料収入である。そのJRが独自にパック旅行などを駅ビル内の窓口や独自に設けた旅行部門で販売するようになった。さらには，海外旅行専門会社を設立，かつてはJTBが中心であった時刻表まで発行したのである[113]。

また，昭和40年代から昭和50年代にかけて流通業界では旅行業を開始していた。そのなかで航空券やホテルの部屋を大量に仕入れていたスーパー最大手のダイエーが北海道向けのスキーツアーを業界大手より1万円も安い2万8000円で販売していた。これに対し1983(昭和58)年に運輸省が販売中止を指導し，関係者の間で大きな話題を呼んだ。団体パック旅行に対して航空各社が設定していた最低販売価格を下回っていたためである。この指導を受けてダイエーは販売を中止したものの，航空会社が最低販売価格を設定することそのものに問題があったことから，公正取引委員会の指導が入り，航空会社は国内向けの最低販売価格を廃止したのである。一方，西武セゾングループは世界有数のホテルグループを買収，スカンジナビア航空，英国ヴァージン航空に出資をする。このような新規参入に対して旅行会社も安売り競争に走り，JTBが海外旅行の安売りに踏み切った。このことがきっかけとなり，パック旅行の価格を旅行会社の間で決めているとして，公正取引委員会が調査に乗り出したことから，海外旅行の価格競争は激化するようになった。こうして，海外旅行はさらに大衆化し，大消費地から遠距離にある北海道や沖縄などの国内旅行との価格競争が過熱するようになったのである。また，1980年に設立されたエイチ・アイ・エスに代表される低価格を売り物にした新興企業の急成長もあって，低価格競争にはもはや歯止めがかからなくなっていった[114]。

ところで，バブル経済崩壊後の暗い話題の多い世相のなかで，北海道発で全国に明るい話題を提供したのが「YOSAKOIソーラン祭り」であった。20歳の北海道大学の学生がたまたまみた高知県の「よさこい祭り」に触発され，札幌でもやってみたいと思い，仲間と一緒になって中心部の道路使用許可の取得など数々の困難を乗り越えて1992(平成4)年6月に第1回が開催，10チーム，1000人が参加して成功をおさめた。その後は初夏を彩る老若男女を問わない参加型のイベントとして各地に急速に浸透し，2005年には334チーム，4万3000人が参加，観客動員数も214万1000人に達し，一躍，冬の「雪まつり」

と並ぶ札幌市の夏の祭りの1つに育っている[115]。

航空業界の規制緩和

　観光関係者を苦しめている格安運賃や格安旅行を実現した背景には航空業界の規制緩和も背景になっている。1978(昭和53)年にアメリカの航空業界で航空自由化が行われ，海外を訪れる日本人の間で日本の航空運賃の割高さに対して不満が高まるようになっていた。そのような状況において，1985年の御巣鷹山の事故を契機に航空政策に見直しの動きが現れるようになり，運輸政策審議会は国内線の競争を促進する旨の答申を出したのである。ところが，その後も路線別原価主義に基づく運賃制度に対する見直しは進まず，1995(平成7)年度になってやっと一定の範囲内で運賃を自由化する幅運賃制度が導入された。しかし，世界最大の需要を誇るはずの羽田―千歳間の航空運賃が逆に以前より高くなるなど，運輸行政に対する不満はおさまらなかった。このため，運輸省はこれまでの施策を見直し，「同一路線への追加参入」の免許基準を廃止することを1997年春に発表した。廃止するのは，国内線がすでに開設されている路線に，2社目の乗り入れ(ダブルトラック)，3社目の乗り入れ(トリプルトラック)を認可する免許基準であった[116]。

　これを受け，1996(平成8)年11月に北海道の企業家が資金を提供してできあがった北海道国際航空と格安チケット販売で急成長したエイチ・アイ・エスを中心としたスカイマークエアラインズが設立。40年振りに既存3社に加えて独立の航空会社2社による市場参入の意向が表明された。こうして，1998年12月，エアドゥが新千歳―羽田線を就航させたのである。従来では考えられなかった割安な航空料金が登場したことなどが影響して，翌1999年の新千歳空港国内線の乗降客数は前年実績の約1674万人を7.3％上回る1796万人となった。この対前年比伸び率は，金融不安に見舞われた1998年の同1.7％増，年末に北海道拓殖銀行などが破綻した1997年の同4.5％増，バブル経済崩壊でオイル・ショック以降のマイナス成長から立ち直った1996年の同4.4％増などと比較すると非常に高い伸びとなっている。新千歳空港の国内線の乗降客数の伸びとしては，バブル経済の影響が残っていた1990年の同10.1％増と1991年の同7.4％増に比肩する伸びである。しかし，残念ながら，2000年春

に有珠山の噴火が起きたため，同年の伸びはマイナスとなり，その後は一進一退で推移しており，この頃から航空運賃の引き下げでもカバーできないような旅行需要の変化，つまり北海道観光の伸びに頭打ち感がみられるようになっている。

ま と め

　北海道の観光産業の歴史を総じてみると，高度成長によって観光関連企業に民間資本が蓄積されるまでは外貨獲得，域際収支，国際収支の改善などの面から有望な産業として行政の手厚い指導と保護による育成策が講じられてきた。道内の基幹産業が軒並み不振に直面したオイル・ショック後の低成長期から現在に至っても，リゾートなど次代を担う産業として官民あげた観光産業の育成が本道の優先課題であり続けてきた。

　とりわけ産業基盤が脆弱で過疎に悩む地域にとって観光関連産業の育成は死活問題ともいえる問題であった。実際，観光振興は過疎からの脱出に大きな効果があったことが各地域から報告されている。たとえば占冠村では，①人口定住と増加(1980(昭和55)年国勢調査1601人，1985年国勢調査2097人，1990(平成2)年国勢調査2721人，1995年国勢調査2104人)，②就業の場の確保(1997年2月現在のリゾート関連就業者1326人。うちトマム地区居住931人)，③食材料の供給，燃料関係の供給，日用品の消費，④税収の状況，⑤住民意識の活性化により，積極的な村づくり活動の推進，などに具体的な成果があったと報告されている。したがって，その依存度の高さからリゾートを運営していた会社の破綻は地域の破綻に直結することにもなりかねない問題となる。実際，占冠村では，当初経営に携っていた会社がバブル経済崩壊で経営破綻，その後も経営がスムーズに引き継がれなかったため，マスコミなどは地域の存続の危機として取り上げた。

　地域経済の問題は農業など地場産業の問題と密接に関わっている。佐藤克廣が明らかにしたように，道内リゾートのゴルフ場開発は実勢価格よりも高い価格で農地を売り払いたい，借金を清算したいという農家の利害と一致していた結果から生じた部分があり，農業政策の失敗のツケ回しの一面もみられる[117]。

また，開発を中心にとらえて，農家がいなくなり農村景観が失われた地域は観光地としての魅力が乏しくなるのも事実である。一方，地場産業の衰退に歯止めがかからず，過疎が進行すると観光産業の担い手もいなくなってしまう。リゾート開発と観光振興の間にはこのようなジレンマも潜んでいる。

また，知床の国立公園内の森林伐採を市民の力で防いだことによって世界遺産の登録が可能になったが，登録によって逆に観光客が増え続けてきたことから，自然保護や環境問題と観光，という新たな問題が表面化しつつある。地域に相応しい持続的な観光のあり方が問われるようになっているのである。

このように北海道観光は潜在的な問題を抱えたままでその振興策を模索し続けている状態である。北海道観光は，高度成長期以来人気が続いていたが，これは大手旅行代理店や航空会社による広告宣伝とその受け入れのための地元での大規模な施設整備という取組み姿勢による相互作用によって生じた効果も大きい。地域自身による魅力発見，集客努力，リピータ獲得努力が乏しい場合であっても，豊かな自然と代理店などに頼った宣伝効果で顧客を獲得できたことは現状に対する見直し努力を求めなかった。したがって，北海道観光が夏場に集中し，何もしなくても観光客が集まる夏場とスキー離れもあって相当な努力を払っても集まらない冬場，という大きな問題が解決されないまま現在に至っている。

しかし，少子・高齢化の進展，経済の成熟化に加えて，多様な志向を有する消費者が主導権を握り，円高定着で海外との競合が顕在化している現状においては，豊かな自然環境と施設の整備だけに頼ったままの北海道観光では，サービス産業としての生き残りはありえない。2000年代に入り，癒しブームから，沖縄観光が好調を持続している。多様な地域の魅力を擁する沖縄県では，地域そのものが魅力となって観光客を引き付けている。地域や企業間のし烈な競争を通じた地域の魅力掘り起こし，各種サービスの切磋琢磨こそが現在の北海道に求められているとみられる。

新たな動きとして規制緩和の進展によって観光関連産業の一翼を担ってきた輸送業界に構造変化が起きている。さらに，2002(平成14)年6月25日に閣議決定した経済財政諮問会議による「経済財政運営と構造改革に関する基本方針2002」に基づき，国土交通省が関係府省と協力して策定した「グローバル観光

戦略」を同年12月に発表している。この戦略は日本人観光客が1600万人を超えているのに対して，訪日外国人観光客は，その1/3以下であることから，その差を是正することを目指したものである。そのため，戦略の1つである「外国人旅行者訪日促進戦略」として，2010年までに1000万人の訪日外国人誘致を実現する，ビジット・ジャパン・キャンペーンが実施された。このような政策的背景もあって，成長著しい中国などアジア諸国からの観光客の増加など，観光のグローバル化もその方向次第によっては観光関連産業のすそ野を拡大する潜在力をもっている。国際競争にさらされつつある北海道観光に新たな可能性を与えつつあることも忘れることはできない。こうして厳しさを増す消費者の選択に耐えるサービスの質と観光産業のすそ野の拡大がともに備わるならば北海道観光に今以上の持続的な発展も期待できよう。そのためには，地球環境問題が主要なテーマとなる予定の北海道洞爺湖サミットの開催などをきっかけとして，多様性にあふれた地域の魅力を掘り起こす住民による不断の取組みが求められるようになると思われる。

〈注・引用文献〉
(1) 『函館市史』通説編第3巻，1997年，p.234-244.
(2) 『登別観光史 1』社団法人登別観光協会，p.32.
(3) 『札幌シティガイド』p.46, p.56,「さっぽろ文庫59」札幌市教育委員会編『定山渓温泉』1991年，p.202-204.
(4) 同上，p.204.
(5) 同上，p.205-206.
(6) 前掲『登別観光史 1』p.27-29.
(7) 『登別町史』登別町史編纂委員会，1967年，p.850-851.
(8) 虻田町史編纂委員会編『物語 虻田町史 第5巻 洞爺湖温泉発展史』1983年，p.258-259, 263-269.
(9) 『阿寒町史』阿寒町史編纂委員会，1966年，p.709-711.
(10) 『上川町史』上川町，1966年，p.1156-1163.
(11) 同上，p.1177-1178.
(12) 『北海道の「温泉」をめぐる多面的な考察』北海道自治政策研修センター政策研究室，2003年，p.14.
(13) 田中和夫『北海道の鉄道』北海道新聞社，2001年，p.8-11.
(14) 同上，p.42-54.
(15) 同上，p.62-76.

第 2 章　北海道観光の歴史的展開　　87

⒃　同上，p.91-92.
⒄　同上，p.94-98.
⒅　『青函連絡船　栄光の軌道』1988 年，p.11-20.
⒆　『北海道中央バス五十年史』1996 年，p.36-37.
⒇　同上，p.38-39.
㉑　同上，p.40-41.
㉒　同上，p.46-66.
㉓　『日本旅行百年史』編纂室編『日本旅行百年史』日本旅行，2006 年，p.31-34. なお大正初期に商号を「日本旅行会」と称している。同 p.42.
㉔　(財)日本交通公社社史編纂室編『日本交通公社七十年史』日本交通公社，1982 年，p.5-21.
㉕　同上，p.22-24.
㉖　『帝国ホテル百年史　1890―1990』1990 年，p.261-262.
㉗　同上，p.263.
㉘　同上，p.943-p.947，木村吾郎『日本のホテル産業 100 年史』明石書店，2006 年に詳しいので参照されたい。
㉙　同上『帝国ホテル百年史　1890―1990』p.262.
㉚　同上，p.294-296.
㉛　新得町史編纂委員会編『新得町史』1990 年，p.453，同上，p.315，前掲『日本旅行百年史』p.51-55.
㉜　前掲『日本旅行百年史』p.51-56.
㉝　同上『帝国ホテル百年史　1890―1990』p.293-299.
㉞　前掲『物語　虻田町史　第 5 巻　洞爺湖温泉発展史』p.301.
㉟　『(社)北海道観光連盟 20 周年記念誌』1972 年，p.5.
㊱　『札幌商工会議所八十年史』札幌商工会議所，1988 年，p.144-145.
㊲　『好きです。さっぽろ』札幌観光協会 50 年記念誌，1986 年，p.69，阿部要介『札幌グランドホテルの 50 年』1985 年，p.5-11.
㊳　前掲『帝国ホテル百年史　1890―1990』p.309.
㊴　前掲『札幌グランドホテルの 50 年』p.81.
㊵　前掲『好きです。さっぽろ』p.51-54.
㊶　前掲『日本交通公社七十年史』p.66.
㊷　同上，p.79-84，前掲『日本旅行百年史』p.89 によると，日本旅行会は 1941 年に廃業している。
㊸　同上，p.98-99.
㊹　同上，p.168-169.
㊺　同上，p.103，前掲『日本旅行百年史』p.90-95 によると，株式会社日本旅行会の創立は 1949 年 1 月であり，資本金は 50 万円，職員の多くは国鉄退職者で充当し，営業所の多くは国鉄構内に開設され，1953 年に運輸省から一般旅行斡旋業の登録を受けている。なお，創立にあたっての資本金の半分は日本交通公社の出資によるものであった。

(46) 前掲『(社)北海道観光連盟20年記念誌』p.28.
(47) 前掲『帝国ホテル百年史　1890—1990』p.518-519.
(48) 前掲『(社)北海道観光連盟20年記念誌』p.71, 28-29.
(49) 前掲『帝国ホテル百年史　1890—1990』p.524-525.
(50) 同上，p.526-527.
(51) 前掲『日本交通公社七十年史』p.105-107.
(52) 前掲『(社)北海道観光連盟20年記念誌』p.30-31, 前掲『好きです。さっぽろ』p.52-54.
(53) 同上『好きです。さっぽろ』p.73-74,『さっぽろ雪まつり50年　記録・資料編』1999年，p.9-10.
(54) 同上『さっぽろ雪まつり50年　記録・資料編』p.11, 17.
(55) 『北海道空港40年史』北海道空港，2001年，p.104-105.
(56) 同上，p.42-47.
(57) 北海道編『新北海道史第8巻資料2』1972年，p.1235-1237.
(58) 同上，p.1360-1361.
(59) 北海道編『新北海道史第6巻　通説5』1977年，p.1392-1393. なお，『新北海道史』において観光やレジャーについて記述しているのは，この第6巻だけである。各市町村史では少なくても温泉についての成り立ちについて触れられたものがあることを考慮すると，北海道の主力産業の1つとして観光をとらえる向きが多い割には物足りなさを否めない。これは，観光という産業が総合産業であるため，育成策として打ち出すことが難しいことや製造業など他の産業と比較して予算付けなどが乏しかったことも影響しているとみられる。この影響は現在も引きずっていると思われる。
(60) 前掲『日本交通公社七十年史』p.227-228.
(61) 日本政策投資銀行編『日本開発銀行史』日本政策投資銀行，2002年，p.215.
(62) 前掲『(社)北海道観光連盟20周年記念誌』p.19.
(63) 前掲『日本交通公社七十年史』p.230-234, 273-274.
(64) 同上，p.84.
(65) 前掲『(社)北海道観光連盟20周年記念誌』p.20.
(66) 『日本航空20年史　1951〜1971』1974年，p.147.
(67) 同上，p.166-175, 656-657.
(68) 前掲『好きです。さっぽろ』p.124.
(69) 前掲『(社)北海道観光連盟20周年記念誌』p.20.
(70) 日本政策投資銀行『北海道東北開発公庫史』日本政策投資銀行，2002年，p.112-117.
(71) 前掲『(社)北海道観光連盟20周年記念誌』p.21.
(72) 前掲『北海道中央バス五十年史』p.182-184.
(73) 前掲『日本交通公社七十年史』p.292-293.
(74) 伊藤俊夫編『北海道経済を考え直す』共同文化社，1986年，p.240.
(75) 前掲『日本交通公社七十年史』p.324-326.
(76) 同上，p.103.

⑺　同上，p.356．
⑺　前掲『帝国ホテル百年史　1890―1990』p.618-619．
⑺　前掲『日本交通公社七十年史』p.103-105．
⑻　前掲『日本交通公社七十年史』p.106-111．
⑻　前掲『(社)北海道観光連盟20周年記念誌』p.21-22，前掲『日本交通公社七十年史』p.109-111．
⑻　前掲『帝国ホテル百年史　1890―1990』p.699-701．
⑻　前掲『日本交通公社七十年史』p.563．
⑻　同上，p.581-582．
⑻　同上，p.595-596．
⑻　前掲『好きです。さっぽろ』p.104-105．
⑻　前掲『北海道東北開発公庫史』p.148．
⑻　前掲『日本交通公社七十年史』p.333-334．
⑻　同上，p.751-752．
⑼　前掲『北海道中央バス五十年史』p.333-334．
⑼　前掲『日本交通公社七十年史』p.875-877．
⑼　前掲『新得町史』p.446-449．
⑼　前掲『北海道東北開発公庫史』p.195-196．
⑼　西村幸夫『町並みまちづくり物語』古今書院，1997年，p.11-14．
⑼　相沢幸悦『平成金融恐慌史』ミネルヴァ書房，2006年，p.10-17．
⑼　前掲『平成金融恐慌史』p.18-19．
⑼　鈴木茂，小渕港編『リゾートの総合的研究』晃洋書房，1991年，p.122-123．なお，p.139において横山はリゾート法の制定は貿易摩擦の解消を図る政策として内需拡大を具体化するために取り組んだのであって，国民のリゾート要求とは直接の関係はなかった，と興味深い指摘をしている。つまり，この頃のレジャー，レクリエーションなどへの欲求の高まりは，国民の貯蓄額の増加，労働時間の短縮に伴う自由時間の増加によるものであるとみているのである。
⑼　同上，p.124-125．
⑼　藤原信編著『スキー場はもういらない』緑風出版，1994年，p.158．
⑽　第三セクターの理論的整理については小坂直人『第三セクターと公益事業』日本経済評論社，1999年，p.20-26を参照されたい。
⑾　『総合保養地域整備ハンドブック』全国リゾート地域整備推進協議会，1997年，p.2-3．このリゾート法は天下の悪法との意見が定着しており，筆者も同意見である。しかし，他の国では持続可能な観光産業の育成ができている例がみられることや，わが国にとって観光産業の育成が重要であることを考慮すると，今一度，環境保護と観光振興，農業などの産業振興について総合的な視点からとらえた論議の場が必要になっていると思われる。たとえば，欧州の観光先進国では，観光振興のために農家に直接所得保障を行っているところもみられる。このような国家運営にとって何が重要であるかを各省庁が横断的に集まって総合的に議論する場を模索することも必要であろう。ただし，実行

にあたって，リゾート法の失敗を反省して環境保護を優先した議論を展開してもらいたいのが筆者の希望である．

(102) 『北海道開発庁四十年史』北海道開発協会，1991 年，p.85．
(103) 青木久『青函経済圏を築くための十二章』北海道新聞社，1990 年，p.42，48-50．
(104) 前掲『北海道東北開発公庫史』p.197，304-305．このように，北海道東北開発公庫や日本開発銀行がホテルや旅館などの業種に多額の資金をつぎ込んだことに対して「ホテル銀行」などのように揶揄する意見もある．これは両者がともに長期の設備投資資金の供給を目的として設立されたことや，民間企業との競争の激しい設備投資需要のなかでも返済期間が比較的短くて済み，融資金額の観点からみても多すぎず，少なすぎない手頃感のある案件が多い，などのニッチ分野で生き残りを図るという要素が重なり合った結果との意見もある．
(105) 大沼盛男編著『北海道産業史』北海道大学図書刊行会，2002 年，p.124．
(106) 前掲『北海道の鉄道』p.296．
(107) 前掲『北海道の鉄道』p.298．
(108) 前掲『北海道の鉄道』p.299-304．p.300-301 には赤字ローカル線とみなされ廃止された路線が記されており，以下の通りである．カッコ内数値は営業キロ数．

第1次廃止対象線	白糠線(33.1)相生線(36.8)興浜北線(19.9)渚滑線(34.3)美幸線(21.2)岩内線(14.9)万字線(23.8)
第2次廃止対象線	標津線(116.9)池北線(140)士幌線(78.3)広尾線(84)名寄線(143)天北線(148.9)羽幌線(141.1)歌志内線(14.5)幌内線(20.8)富内線(82.5)胆振線(83)瀬棚線(48.4)松前線(50.8)湧網線(89.8)

なお，週刊誌『週刊文春』の 1987 年 4 月 9 日号のグラビアに「国鉄最後の廃止線」として羽幌線に関する記事が掲載されている．以下はそこに書かれた文章であるが，膨大な赤字を抱え国民負担を押し付ける旧国鉄に対する冷ややかな国民の声がうかがえる文言が綴られている．

「羽幌線は留萌から幌延まで，北海道北部を日本海沿いに走る 141.1 キロの支線だった．堂々たる長さだが，稲作の北限地帯(遠別)を通る，といったことを除けば，これといった特徴のないローカル線でもあった．

羽幌線は 1987 年 3 月 29 日，廃止された．いまどき，赤字のローカル線廃止などニュースでさえないが，羽幌線は偶然にも運命的な終わり方をした．国鉄消滅の 3 月 31 日に最も期日が近い廃止線だったのである(九州・佐賀線，志布志線が 3 月 28 日)．つまり，「国鉄」としてその役割を終えた最後の鉄道ということになる．自身の廃止と国鉄の廃止を同時に体験したのである．それが名誉なことなのか，不運なのかよくわからないけれど．

中略

幌延発留萌着 22 時 52 分の 830 列車が，羽幌線の最後の列車だった．」

(109) 宮崎辰雄『神戸を創る』河出書房新社，1993 年，p.188〜195．
(110) 鷲田小弥太『ある地方博の死』1988 年，p.168．

(111) 保母武彦，河合博司，佐々木忠，平岡和久『夕張　破綻と再生』自治体研究所，2007年，p.54，78-82．
(112) 前掲『スキー場はもういらない』p.75-78．
(113) 高村寿一，小山博之編『日本産業史[4]』日本経済新聞社，1994年，p.167．
(114) 同上，p.168-169．
(115) 坪井善明，長谷川岳『YOSAKOI ソーラン祭り』岩波書店，2002年並びに YOSA-KOI ソーラン祭り公式サイト（http：//www.yosanet.com/yosakoi/history/outline.php，2007年4月10日）参照．
(116) 藤井弥太郎監修，中条潮，太田和博編『自由化時代の交通政策　現代交通政策Ⅱ』東京大学出版会，2001年，p.174-175．
(117) 財団法人行政管理研究センター監修今村都南雄編著『リゾート法と地域振興』ぎょうせい，1992年，p.222-223．

〈参考資料・文献一覧〉
『上川町史』上川町，1966年8月．
『阿寒町史』阿寒町史編纂委員会，1966年10月．
『登別町史』登別町史編纂委員会，1967年4月．
北海道編『新北海道史　第8巻　資料2』1972年3月．
『日本航空20年史　1951〜1971』1974年．
北海道編『新北海道史　第6巻　通説5』1977年3月．
(財)日本交通公社社史編纂室編『日本交通公社七十年史』日本交通公社，1982年3月．
『(社)北海道観光連盟20周年記念誌』1982年10月．
虻田町史編集委員会編『物語虻田町史　第5巻　洞爺湖温泉発展史』1983年3月．
阿部要介『札幌グランドホテルの50年』1985年4月．
『好きです。さっぽろ』札幌観光協会50年記念誌，1986年6月．
伊藤俊夫編『北海道経済を考え直す』共同文化社，1986年12月．
『北海道新長期総合計画』北海道，1987年11月．
『札幌商工会議所八十年史』札幌商工会議所，1988年3月．
『青函連絡船　栄光の軌跡』1988年7月．
鷲田小弥太『ある地方博の死』1988年12月．
『北海道観光振興基本計画』北海道，1989年3月．
北海道編『新北海道史年表』1989年3月．
青木久『青函経済圏を築くための十二章』北海道新聞社，1990年8月．
新得町史編纂委員会編『新得町史』1990年11月．
『帝国ホテル百年史　1890-1990』1990年11月．
大野隆男，佐々木勝吉，中山研一『リゾート開発を問う』新日本新書，1991年3月．
『日観協二十五年史』社団法人日本観光協会，1991年3月．
『北海道開発庁四十年史』北海道開発協会，1991年3月．
鈴木茂，小渕港編『リゾートの総合的研究』晃洋書房，1991年11月．

「さっぽろ文庫59」札幌市教育委員会編『定山渓温泉』1991年12月．
(財)行政管理研究センター監修，今村都南雄編著『リゾート法と地域振興』ぎょうせい，1992年3月．
宮崎辰雄『神戸を創る』河出書房新社，1993年9月．
高村寿一，小山博之編『日本産業史[4]』日本経済新聞社，1994年9月．
藤原信編著『スキー場はもういらない』緑風出版，1994年12月．
『北海道の中堅180社』日本経済新聞社，1995年9月．
戸崎肇『航空の規制緩和』徑草書房，1995年12月．
『北海道中央バス五十年史』1996年6月．
西村幸夫『町並みまちづくり物語』古今書院，1997年2月．
『函館市史』通説編 第3巻，1997年3月．
『総合保養地域整備ハンドブック』全国リゾート地域整備推進協議会，1997年6月．
『登別観光史 1』『登別観光史 2』社団法人登別観光協会，1997年10月．
杉浦一樹『航空ビッグバン』中央書院，1997年12月．
『さっぽろ雪まつり50年 記録・資料編』1999年2月．
浜田輝男『AIR DO ゼロから挑んだ航空会社』WAVE出版，1999年8月．
小坂直人『第三セクターと公益事業』日本経済評論社，1999年10月．
田中和夫『北海道の鉄道』北海道新聞社，2001年2月．
『北海道空港40年史』北海道空港，2001年10月．
藤井弥太郎監修，中条潮，太田和博編『自由化時代の交通政策 現代交通政策II』東京大学出版会，2001年11月．
日本政策投資銀行編『北海道東北開発公庫史』日本政策投資銀行，2002年3月．
日本政策投資銀行編『日本開発銀行史』日本政策投資銀行，2002年3月．
坪井善明，長谷川岳『YOSAKOIソーラン祭り』岩波書店，2002年6月．
大沼盛男編著『北海道産業史』北海道大学図書刊行会，2002年11月．
『北海道の「温泉」をめぐる多面的な考察』北海道自治政策研修センター政策研究室，2003年3月．
『札幌シティガイド』札幌商工会議所，2004年9月．
木村吾郎『日本のホテル産業100年史』明石書店，2006年2月．
『日本旅行百年史』編纂室編『日本旅行百年史』日本旅行，2006年3月．
相沢幸悦『平成金融恐慌史』ミネルヴァ書房，2006年12月．
保母武彦，河合博司，佐々木忠，平岡和久『夕張 破綻と再生』自治体研究所，2007年2月．
資料『占冠村のリゾート開発』，他ホテル・旅館，航空会社各社パンフレット並びにホームページなど会社案内．

―― ワンポイントガイド ――

知床自然遺産登録と経済活動

　知床の自然遺産への登録が2005年7月に決定してからはマスコミなど全国から観光客が押し寄せた。道内でも札幌からの日帰りバスツアーが実施されるなど，北海道初，全国でも3番目の自然遺産として多くの観光客を引き付けている。ところで，世界遺産には3種類がある。歴史上，美術上，科学上の価値をもつ記念工作物，建造物群，遺跡を対象にした「文化遺産」，鑑賞上，科学上，または保全上顕著な普遍的価値をもつ自然の地域，脅威にさらされている動植物種の生息地，自然の風景などが対象となる「自然遺産」，そして文化遺産と自然遺産の両方の価値を有するものが対象となる「複合遺産」である。

　知床が登録された自然遺産の場合，4種類のクライテリア（評価基準）の1つ以上に合致していなければならなかった。世界的にみて類まれな価値を有し，法的措置などによってその価値の保護・保全が十分担保されていること，管理するための計画があるなどの条件を満たしていることが必要だからである。具体的に4種類のクライテリアとは，①過去の生命の歴史や地球の歴史の証拠となるような重要な「地形・地質」などがよく現れている地域，②現在も進行中の生物の進化や生物群集の見本となるような，きわめて特徴のある「生態系」がある地域，③ひときわ優れた自然美をもった「自然現象や景観」を有する地域，④絶滅危惧種の生息地や，「生物多様性」の保全上，もっとも重要な生物が生息・生育する地域，などとなっている。

　知床の場合，クライテリアとしては「自然景観」は認められず，「生態系」と「生物多様性」が認められることなった。世界でもっとも低緯度で流氷が着岸する季節海氷域であり，海氷に特徴づけられる海洋生態系と陸上生態系が連続する複合生態系を形成している。海上から山頂部までの間には，人手の入っていない多様な植生が連続しており，豊富なエサ資源と環境を背景にしてヒグマが世界的にも高密度で生息している。北方系のヒグマと南方系の種としてのニホンジカ，海域でも暖流としての宗谷海流の影響を受けるなど，多様な自然環境を背景として特異な種構成，分布がみられる他，国際的希少種であるシマフクロウ，シレトコスミレなどの重要な繁殖地や越冬地となっている。多くのサケ科魚類，トドや鯨類などの海棲哺乳類にとって世界的に重要なことが認められた。

　「生態系」「生物多様性」を認めるにあたっては，①海域部分の境界線の拡張（1キロから3キロ），②登録後2年以内の海域の海洋資源の保全効果についての評

価，③2008 年までの海域管理計画の作成・完成，④サケ科魚類へのダムによる影響とその対策を明らかにしたサケ科魚類管理計画の策定，⑤観光客の管理や科学的調査を含んだ課題への対応，などの措置を登録後に実施することが勧告されている。

　このような自然登録にあたっての条件などをみると，観光客の入り込みの一方的な増加が生じる場合は地域が一定の対策を講じる必要があることは明らかである。また，漁業関係者についてもトドなどの海棲哺乳類との共存できたサケ科類の漁獲に関しての節度ある対応が求められること，などの経済的トレードオフの解決が地元に重くのしかかっている。したがって，全国から観光客が押し寄せてくることは登録関係者の悩みを増幅させてしまうことになる。全国に先駆けたナショナルトラスト運動として知られる「しれとこ 100 m² 運動」の地として，自然と経済活動の共存を模索しながらの地域の取組みがまさにこれから問われることとなりそうである。

第3章

北海道観光が抱える課題の多面的分析

はじめに

　第2章でみてきたように，北海道観光は高度成長，オイル・ショック後の伸び悩み，バブル経済期の爆発的成長，その後の伸び悩みなど，幾度もの盛衰を経て現在に至っている。これは，一進一退状況にある近年でも同様であり，自治体単位や地域でみてもさまざまな盛衰が起きている。本章では，こうした動きを多面的にとらえることで，北海道観光の抱える問題や課題，振興のために目指すべき方向性を見出していく。

1. プロダクトサイクルと観光ライフサイクル

　一般商品の購買には消費者意識の変化や競合商品の出現，技術変化などによる魅力の変化からライフサイクルと呼べる変遷がみられる。多くの流行商品が流行の波に乗って急激に売れても，消費者に浸透するにつれてその商品に魅力を感じなくなり，ついには忘れ去られてしまう。このような一連の動きはプロダクトサイクルと呼ばれている。観光についても，元来が個人的な消費行動に左右されやすい性格を有するため，それまで知られていなかった地域が，地元住民の地域づくりやまちづくりなどへの取組みによって観光地に生まれ変わる。しかし，多くの観光客が訪れるとともに俗化，新たな競合地が出現，次第に人々の足が離れることによって，衰退していくようなことがしばしば起きる。このような観光地の盛衰をバトラーは観光のライフサイクル(Tourism　Area Life Cycle)と呼んでいる[1]。

　この観光のライフサイクルはその発展段階に応じて，表3-1-1のように，発展期，成長期，成熟期，衰退期という定義づけと区分が可能である。ただし，たとえある観光地が衰退期に入ったとしても，まちづくりや地域起こし，再開発などの取組み次第では再び成長軌道に戻ることもできる。このような観光のライフサイクルをイメージ化すると，図3-1-1のような形になる。

　ただし，このライフサイクル理論については，第1章でも触れたように，実際の観光地の動きをみてみると，このような典型的なS字形ではなく，成長

表 3-1-1　観光のライフサイクルの段階区分

発展期	新しい観光地として観光客にその存在や良さがまだ知られていない段階。広告などのパブリシティなどのプロモーション活動に力が注がれる。個人・高所得者層・少数の団体などの観光客が徐々に伸長する程度。
成長期	観光地の良さが認められ、さまざまなタイプの観光客が急激に増加する段階。他地域との競合で競争力をもつために観光チャネルの整備、価格の引き下げ、販売促進の強化などを行う。収益は最高に達するが、競争力維持費用の増加とともに低下する。
成熟期	当該観光地に訪れる観光客が一巡、横ばい状態にある段階。新規の観光客は少なく、大部分は反復の観光客（リピーター）となる。このため、リピーターに対して、魅力ある観光施設の建設、新しいイベントの開催、などこれまでにない付加価値を提供することが重要になる。これらに成功すると、成熟期から再び成長期に戻すことも可能。売上げは横ばいを続け、収益は漸減傾向をたどる。
衰退期	当該観光地が飽きられたり、競合観光地が現れたりして、観光客が減少に向かう段階。観光マーケティングを行っても効果はあげにくいので、なりゆきまかせとなる。コスト管理や撤退時期が重要になる。競争は緩和されるが、観光地の売上高は下降し、収益も最低となる。

出典：長谷政弘『観光マーケティング　理論と実際』p.22〜23 を参考に筆者作成

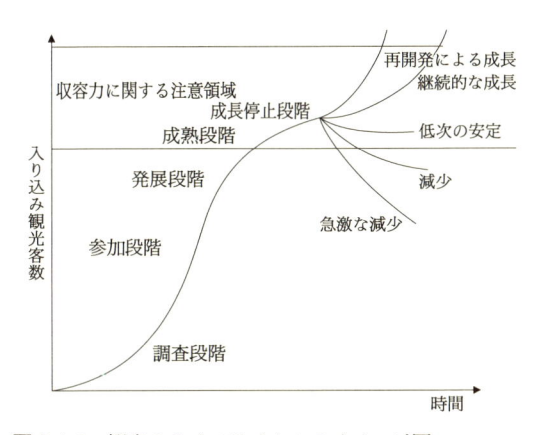

図 3-1-1　観光のライフサイクルのイメージ図
　出典：塩田正志，長谷政弘『観光学』p.178 に筆者加筆

停止段階からダラダラとした一進一退状況で進む場合があることや急激な逆V字形を描く場合もみられる，データが入手しにくい，各段階への移行点が分かりにくい，などから批判も多い[2]。しかしながら，決定的な批判も現れていないことから，観光を動態的にとらえるうえではそのイメージのしやすさもあって広く知られた理論となっている。国内や北海道の観光においてこのようなライフサイクルが生じる要因としては，消費者意識の変化や消費者のライフスタイルの変化，海外観光など競合地域の出現，旅客運賃の変化，などが考えられる。たとえば，1950年代から1960年代にかけての高度成長期には大量生産・大量消費型経済を受けて，観光の大衆化が進んだ。団体による慰安旅行などが活発になり，観光バスの発達もあって農漁村の従事者や主婦層を大量に観光へと導いたのである。このような大量輸送型の観光が長い間中心となってきた。

ところが，最近では消費者の志向変化や購買の選択肢の多様化，個性化などを反映して，個人や家族単位，気のあった友人同士などで自家用車に乗って移動，レンタカーを借りて自由きままに地域を回りながら自分たちの旅を楽しむ傾向が強まっている。北海道においても，その地理的な広大さや飛び地で存在する観光地を結ぶ公共交通機関の利便性の悪さ，観光客の行動スタイルの変化などを受けて自家用車，レンタカー利用者が増加している。

したがって，観光関連産業の関係者は観光のライフサイクルにつながる消費者意識の移り変わりや消費者のライフスタイルの変化などに常に注意を払っていなければならない。とりわけ，表3-1-2にあげるチェック項目を念頭におき

表3-1-2　観光客の志向変化のチェック項目

①余暇時間の活かし先としての魅力は備わっているか。
②ライフスタイルの変化，生活スタイルの変化を認識する際に，北海道観光は日常生活を変えるための投資先としての魅力を有しているか。テレビ，各種レジャーなどを上回る魅力をもっているか。
③観光地として他の競合地域を上回るコスト面での競争力は備わっているか。
④スポーツ，健康志向，環境意識の高まりを充足させる場所か。
⑤女性主導型社会の変化を反映しているか。

出典：余暇開発センター調査などの消費者意識調査（長谷政弘『観光マーケティング　理論と実際』p.59）を北海道観光に当てはめて筆者作成

ながら，観光関連産業に直接携わる人や行政担当者などは，当該観光地を冷静に観察する姿勢が必要である。それは，仮にこのチェックによって当該観光地のライフサイクルが衰退期に入っていると推察された場合でも，早期の成長軌道への回復に向けた地域づくり，まちづくりや再開発などへの対応が可能となるからである。

実際に，北海道観光のライフサイクルの段階を知り，抱える課題とその対策を検討するために，北海道内の代表的な観光地のライフサイクルをみてみたい。観光地のライフサイクルを判断するための指標としては，売上推移などさまざまなものが考えられるが，統計の入手制限などから観光客の入り込み数(延べ数)の推移でみてみたい。本統計は，ビジネス客を含んでいる，調査地点が追加されたことがある，1997(平成9)年には調査方法が変更されたなど，連続性がなく，統計としての信頼性に欠ける。また，最近では自治体の合併から一部に旧市町村ごとのデータが不明なものや，データ取得方法が統一されていないものもみられる。さらに，筆者と北海道立地質研究所などとの共同研究の過程で明らかになったように道外観光客のなかに帰省客が相当程度含まれているはずが，明示されていない，という問題も指摘できる[3]。しかし，ライフサイクルのような長期トレンドをみるうえでは他に類似する統計がないため依然とし

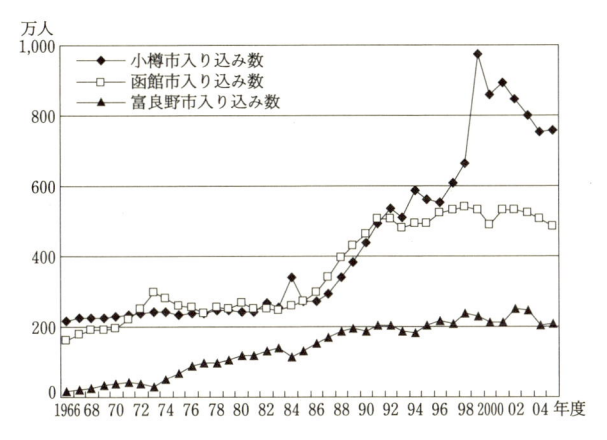

図3-1-2　函館市，小樽市，富良野市の観光客入り込み数推移
出典：北海道経済部観光のくにづくり推進局「北海道観光入込数調査報告書」を参考に筆者作成

て貴重なデータである。図3-1-2に北海道を代表する観光地である函館市，小樽市，富良野市への観光客の入り込み数の推移を示した。なお，統計上では北海道最大の観光地は札幌市であるが，大都市としての性格上ビジネス客がもっとも数多く含まれていることは明白であるため，全国的にも長く観光地として認知されてきたこの3市を選択することで，観光客の動向を概観してみることとする。

　市民による歴史的街並みの保護運動が発端となって，情報発信が増えて函館市の倉庫群や小樽市の運河周辺に観光客が集まり，全国にその名が知れ渡った1990年代初め頃の両市への観光客の入り込み数は，ともに400万人台であった。ところが，小樽市はバブル経済崩壊後の景気後退が深刻化する1993(平成5)年度まで2桁台の伸び率を維持，その後はときには前年を下回る年度もみられたものの，格安パッケージツアーの浸透や航空運賃値下げ，大型商業・娯楽施設のオープンなどに支えられて高い伸びを続け，入り込み数が900万人前後に達するまで観光客を引き付けている。一方，函館市については，1990年代に入ると1980年代後半のような2桁台の伸びを記録したことはないものの，着実に観光客を集めて1998年度(平成10年度)には540万人のピークを記録した。しかし，有珠山噴火などの影響を受けて再び400万人に落ち込み，その後一時的に500万人台に戻したものの伸び悩み状況が続いている。

　このような小樽市と函館市の違いが生じる背景については両市の観光客に占める道内・道外客，宿泊客・日帰り客の構成から説明できる。函館市の場合，人口が集積している道央圏からの車移動のための時間距離の長さや本州にもっとも近い観光地という地理的な要因もあって，2005(平成17)年度までの実績でみると，総入り込み数のうち，道外客・宿泊客がともに約7割を占め，道外客による滞在型観光が中心となっている。このため，航空運賃や発着便数などアクセス面での条件悪化がみられると入り込みは減速しやすい。一方，小樽市の場合，同じ2005年度実績でみると，道外客は全体の29%しか占めていない。宿泊客についても，10%を下回っており，道央圏を中心とする近隣の商業，レジャーの巨大マーケットに支えられた通過型の観光地であることが分かる。また，近年は落ち込みがみられるものの千歳―羽田間の航空運賃の低下，超格安航空パッケージツアーの浸透などが恩恵となって高水準を維持しているものと

みられる。したがって，観光のライフサイクルでみると，函館市は発展段階から成熟期に移行しつつあるものとみられる。一方，小樽市については発展段階から成熟段階に入りかかったものの，都市型の観光地としての環境条件が有利に働いて再び発展期へといったんは戻している。しかし，その後，落ち込みが続いており，今後の動向が注目されるところである。

やはり道内有数の観光地である富良野市の観光客の入り込み状況をみると，スキーのワールドカップ効果などから1979(昭和54)年度に100万人の大台を超えてからは1989(平成元)年度まで毎年2桁前後の高い伸び(1984年度のみマイナス)を続け，1991年度には200万人台に突入している。富良野市で特筆すべきことは，観光地としての発展のスピードである。入手可能な入り込み客調査でもっとも古いデータは1966(昭和41)年度であるが，この時点における同市への観光客の入り込み数はわずか18万人程度であった。したがって，約35年間で観光客が12倍近くに増える驚異的な成長を遂げている。なお，函館市の同期間における観光客の伸びは約3倍，小樽市については約4倍であり，富良野市の観光のライフサイクルにおける発展期から成長期にかけての伸びは際立って高い。しかし，1990年代以降はバブル経済崩壊後の景気後退の影響やスキー人気の低下などを受けて伸びは鈍化している。このため，富良野市についても観光のライフサイクルからみると，成熟段階に入りつつあるものとみられる。

富良野市の入り込み構成にもやはり特徴がみられる。第1に，衆知のように北海道観光は道内客が中心でありながら，富良野市については，2005(平成17)年度実績で道外客が占める割合は31％，宿泊客が23％となっており，滞在型の函館市と通過型の小樽市の中間的な動きとなっている。かつては大都市圏から離れている地理的な条件が影響していたものの，最近では，周遊ルートが短縮化しつつあり，宿泊客の割合が低下傾向にあるためであるとみられる。また，同市の場合，道内の観光地としては珍しく，スキー旅行を中心とした10～3月までの年度下期が主力の観光地として成長してきた。ところが，最近ではラベンダー人気から夏場の入り込みが増えて夏場を中心とする観光地へと変貌している。しかしながら，ワールドカップ開催が集客要因となり140万人近くまでに達した冬場の入り込みがスキー離れから大きく落ち込んで，夏場の

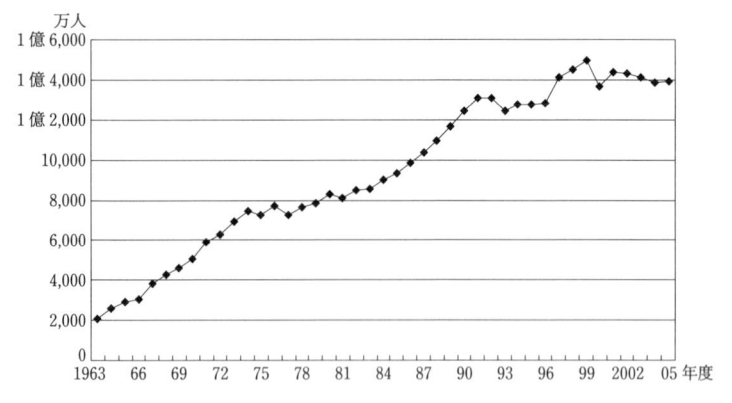

図 3-1-3　北海道の観光客入り込み客数(延べ人数)の推移
出典：北海道経済部観光のくにづくり推進局「北海道観光入込客数調査報告書」
を参考に筆者作成

伸びではカバーできていない。このことが同市の観光ライフサイクルの成熟期入りの大きな要因となっている。

　これまで，道内の代表的な観光地のそれぞれの特徴と合わせて観光地としてのライフサイクルの段階をみてきた。そこで，さらに北海道全体の観光地としての現状と抱える課題についてみてみたい。図3-1-3で道内への観光客の入り込み数の推移をみると，北海道観光についても成長期から成熟期に入りかかっているようにみられる。そこで，北海道がもつ観光資源の確認や個人志向の強まりなどにみられる消費者志向の変化への対応策が成長期へと移行させるうえで必要になっているものとみられる。とりわけ，消費者志向の変化に対応すること，すなわちマーケティング意識をもつことは，個性化・多様化する消費者需要を知るうえで重要な意味をもつと思われる。

2. 観光マーケティング

　北海道の代表的観光地において，消費者の志向の多様化，個性化など行動スタイルの変化を受けた観光のライフサイクルからみると，成熟期を迎えつつある地域も現れていることが分かった。このことは，顧客満足を追及する観光のマーケティングに取り組んでリピーター客の確保，潜在的観光客の掘り起こし

を十分に行っていないと，たとえ過去に非常な賑わいをみせた北海道観光であっても衰退する可能性があることを示している。表3-2-1をみると，ここで取り上げた道内の代表的な観光地には，観光客を引き付け成長軌道に乗せる契機となった出来事があった。たとえば，富良野市の場合，国体やワールドカップの開催が観光地としての飛躍のきっかけになった。また，1976年に国鉄のカレンダーにファーム富田のラベンダー畑の写真が採り上げられたことがきっかけとなって，全国からカメラマンや旅行者が訪れるようになっていた。ちなみに，ラベンダーは元々天然香料の原料用として栽培されていたが，人工香料・輸入品に市場を奪われて栽培を止める農家がほとんどとなっていた。残った農家の畑が国鉄のカレンダーに取り上げられたのは，ラベンダーの将来性に見切りをつけて栽培を止めるか否かで思い悩んでいた時期であった。写真家などに勧められてお土産品の開発などに取り組むなど苦心の末，観光用への転換の道筋を見つけだしたのである。さらに，1980年代に入ってからは，テレビの人気ドラマの舞台となったことで富良野市の知名度が急速に高まり，観光地としての足場ができあがった。スキー場やホテル・ペンションなど宿泊施設の整備，ラベンダー栽培の継続，テレビドラマなどのマスコミなどへの情報発信，などの環境が整うことによって，観光地が広く知られるようになったことが相乗効果を生んで観光地として急成長したのが富良野市のケースである。とりわけ，道外からの観光客誘致には国鉄のカレンダーやテレビドラマなどの情報発信が大きく寄与したとみられる。ところが，1990年代に入ると，新たな情報発信が少なくなったこととスキー離れの顕在化を反映して，冬場の観光客の入り込みは伸び悩み，成熟期に入りつつある。このような富良野市のケースも絶えず情報発信に取り組み，地域イメージを常に新鮮に保ちながら，高い期待を抱かせるとともに来訪した観光客に期待以上の満足を提供する資源を保有していることの重要性を示している。

　また，小樽市や函館市はもともと商業，水産業の街として発展してきたのが，第2章でみてきたように，1980年代の地域活性化・まちづくり，歴史的建造物や文化財の保護に向けた動きが北海道観光に自然に限定されない新しい話題を提供することとなった。

　これまでみてきたように，観光地は地域の観光資源やインフラ，アクセサビ

表 3-2-1 各観光地の情報発信につながった代表的施設などの完成，開催イベントなど

年　度	函館市	小樽市	富良野市
昭和 55 年度			第 3 回ワールドカップ
56 年度			北の国から
57 年度		北一硝子 3 号館	第 4 回ワールドカップ
58 年度			北の国から '83 年冬
59 年度			北の国から '84 年夏 第 5 回ワールドカップ
60 年度		小樽市博物館	第 6 回ワールドカップ
61 年度		運河散策路完成，小樽自然の村	第 7 回ワールドカップ
62 年度	カナダハリファックス市と姉妹提携	旧日本郵船小樽支店修復	北の国から '87 初恋
63 年度	「函館市西部地区歴史的景観条例」施工 函館市展望台完成，大型ロープウェイ運行開始 青函トンネル開通記念博覧会開催	小樽オルゴール堂，小樽運河工芸館，グラスシップ，北一ヴェネツィア美術館	第 8 回ワールドカップ
平成元年度	国際観光都市宣言，青森市とツインシティ提携	運河プラザ	北の国から '89 帰郷 国体
2 年度		オルゴール工房海鳴楼，小樽港マリーナ	第 9 回ワールドカップ
3 年度	旧青函連絡船 "摩周丸" がメモリアルシップとして一般公開	小樽大正硝子館，石原裕次郎記念館	ユニバーシアード
4 年度	ロシアのウラジオストク市，オーストラリアのレイク・マコーリ市と国際姉妹都市提携	からくり動物園，ホクレンふうど館	北の国から '92 巣立ち
5 年度	「函館市西部地区歴史的町並み基金」を設置	シーポートマート	
6 年度	函館～ユジノサハリンスク国際定期航空路開設	小樽オルゴール堂二号館，銀星館，銀の鐘，蒸気時計	第 10 回ワールドカップ
7 年度	「西部地区歴史的景観条例」を「都市景観条例」に改める 「函館駅周辺整備構想」策定	小樽倉庫 No.1 (小樽地ビール)，手宮洞窟保存館	北の国から '95 秘密
8 年度		小樽交通記念館	

第3章　北海道観光が抱える課題の多面的分析　105

表 3-2-1　続き

年　度	函館市	小樽市	富良野市
9年度	「函館駅周辺土地利用基本計画」策定 世界星形城郭サミット	北海あぶりやき運河倉庫，小樽海鮮省，流氷・凍れ館	
10年度	はこだてクリスマスファンタジー	運河公園，小樽自然工房，マイカル小樽	北の国から'98時代
11年度	「函館市環境基本条例」制定	夢小樽美術館，小樽フェリス教会	
12年度	「函館市環境基本計画」策定 まちづくりセンター設置 「人づくり・まちづくり事業」開始	マイカル小樽大観覧車	

出典：函館市，小樽市，富良野市内部資料から筆者作成

表 3-2-2　観光地の環境条件のチェック項目

チェック項目	チェック内容
観光のシーズ	自然の景観，地域の文化性・社会的特質，街並み，歴史的遺産，イベント，各種ホスピタリティなど，観光開拓のシーズとなるとともに，成長促進のコア，成熟期の改善・広報の対象となるもの
インフラ	宿泊施設やレストラン，飛行機・鉄道・船・バス・レンタカーなど各種交通機関のネットワーク，有機的結びつけ，輸送能力など。その他駐車場，お土産品販売店など
アクセサビリティ	交通の利便性，料金，予約のしやすさ，外国語を話せるスタッフの体制

出典：長谷政弘『観光マーケティング　理論と実際』p.62を参考に筆者作成

リティ（交通の利便性の良さ）などの各種の環境条件が，訪れる観光客にとって常に新鮮な魅力と満足度を提供していなければならない。ところが，環境条件はしばしば変化する。たとえば，函館市への観光客の入り込み減が顕在化したのは有珠山の噴火という外部要因にとどまらず周遊コースの選好が道央圏へと傾斜していることが影響しているとみられる。また，富良野市の冬場の入り込み減はスキー離れもさることながら，富良野市そのものに対して抱く消費者のイメージがラベンダーの咲く夏場へとシフトしていることも一因である。これ

表 3-2-3 「行ってみたい旅行先」総合ランキング

順位	2005 年 地域名	構成比(%)	2003 年 地域名	2001 年 地域名
1 位	北海道	11.53	北海道	北海道
2 位	京都府	6.09	千葉県	米国(ハワイ)
3 位	東京都	5.94	米国(ハワイ)	千葉県
4 位	沖縄県	5.73	沖縄県	京都府
5 位	米国(ハワイ)	5.17	京都府	長野県

出典：(財)日本交通公社観光文化事業部『旅行者動向　2006　国内・海外旅行者の意識と行動』を参考に筆者作成

表 3-2-4 北海道観光の旅行タイプ(2003 年～2005 年)

	1 位	2 位	3 位	4 位	5 位
家族旅行	長野	千葉	静岡	北海道	栃木
夫婦旅行(含カップル)	北海道	長野	静岡	神奈川	京都
友人旅行	長野	北海道	静岡	東京	新潟
ひとり旅	東京	北海道	長野・大阪		京都

出典：(財)日本交通公社観光文化事業部『旅行者動向　2006　国内・海外旅行者の意識と行動』を参考に筆者作成

は富良野市の夏場の情報発信が冬場のそれを上回るようになったことがこのような結果につながったのであろう。このように各観光地のもつ環境条件や情報発信状況に応じて地域の観光産業の関係者が常にチェックを続け，条件の悪化がみられた場合は直ちに新たな情報発信などの改善に取り組むことが観光地のライフサイクルを成長段階へと軌道修正させるうえで必要になっていることを示している。

　そこで，消費者の志向変化と北海道観光を取り巻く環境条件を合わせて検討を加えてみたい。まず，北海道観光の全国における位置づけであるが，(財)日本交通公社観光文化事業部『旅行者動向　2006　国内・海外旅行者の意識と行動』によると，「行ってみたい旅行先」を国内・海外を問わずに自由回答してもらって観光地をランキングすると，総合で第1位となっているのが，「北海道」である。「北海道」は1998年の初回調査から1位を維持している。しかも，回答数の1割強を占めており，他地域を大きく引き離している。調査によっては，他の地域の方が高い人気を示す場合もみられるものの，いずれの場合で

あっても北海道観光の人気は高い位置を占めている。なお，部門別のランキングで北海道が第1位となっているのは，「自然観光」「動物園・水族館」「グルメ」「スキー」「花の名所巡り」「エコツアー」「秘境ツアー」「オートキャンプ場」「おしゃべり旅行」などとなっている。したがって，これらの観光資源を有する地域や情報発信がなされている地域への関心が寄せられていることが推察される。また，北海道観光を旅行タイプ別についてみてみると，2003年から2005年にかけての実績で北海道が多くなっているのは，「夫婦旅行(カップルを含む)」となっている。次いで，「友人旅行」「ひとり旅」，とりわけ「男性のひとり旅」の割合が高くなっている。したがって，部門別ランキングと旅行タイプが結びついた観光地，しかもそこへのアクセサビリティや周遊コースの設定で有利さを兼ね備えた地域が現状では観光地としての優位性を有しているとみられる。

3. 市町村別観光客入り込み動向からみた課題

北海道への観光客の入り込み動向について今少しつぶさにみてみると，2005年度実績(延べ人数)で実際の北海道への観光客の入り込み状況をみると，有珠山の噴火の影響で大きく落ち込んだ2000年度からみると水準としては回復し

表3-3-1 2005年度圏域別観光客入り込み客伸び率(延べ人数,％)。
下段のカッコ内は2004年度

	北海道計	道南圏計	道央圏計	道北圏計	オホーツク圏計	十勝圏計	釧路・根室圏計
総数	0.5 (▲2.0)	▲10.9 (▲4.5)	1.7 (▲1.5)	2.4 (▲3.6)	▲0.2 (▲0.9)	5.0 (1.3)	▲0.5 (▲2.4)
うち道内客	▲1.0 (▲2.1)	▲11.3 (▲4.4)	0.1 (▲1.1)	▲2.9 (▲6.3)	▲0.1 (0.0)	6.0 (▲1.9)	▲1.7 (▲1.4)
うち道外客	3.6 (▲1.6)	▲10.5 (▲4.6)	6.3 (▲2.7)	11.7 (0.5)	▲0.3 (▲2.0)	2.1 (11.3)	1.1 (▲3.9)
うち日帰り	0.9 (▲2.2)	▲13.8 (▲4.4)	2.6 (▲2.1)	3.2 (▲3.3)	▲2.3 (▲1.5)	5.7 (3.0)	▲1.1 (▲2.2)
うち宿泊	1.2 (▲1.2)	▲4.2 (▲4.8)	▲2.6 (1.5)	▲1.2 (▲4.9)	8.2 (1.4)	1.9 (▲4.8)	1.3 (▲3.3)

出典：北海道経済部観光のくにづくり推進局「北海道観光入込数調査報告書」を参考に筆者作成

ているものの，1999(平成11)年度の水準を上回るまでには至っておらず，回復の足取りは重い。なお，2005年度の実績は前年度比0.5%増とわずかに前年を上回っている。ただし，2004年度実績が同▲2.0%減，2003年度も同▲1.5%減であり，北海道観光が苦戦していることが分かる。内訳をみると，2005年度の道外客は外国人観光客の急激な入り込みの増加に支えられて同3.6%増(2004年度同▲1.6%減，2003年度同▲2.0%減)となっている。2005年度の道内客は同▲1.0%減(2004年度同▲2.1%減，2003年度同▲1.3%減)，また，宿泊客が2005年度同▲1.2%減(2004年度同▲1.2%減，2003年度同▲2.7%減)であり，日帰り客は2005年度同0.9%増(2004年度同▲2.2%減，2003年度同▲1.2%減)，となっていることから，宿泊施設など関連事業者にとっては厳しい状況が続いているものと推察される。

　地域別に観光客の入り込み状況(延べ人数)を2005(平成17)年度伸び率でみると(表3-3-2)，地域によって大きな特徴がみられる。2004年度と2005年度の落ち込みが大きくなっているのは道南圏であるが，その内情についてみると2005年度には愛知博覧会，知床や旭山動物園の好調によって観光客が奪われたなどの要因はみられるものの2003年度から落ち込みが続いているため，道南圏の集客力が弱くなっていることが分かる。なお，道内客が底堅く推移しているのは道央圏と十勝圏であり，都市型の商業施設，レジャー施設などの整備に支えられている。道外客が好調なのは道央圏，道北圏と十勝圏であり，旭山動物園ブーム，各種イベント，新観光施設の整備などによって押し上げられていることが分かる。

　表3-3-2と表3-3-3で2003(平成15)年度から2005年度にかけての入り込み状況と宿泊客の推移を市町村別に細かくみてみると，旭川市が旭山動物園効果でこの間に170万人も入り込み客を増やしている。また，千歳市についてもディスカウント型商業施設の好調によって200万人以上の観光客を呼び込んでいる。反対に落ち込んでいる観光地としては函館市，登別市，富良野市などである。一方，宿泊客については，札幌市・定山渓，登別市，阿寒町，虻田町，弟子屈町など温泉地の伸び悩みが顕著になっている。しかも，中身をみると，外国人観光客の宿泊が大幅に伸びたにもかかわらず落ち込んでいるため，その実情はきわめて深刻なものとなっているものと推察される。ちなみに，2003

第 3 章　北海道観光が抱える課題の多面的分析　109

表 3-3-2　観光入り込み客数の多い市町村の推移

順位	2005 年度		2004 年度		2003 年度	
1	札幌市（除く定山渓）	1113 万人	札幌市（除く定山渓）	1112 万人	札幌市（除く定山渓）	1124 万人
2	小樽市	756 万人	小樽市	754 万人	小樽市	800 万人
3	旭川市	564 万人	旧函館市	507 万人	旧函館市	525 万人
4	旧函館市	484 万人	旭川市	426 万人	旭川市	394 万人
5	千歳市	434 万人	喜茂別町	328 万人	喜茂別町	350 万人
6	旧虻田町	322 万人	登別市	319 万人	旧虻田町	336 万人
7	喜茂別町	314 万人	旧虻田町	318 万人	登別市	332 万人
8	登別市	308 万人	上川町	255 万人	上川町	257 万人
9	旧釧路市	255 万人	旧釧路市	255 万人	旧釧路市	252 万人
10	上川町	254 万人	帯広市	239 万人	富良野市	246 万人
11	帯広市	241 万人	札幌市（定山渓）	219 万人	札幌市（定山渓）	244 万人
12	札幌市（定山渓）	220 万人	七飯町	214 万人	七飯町	228 万人
13	富良野市	207 万人	白老町	203 万人	帯広市	211 万人
14	七飯町	207 万人	富良野市	203 万人	千歳市	195 万人
15	白老町	185 万人	千歳市	188 万人	網走市	188 万人
16	壮瞥町	180 万人	壮瞥町	183 万人	壮瞥町	186 万人
17	網走市	180 万人	網走市	182 万人	白老町	183 万人
18	斜里町	169 万人	斜里町	158 万人	旧阿寒町	169 万人
19	旧阿寒町	150 万人	旧阿寒町	156 万人	夕張市	160 万人
20	倶知安町	150 万人	夕張市	152 万人	斜里町	155 万人

出典：北海道経済部観光のくにづくり推進局「北海道観光入込客数調査報告書」各年度を参考に
　　　筆者作成

　年度における北海道全体の外国人宿泊者数は約 88 万人で対前年度比 2.5％の伸びであった。2004 年度は同 51.8％増と大幅に増えて，134 万人，2005 年度についても同 21.4％増の 163 万人であり，この間に倍増している。外国人宿泊延べ数の多い市町村の上位 5 市は変わっておらず，札幌市，登別市，上川町，虻田町，壮瞥町の順となっている。函館市でも外国人宿泊者は増えているものの，他地域と比べると動きは鈍い。2003 年度と比較した 2005 年度の外国人観光客による札幌市への宿泊延べ数は約 2.4 倍，登別市が同 80％増，上川町同 90％，虻田町同 80％，壮瞥町同 90％であり，各温泉地とも倍近い伸びとなっている。なお，オーストラリア人観光客が倶知安町を中心に急速に伸びているが，長期滞在型であることを反映して，同期間の伸びは 2.9 倍となっている。
　最近の北海道観光を実際の入り込み状況からみると，知床人気はみられたものの，総じて自然や温泉など天然の観光資源を活用してきたこれまでの国内か

表 3-3-3　観光入り込み宿泊者数の多い市町村の推移

順位	2005年度		2004年度		2003年度	
1	札幌市(除く定山渓)	800万人	札幌市(除く定山渓)	798万人	札幌市(除く定山渓)	779万人
2	旧函館市	395万人	旧函館市	386万人	旧函館市	402万人
3	札幌市(定山渓)	169万人	札幌市(定山渓)	197万人	札幌市(定山渓)	171万人
4	登別市	135万人	登別市	141万人	登別市	154万人
5	上川町	88万人	旧阿寒町	87万人	旧阿寒町	91万人
6	旧阿寒町	85万人	上川町	85万人	上川町	86万人
7	帯広市	82万人	小樽市	80万人	帯広市	81万人
8	小樽市	79万人	帯広市	77万人	小樽市	80万人
9	旧虻田町	71万人	旧虻田町	70万人	旧虻田町	74万人
10	倶知安町	65万人	東川町	69万人	旭川市	67万人
11	旧釧路市	65万人	倶知安町	65万人	倶知安町	61万人
12	東川町	61万人	旭川市	61万人	網走市	60万人
13	斜里町	60万人	旧釧路市	61万人	音更町	59万人
14	網走市	60万人	斜里町	60万人	旧釧路市	58万人
15	旭川市	60万人	音更町	58万人	斜里町	58万人
16	音更町	57万人	網走市	57万人	ニセコ町	54万人
17	ニセコ町	54万人	ニセコ町	49万人	富良野市	54万人
18	富良野市	52万人	富良野市	47万人	弟子屈町	53万人
19	旧北見市	45万人	弟子屈町	46万人	稚内市	46万人
20	弟子屈町	45万人	留寿都村	45万人	東川町	45万人

出典：北海道経済部観光のくにづくり推進局「北海道観光入込客数調査報告書」各年度を参考に筆者作成

らの集客力が沖縄県などとの競合から低下している。逆に台湾，香港，オーストラリアなど海外からの観光客については北海道の自然面での特徴が認知されて急速に増えている。ただし，①海外観光客の誘致は従来型の大量輸送的な代理店の積極的な誘致活動に頼ったものが多く，宿泊施設側の空室対策を反映した数あわせ的な傾向がみられる，②日本人同様に個人旅行を楽しむ外国人観光客が増えているのに対応ができていない，などの問題点がみられるため，先行きに不安が感じられる。また，2005年度の観光客の入り込みが前年度並みを維持したといっても，地元に宿泊を伴わない旭山動物園ブームや千歳市の商業施設の好調などに支えられた面もみられ，観光地としての北海道の実力が適切に評価され，抱える課題が解決された結果とは認めにくい。ちなみに，小樽市が札幌市に次ぐ800～900万人の入り込み客を記録しているのも，大型商業施設の新設が押し上げたものである。また，函館市をはじめとする地方の観光地

における飛行機の利便性の悪さが観光客の移動先決定に与える影響が深刻化しつつあるため，早急な対策が必要になっていると思われる。以上を考慮すると，北海道観光はアンケートなどでは，その人気の水準は高いものの，実際の入り込みについては，地域での新規の顧客開拓力が伸び悩むとともに，札幌市を中心とする道央圏の商業施設・飲食施設などの集積への傾斜を強めているため，観光地としての魅力の実力は評価しにくくなっている。このため，観光地としてのあるべき姿を改めて議論する必要が高まっているようである。

北海道内市町村別観光客の入り込み状況

このような地域との関係をさらに浮き彫りにするため，2003（平成15）年度の全道の観光客の入り込みをみると，道外客の全体に占める割合は約30％で，宿泊客は約20％となっている。ちなみに，2003年度の実績を用いるのは，より細かなデータが読み取れる市町村の合併前データの入手可能性やイベントによる特殊要因をできるだけ排除しようとすると，観光客入り込みの現状をもっとも反映しているとみられるからである。この平均的な道内市町村の道内客の割合70％以下，宿泊客の割合20％以上を上回って，道外から観光客を呼び込み，宿泊させている市町村は合併前の212市町村のうち，図3-3-1の26市町村だけである。これらの市町村はいずれも道内を代表する温泉地，観光地，リゾート地を有する市町村が多くなっている。このグループのなかで道外客の割合が比較的低いにもかかわらず，宿泊客の割合が高い市町村を道外客割合が低い順にみると，礼文町，斜里町，函館市，豊富町，弟子屈町，利尻富士町，赤井川村，網走市，阿寒町，留辺蘂町となっている。逆に道外客の割合が高く，観光客を呼び込んでいながら宿泊客の割合が低く，通過型観光地の傾向がみられる市町村を道外客割合の高い順番からみると，富良野市，東川町，釧路市，倶知安町，留寿都村となっている。

ちなみに，道内客の割合が高い（70％以上）にもかかわらず，宿泊客が多くなっているのは図3-3-2の18市町村である。これらの市町村の特徴となっているのは奥尻町などに典型的にみられるように他市町村からの交通の便が悪いところに立地しているとともに周辺に宿泊施設が乏しいところが多くなっている。また，定山渓や大滝村のように人口の多い札幌市に近いところに立地して

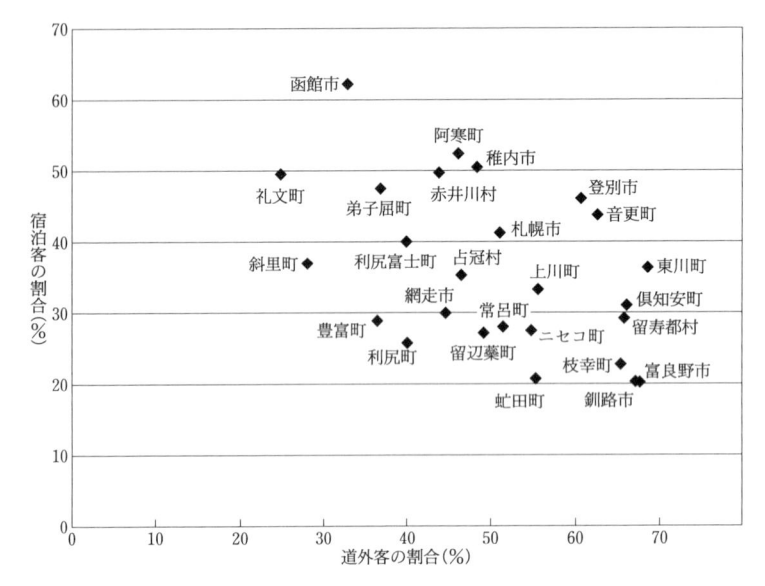

図 3-3-1　2003年度入り込みの道外客と宿泊客の割合が高い自治体
出典：北海道経済部観光のくにづくり推進局「北海道観光入込客数調査報告書」
を参考に筆者作成

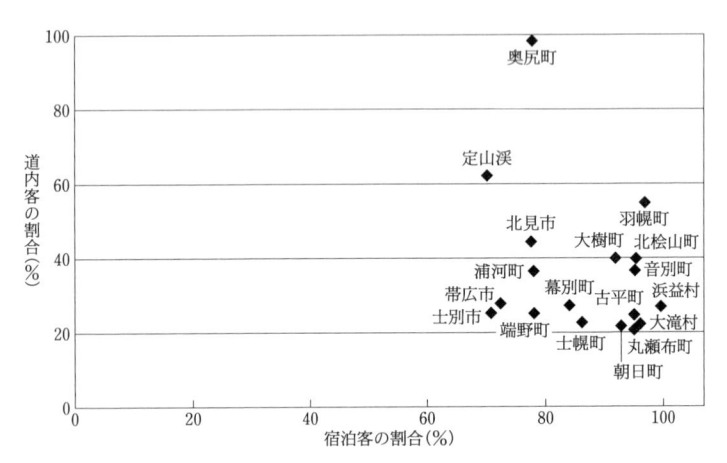

図 3-3-2　道内客の割合が高いにもかかわらず宿泊客の割合が高い自治体
出典：北海道経済部観光のくにづくり推進局「北海道観光入込客数調査報告書」
を参考に筆者作成

いて，宿泊施設が多い市町村もこのグループに属している。このような傾向は壮瞥町（道内客70％，宿泊客17.1％）にもみられる。また，帯広市周辺，北見市周辺の自治体も宿泊客の割合が比較的高い。

これまで，宿泊客の割合が高い地域を中心にみてきたが，逆に宿泊客の割合が低くなっている地域もある。たとえば，根室支庁の5市町では道外客の割合が全体で48.1％と高くなっておりながら，宿泊客の割合はわずか10％程度にとどまっており，近隣の温泉地などに宿泊客が奪われている状況がみられる。このような道外客の割合が比較的高いにもかかわらず通過型となっているのは，七飯町（道内客34.0；宿泊客9.5）や砂川市（51.0；1.1），洞爺村（32.7；4.5），えりも町（49.7；11.4），幌延町（52.9；14.9），猿払村（48.5；9.5），浜頓別町（41.6；9.6），東藻琴村（44.5；3.8），女満別町（27.6；3.6），美幌町（48.2；2.9），小清水町（28.7；2.0），足寄町（52.8；4.0），釧路町（36.3；0.2）などにもみられる。観光地として全国に知られながら，やはり通過型の傾向を示しているところに美瑛町（57.9；16.3）が含まれており，このような観光資源に恵まれた市町村については魅力ある宿泊施設が整備されるに伴って宿泊割合が高まるものと予想される。

市町村別の観光客入り込みと過疎

ここまで道内市町村の観光客の入り込み状況をみてきたが，今一つの指標を用いて観光客の動きについて検討してみたい。それは，入り込みのなかで道内観光客や日帰り観光客の占める割合が高い自治体の場合，先行き少子・高齢化の進展の影響を受けた人口減少によって入り込み客が大きく減少することが予想されることである。そのような厳しい環境に直面しながらも観光資源に恵まれている自治体については，前もって何らかの対策を打っておくことが北海道観光の育成に求められるはずである。このような視点から検討する理由は，前出した『旅行者動向 2006 国内・海外旅行者の意識と行動』によると，北海道を訪れる観光客の4割以上が道内に居住しているからである。

「日本の市区町村別将来推計人口」によると，2000（平成12）年を100として2015年に指数が80以下になる，すなわち人口が20％以上減少すると予想されている道内市町村は212市町村のうち約43％にあたる90となっている。この

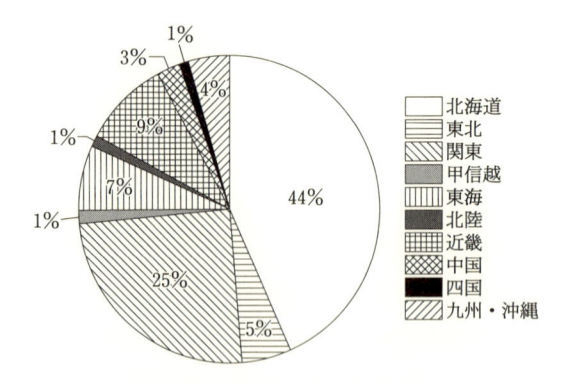

図 3-3-3　北海道を訪れる観光客の居住地構成
注）小数点以下は省略
出典：（財）日本交通公社観光文化事業部『旅行者動向　2006　国内・海外旅行者の意識と行動』p.49 を参考に筆者作成

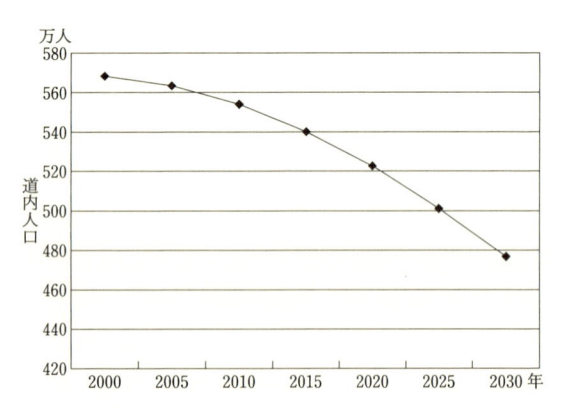

図 3-3-4　道内観光客の入り込みに影響を与えそうな道内人口の推移
出典：国立社会保障・人口問題研究所「日本の市区町村別将来推計人口」を参考に筆者作成

うち，道内客の入り込み割合が 70％を下回っているのは根室市，長万部町，上川町，幌延町，浜頓別町，礼文町，利尻町，利尻富士町，留辺蘂町，佐呂間町，えりも町，標津町の 12 市町となっている。ただし，そのなかで宿泊客の占める割合が 20％を超えているのは上川町，礼文町，利尻町，利尻富士町，留辺蘂町の 5 町だけである。これらの町は温泉地や本道を代表する観光地であるため，道外客と宿泊客の割合がともに高くなっており，観光地として恵まれ

た条件を有しているとみることができる。ところが，この5町の2015年時点での人口は2000年からみて▲23.5%(上川町)，▲38.1%(礼文町)，▲32.4%(利尻町)，▲36.5%(利尻富士町)，▲28.7%(留辺蘂町)も減少すると試算されている。このため，せっかくの観光資源も担い手不足から十分に活かすことができなくなる懸念をはらんでいる。つまり，これらの自治体はせっかく優れた観光資源を有していながら過疎の歯止めとなる環境が備わっておらず，交流人口を受け入れるための定住人口確保に苦戦している状況にあるとみられる。

　とりわけ，長い間にわたって離島観光，花観光の拠点として道外客を呼び込んできた礼文島，利尻島の住民が大幅に減少することは北海道観光にとって痛手である。たとえば，若者が働く場としてのホテルの建設，観光ガイド育成などによる体験型観光地への転換促進などを通じた定住人口の増加などの手立てを早急に打つことが必要になっているとみられる。一方，上川町，留辺蘂町はともに温泉地であり，これらの町が疲弊することが予想されているのも地域の魅力を損なうことにつながり，北海道観光にとって好ましいことではない。近年，温泉地の活性化については熊本県の黒川温泉の例で明らかになったように，温泉だけに頼るのではなく，地域全体で魅力づくりに取り組む手法が浸透しつつある。そのような観点からも2町の大幅な人口減少は北海道観光にとって避けなければならない課題の1つであり，地域再生的な取組みが必要になっている。

温泉地の観光客入り込み状況

　観光客の入り込み客の動向からみえてくる北海道観光のもう1つの課題は，温泉地の再生である。温泉地の客離れから，上川町，留辺蘂町の他にも弟子屈町，阿寒町，登別市，虻田町，大滝村，壮瞥町など本道を代表する温泉地を有する町村の観光客の入り込み数は1999(平成11)年度のピーク時を下回ったまま推移している。これまで北海道観光は大型バスに観光客を詰め込み，大型宿泊施設のなかで飲食，お土産物まで購入させて大型バスで移動する，〝抱え込み〟型の観光が主流であった。ところが，近年の個人志向の多様性の高まりを受け，観光客がレンタカーや自家用車で気軽に温泉地を訪れ，各旅館の食事な

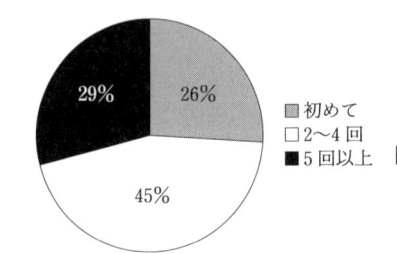

図 3-3-5　リピーター中心となった来道観光客
出典：北海道経済部観光振興課「平成14年度来道観光客動態(満足度)調査報告書」を参考に筆者作成

（初めて 26%、2〜4回 45%、5回以上 29%）

どを楽しむなど，大型施設による"抱え込み"型の観光を避ける傾向が強まっている。このような観光客の志向変化が，北海道の温泉地にとって逆風となっている。施設中心に考えていた観光が，地域の魅力を前面に出す戦略に切り替える必要が出てきたのである。

現状では，外国人を呼び込むことで稼働率を維持しているものの，一部には数合わせ的な集客行為もうかがわれ，地域の魅力を高めることによって外国人が集まる，本来あるべき姿とは異なる面も見受けられる。

このため課題となるのはリピーター増加に対応した顧客満足度向上への取組みである。かつて北海道を訪れた観光客に対してはエビ，カニ，ホタテ，サケを料理して提供しているだけで観光客の満足を得ることができた。しかし，北海道を訪れる観光客はすでにリピーターが中心となっている（図3-3-5）。しかし，前述したように，道外観光客のなかには帰省客も含まれていることを考慮すると，観光客に毎回同じ料理を提供していては満足度が低下してしまうのは明らかである。ただし，観光客のなかには北海道を初めて訪れ，エビ，カニ，ホタテ，サケに期待している人の存在も否定できない。このような多様な欲求に対応するためには施設外のレストランなどで食事してもらった方が高い満足度につながる場合もあり，観光客にとって選択肢を豊富にすることによる地域全体の魅力向上が必要になっている。

とりわけ，最近ではインターネットの利用の多様化や個人志向の定着，消費者意識の高まり，などにより，宿泊施設で発生したトラブルや不満を掲示板などにそのまま記載する宿泊客が増えている。表3-3-4に2006年12月7日時点で「楽天トラベル」に記載された道内温泉地の宿泊施設に関して寄せられた「お客様の声」の「苦情」の一部を紹介した。なかには，消費者の無理難題の

表 3-3-4 「楽天トラベル」に記載された「お客様の声」の「苦情」

A ホテル
- 宿泊予約の際，楽天のポイント2200点使うことで申し込みしたのですが，料金に反映されていなかったようです。

B ホテル
- 食事にはがっかりです，着色料どっぷりの漬物や瓶詰めなど既製品を盛り付けただけの内容に思えました。今まで泊まった温泉宿で食事ワーストワンです。

C 旅館
- トイレに使い済みのタオルとコップが残されており，コップは床に落ちて虫が中に入っていました。楽しみにしていた○○○○（筆者による伏字）は修理中とかで入れず，大浴場に接続した屋根付きで外が何も見えない露天風呂だけで残念でした。これまで宿泊したホテルとしてはきわめて不満の多いものでした。
- ホテルに到着時間が予定より10分遅れたのに，従業員に大変心配したと言われました。一言で気分を害する結果になりました。非常に残念です。

D ホテル
- てんこ盛りプランで行きびっくり，てんこ盛りとあれば食事がてんこ盛りと思う。詐欺的表現は禁止すべきだ。
- ラーメンとチャーハンが美味しくなかった（まずい）です。お寿司を握っているおじさんはもう少し愛想よくしてほしいです。お酒が高過ぎます。外国からのお客さんには日本のお風呂の使い方を徹底してほしいです。楽天で予約しているにもかかわらず，チェックアウトの精算中に宿泊予約係とかいう人が突然割り込んできて，「祭日はお一人2000円増しです。」とか言ったので，びっくりしました。帰るとき従業員の人誰からも「ありがとうございました」と言われず，さびしい思いでした。

E ホテル
- 部屋の壁が薄く，隣室の声や廊下の話し声がよく聞こえたのが不満。

F 旅館
- お風呂は満足，フロント対応も満足，それ以外は不満足です。
- 部屋に入るなり6匹のハエが飛び回っていたのには驚いた。

G 旅館
- フロントでこちらが言っている事を確認せずに否定した。4人一緒にいるのに案内の方が「2名様の宿泊ですね」と言った。
- 書き込みに対して何も返答が無いことに対して大きな不満を持つ。

H 旅館
- 仲居さんが「たいした料理ではないから，他に何か頼むべき」という趣旨の事を言われ，食べる前からがっかりさせられました。

I ホテル
- 夜中（午前2時頃）に非常ベルが何度もなりました。フロントに尋ねたところ，「確認したんですけど大丈夫です」とだけ言い残し，特に申し訳ないという姿勢も見られませんでした。

注：特定を避けるため，道内の代表的な温泉地から1〜2をピックアップ。文章はそのままにした。2006年12月7日時点

ような意見もみられるが，マスコミなどで報道されている北海道観光に対する批判と同様のものもあり，サービス業として反省しなければならない点も多い。このような顧客の意見(書き込み)は，全国どこでも誰もが閲覧可能であり，長期にわたって改善がなされなければ，地域に深刻な影響が及ぶことも予想される。このように，インターネットの存在は苦戦を強いられている温泉施設において無視できないほど大きくなっている。地域の行政，宿泊関連企業，観光関連団体などの現場が連携して良質なインターネット情報を提供できるように努めることがリピーター主体の北海道観光で顧客満足を高めるための緊急の課題となっていることが分かる。

　また，道内観光地で大型施設が立地している自治体の場合，九州の黒川温泉のように温泉地の魅力を前面に押し出そうとしても，駐車場など共有地が乏しいことが実情となっている。交通の便がいい場所は特定の施設によって占有されているケースが多いため，レンタカーや自家用車で出かけてきても，公共施設として駐車が整備できていないケースがみられる。また，施設外にそもそも魅力的なレストランなどが見当たらない，という自治体も多い。このような状況を受けて，定山渓温泉などでは，各種組合活動を通じて私有地に共有スペースを設けるなど温泉地の再生や地域づくりのための活動がみられるようになっている。また，一部の温泉地では，上下水道管などが埋設から長い年月が経過しているため，老朽化が進んでいるところもみられる。ところが，市町村合併，地方交付税の削減による予算制約などから，当該地域に施設更新のための十分な予算配分がなされていないところもみられる。生活基盤の安定・確保と地域としての魅力が重なり合う部分は温泉地が生み出した経営資源である入湯税などの使用方法の見直しなど，地域内での話し合いを通じた独自の取組みが大きな課題となっている。

季節別の観光客入り込み状況

　ところで，表3-3-5に日本政策投資銀行が行った「北海道観光の今後の展開」で行ったアンケート調査で道外在住者が〝観光で北海道に行く場合，何月頃に行きたいですか″という質問に対する回答と，実際の来道客数の年間構成を比較してみた。この結果からみると，本州に住む人のうち，40％が北海道に

表 3-3-5　観光で北海道に行きたい時期と実際の来道輸送実績数の構成比

	7,8月	5,6月	1,2月	9,10月	11,12月	3,4月
2000年度	21.7%	15.8%	14.4%	19.0%	14.9%	14.2%
2003年度	21.8%	17.4%	13.8%	19.0%	14.1%	13.9%
2004年度	21.1%	17.4%	14.0%	19.0%	13.9%	14.5%
希望時期	40%	30%	14%	8%	5%	4%

注：もっとも希望が多い時期から順に左側に並べた
出典：北海道観光協会「来道輸送実績数」，日本政策投資銀行「北海道観光の今後の展開」の各データを参考に筆者作成

は7月か8月に来たいという希望をもっている。ところが，実際の観光客の来道数については，確かに7月，8月がもっとも多くなっているものの，他の時期と比較してさほど大きな季節的なバラツキはみられない。また，7月，8月，5月，6月は来道を希望する人の割合が実績を20％近く上回っていて，9月，10月，11月，12月，3月，4月は実際に来ている人の方が希望する人の割合より10％前後多くなっている。航空会社などの①輸送能力は出張などビジネス客の利用などを考慮してさほど大きな季節差を設けていない，②飛行場の発着枠確保についても，大きな季節変動をつくれない，などの理由からこのような結果となったとみられる。

　確かにこのアンケート結果から分かるように，観光のシーズだけからみると，雄大な自然景観と冷涼な気候を楽しめる7月，8月，そして，5月，6月については北海道観光にはまだ大きな観光需要が隠されていることになる。ところが，実際の輸送能力，料金設定，宿泊能力などインフラやアクセサビリティを考慮すると，この観光ピーク時に本州からの来道客を大幅に増やし，その需要を充足させるのは既存の観光地では事実上不可能な状態であろう。むしろ，旅行代理店などは消費者の潜在的な需要を最大限に満たすための努力を払おうとするため，全国の観光地の季節的優位性を考慮して，各地域で人気がある時期にあわせて輸送，宿泊能力を高めてもらった方が経営的にはプラスになる。たとえば，夏は沖縄県や北海道，冬は温暖なオーストラリアなどの地域に集中させるインセンティブが働きやすいのである。このため，地域の将来設計を見据えた要望とは一致しない集客活動が常態化してしまう。こうして繁閑格差が大きい地域では，既存の旅館，ホテル業界などが積極的に投資して宿泊能力を見

直すのはリスクが拡大するため，現状維持志向が強くなりやすい。実際，第2章でみてきたように，オイル・ショック前の高度成長期に旅行代理店がすでにピークとなっていると思われる夏場のオン・シーズンの北海道に観光客を送り込んだ時期があり，このような動きが現在でも継続されているようである。

こうして，北海道観光を育成するうえでもっとも難しい課題となっているのが冬場の客離れである。夏場は何の対策を講じなくても観光客は集まってくるものの，冬場には激減してしまうのが，積雪寒冷地の宿命である。しかも，このような状況はこれまでみてきたように観光関連企業の経営戦略から長期間に組み込まれた側面もあるため，その見直しには大きな困難を伴う。図3-3-6で明らかなように，春の訪れとともに観光客が増え，8月にピークとなる。その後は急激に入り込み客が減少傾向をたどり，12月に最低水準となる。スキー離れが顕著になっていることから，1〜3月にかけての入り込みについても低水準で推移する。1985(昭和60)年度の入り込み状況と比較してもこの傾向はさほど変わっていない。ただし，2003(平成15)年度の場合，春先の5月や秋頃の入り込みが1985年度と比較して多くなっているのが，特徴となっている。

ところが，自治体別に月ごとの入り込み状況をみると，必ずしも全部の自治

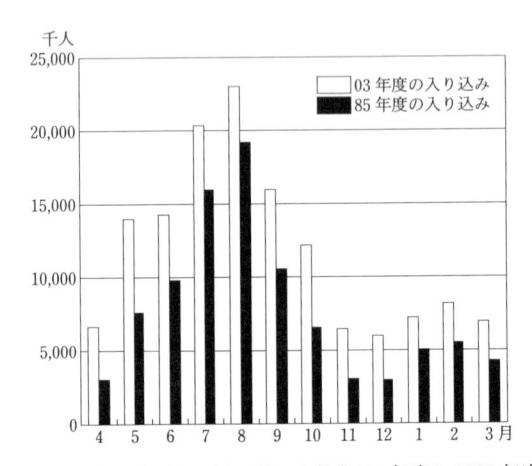

図3-3-6　道内観光客の月別入り込み延べ人数(2003年度と1985年度)
出典：北海道経済部観光のくにづくり推進局「北海道観光入込客数調査報告書」各年を参考に筆者作成

体で8月だけがピークとなっているわけではない。たとえば，5月に入り込みがピークとなるのは(2003年度実績)，松前町，森町，熊石町，北桧山町，恵庭市，厚田村，鵡川町，新冠町，静内町，増毛町，東藻琴村，滝上町，上湧別町などである。これらの市町村は桜，芝桜，チューリップ，水仙，タンポポ，などの美しさが広く知られるようになった他，花をテーマにしたイベントを打ち出してきたことが集客効果となって年間でもっとも入り込み客の多いのが5月となっている。また，熊石町のように，「あわびの里フェスティバル」を行うことで，8月実績と比較して4割も多い入り込みを記録して5月をピークにしているところもある。また，道南をはじめとして5月が準ピークとなっている自治体は多い。

　6月や7月にピークとなっているのは，大規模なお祭りやイベントが行われている自治体が多い。たとえば，ねぶた祭りの八雲町，いなか祭りの厚真町が6月にピークとなっている。また，イベントやラベンダーなど夏の風物詩などによって7月がピークとなっている自治体は多い。

　9月にピークとなっているのは，砂原町，栗山町，幌加内町，東川町，愛別町，遠軽町，浦幌町，白糠町であり，10月は，長万部町，京極町，大滝村，池田町となっている。これらの自治体は，秋の収穫に関係するお祭りや紅葉，イベントなどの効果によって入り込みのピークを形成できている。この他にも冬のイベントやスキー（スノーボード）大会効果などから1月（赤井川村，比布町，剣淵町）や2月（今金町，下川町，新得町）に入り込みがピークに達する自治体がみられる。また，広尾町のように全道で入り込み客が最低水準を記録する12月にピークを記録する自治体もある。

　いずれの自治体も，北海道の魅力が引き立つ8月には観光客の入り込みが高水準に達するものの，それぞれの地域が独自の工夫をこらしたイベントなどによって入り込み客を増やしてきたことがこのような結果につながったとみられる。北海道の観光客の入り込みは夏場の7月や8月にピークに達するため，この時期にイベントを行っても宿泊施設の収容能力の限界などから十分な対応はできない状況にある。したがって，年間の入り込み客をこれまで以上に増やし，高水準なサービスを提供するためには冬場や春先のイベントについてこれまで以上の工夫をこらすことが北海道観光の生き残りにとって緊急の課題になって

いるとみられる。とりわけ，先行きの人口減少を考慮すると，道内客に頼ることで入り込み客を確保してきた自治体にとっては，冬場や春先のイベントなど，地域づくり，まちづくりへの取組みを今一度検討し，情報発信のあり方についても見直すことがこれまで以上に重要になっているとみられる。

ま　と　め

　最近の北海道への観光客の入り込み状況をみてみると，外国人観光客や商業・レジャー施設の好調に支えられて見かけとしての入り込み数はある程度の水準を維持しているものの，その中身に関しては必ずしも質を伴ったものとはなっていない。好調な外国人観光客の入り込みについてもその多くは代理店に頼った従来型の大量輸送型観光が目立っており，社会変化や消費者の志向の変化に対応した真の魅力形成と結びついていないものと思われる。このため，温泉地が抱える問題の解決や過疎地の生き残り策としての観光地の育成策はいまだみえていない。現状のままでは地場産業の衰退とともに地域がこれまで以上に疲弊し，少子・高齢化による担い手不足や生活基盤の悪化などから，観光振興に取り組んで地域活性化につながるシナジー効果（相乗効果）を働かせるためには多くの課題に直面すると思われる。とりわけ，札幌市から遠隔に位置して飛行機利用など交通面で条件が不利な地域が観光振興に取り組むためには新たな観光資源の掘り起こし，情報発信などに積極的に取り組むことが緊急の課題となっているようである。第4章ではその情報発信の観点についてさらにみてみたい。

〈注〉

(1) Richard Butler「Making the tourism product more sustainable」道都大学経営学部国際経営文化研究所 AURORA Management Review, No.5, March 2002. p.11. なお，バトラーのライフサイクルモデルについて紹介しているものとしては，小沢健一『観光を経済学する』文化書房博文社，1994年，p.218-223，中島茂「観光地域の発展と衰退—バトラーのライフ・サイクルモデルの紹介」『社会学部論叢』流通経済大学，1998年3月，第8巻第2号，p.97-111，西岡久雄「バトラーとティスデルの観光地域論」『文化情報学』駿河台大学，1996年6月，第3巻第1号，p.81-85，中島茂「ポピネンによるバトラー・サイクル論の適用可能性の検討」『流通経済学論集』2000年3月，第34

巻第4号，p.81-86，森本正夫監修，塚本珪一，東徹編著『持続可能な観光と地域発展へのアプローチ』泉文堂，1999年，p.131-140などがある。参照されたい。
(2) レス・ラムズドン著，奥本勝彦訳『観光のマーケティング』多賀出版，2004年，p.145-147，同上『観光を経済学する』p.222-223．
(3) 共同研究において筆者が行った「道内温泉地イメージ調査」では総宿泊日数がきわめて多い，近隣からの家族宿泊の人数の多さなどから帰省客と推察された．

〈参考文献〉

塩田正志，長谷政弘『観光学』同文館出版，1994年5月．
小沢健一『観光を経済学する』文化書房新社，1994年11月．
長谷政弘編著『観光マーケティング　理論と実際』同文館出版，1996年7月．
森本正夫監修，塚本珪一，東徹編著『持続可能な観光と地域発展へのアプローチ』泉文堂，1999年6月．
『北海道観光の今後の展開〜「観光産業」発展のために〜』日本政策投資銀行北海道支店，2001年3月．
Richard Butler「Making the tourism product more sustainable」道都大学経営学部国際経営文化研究所 AURORA Management Review, No.5, March 2002.
国立社会保障・人口問題研究所「日本の市区町村別将来推計人口　平成15年12月推計」2004年8月．
北海道経済部観光振興課「平成14年度来道観光客動態(満足度)調査報告書」．2003年3月．
山上徹『観光マーケティング論』白桃書房，2005年3月．
(財)日本交通公社観光文化事業部『旅行者動向　2006　国内・海外旅行者の意識と行動』2006年7月．
北海道経済部観光のくにづくり推進局「北海道観光入込数調査報告書」各年度版．
北海道観光協会「来道輸送実績数」各年度版．

- ワンポイントガイド

オーストラリア人観光客とニセコ

　2006年9月に基準地価の調査結果が発表され，全国のマスコミの注目を集めたのはこの年の上昇率ランキングであった。3大都市圏の住宅地，商業地がともに16年ぶりに上昇に転じたなかで東京都の六本木や麻布などを押さえてトップの座についたのは北海道の倶知安町であった。住宅地の対前年比33%という高い伸びはオーストラリア人が別荘やコンドミニアム用地として買収したために起きた。最近のオーストラリアは中国経済の活況を受けて鉄鉱石，石炭などの資源輸出が好調で，国内でも地価が上昇，バブル経済のような状況を呈している。この好景気を反映した不動産投資の資金がオーストラリア人観光客の増えている倶知安町にも流れたのである。

　倶知安町がオーストラリア人の間で有名になったのは，1989年に来日，1991年から同町に移住，当時は珍しかった体験型観光のラフティングをビジネスとして始めたロス・フィンドレー氏が口コミでニセコの魅力を伝えてきたことが浸透したためである。さらに，9.11テロをきっかけにして，それまで北米にスキー旅行で出かけていた足が北海道へと向かった。①南半球と北半球では季節が逆転している，②時差がほとんどない，③北米のリゾートに行くよりも安上がりでパウダースノーやスキーが楽しめる，などの理由がオーストラリア人を引き付けたといわれている。

　この他にも北海道民にとっては意外なところがニセコの魅力となっているようである。それは，「世界でも毎日のように雪が降っているところは珍しい」ため，「訪問してもはずれ(好天)に見舞われることが少ない」ことも魅力の1つとなっているようである。北海道に生まれ育ち，冬の除排雪に悩まされてきた道民にとっては，毎日のように降り落ちる雪を魅力的に感じることはあまりない。かつて筆者が国際石油関係のシンクタンクで働いていた時に，中東の砂漠地帯の国から訪ねてきた外交官と面談した際に，ジメジメとした梅雨の日でありながら，「いい天気ですね」と真面目に語っていたが，これと同じような感覚でオーストラリア人は倶知安町の豪雪を眺めているようである。

　しかしながら，海外では一般的な，店舗でのクレジットカード利用が浸透していない，銀行のATMが国際対応できていない，若者の長期滞在に対応できるような安価な宿泊施設が不足している，公共交通機関などで外国語表記が少ない，などが訪れたオーストラリア人たちから課題として指摘されているようである。

これはオーストラリアの若者たちはバッグパッカーなどの旅行スタイルを好むため，日常生活に近い利便性を必要とする長期滞在者に地域が対応できていないことを示している。

　このような指摘はニセコ観光の現状はいまだ発展途上にあり，工夫次第で国際的な観光地へと飛躍する可能性があることを暗示していると受け取ることもできる。豪華なコンドミニアムを建設した後に，オーストラリア人たちが倶知安町の魅力に飽き，離れることで廃墟だけが残されてしまうことへの懸念の声が地域から聞こえている。同様の観点からオーストラリアの景気が後退した場合の対応への不安も隠せない。また，長野県でもオーストラリア人の誘致に取り組んでいるようであり，ニセコのオーストラリア人ブームの先行きは予断を許さない状況のようである。しかしながら，まちづくりや地域づくりは「バカ者」「若者」「よそ者」が牽引するといわれている。長く住んだ人たちが日々の生活のなかで見逃してきた街の魅力を「よそ者」の「若者」の視点によって気づくことで，グローバル化時代に相応しい新しいタイプのニセコをつくり上げる可能性に期待したいものである。

第4章

観光マーケティングのための
ネットワーク

はじめに

　これまでみてきたように北海道観光の現状は厳しい局面にある。これを克服して観光のライフサイクルを成長軌道で推移させるためには，商品としての観光の質に磨きをかけるとともに，良質な情報を発信することによって潜在的な観光客との接点をもつように心がけなければならない。しかしながら，すでにリピーターが主体となっている北海道観光の場合，魅力に富んだ新しい情報を的確に消費者に届けることは大きな課題である。このため，潜在的な観光客やリピーターに地域づくりやまちづくりから生まれた新しい発見にあふれた商品情報を届けるためには，マーケティングの手段としてのネットワークやコミュニケーションへの関心を高めることが必須のものとなっている。

1. 観光と情報通信技術

　観光客の好みや行動が多様化・個性化するにつれて観光サービスを提供する側もこれに対応しなければならない。進歩を続ける情報通信（IT）技術も宿泊業者，運輸業者，旅行代理店，観光資源そのもの，などあらゆる観光を構成する部門で観光客の多様な行動パターンや地理的・時間的条件などに対応した情報交流につなげるためのツールとして，大きな関心を呼び起こしている。航空券チケット購入やホテル・旅館などのインターネットによる予約の普及などはその典型である。こうしてIT技術と観光は，①観光資源アーカイブス，②オンラインによる各種ガイド，③観光客の動向分析，④広報・情報発信，⑤交流・コミュニティ形成，など多くの面でつながりを深めている。

　旅行に出かける前にインターネットを使って，行きたい観光地までの移動方法・所要時間などを確認，現地での飲食店情報などを入手しておく。経済的・時間的余裕の制約などの事情から旅行に出かけることのできない人や自然保護の観点から立ち入ることができなくなった観光資源であってもインターネット上に蓄積されたアーカイブスを通じて擬似体験的に楽しむことも可能になっている。また，電子掲示板やメーリングリスト，社会的ネットワークなどを通じ

て行きたい観光地に関する生の情報やホテルなど宿泊施設の評判の事前入手も比較的容易になっている。とりわけ，宿泊施設の評価に関する口コミ情報の利用者は急増している。海外のホテルのコンシェルジュとチャットを通じた予約確認やホテル近隣のイベントなど各種の情報も取得可能となっている。タイムリーな情報取得や個人志向を強めている現代においてはもはや観光に関連する利用者，事業者のすべてでIT技術を無視することができないのである。

　このような観光を取り巻く環境変化は2002(平成14)年末という早い時点で6942万人とわが国人口の2人に1人以上がインターネットを利用するようになり，家電製品と同じような感覚で情報機器が操作できるようになった情報社会の出現によって起きている。また，観光関連産業そのものがもつすそ野の広さやホテル利用などにおけるリピーター客にとってのネットオークションの利便性や信頼性の高さなどもIT技術の浸透に影響しているとみられる。ちなみに，図4-1-1では，航空券などのチケット類や旅行の申し込みにおけるインターネットでの利用割合を示している。また，表4-1-1は，航空機チケットに関しては約1割のインターネット利用者が金額にして50%以上を「ネット刺激型消費」によって購入していることを示している。これらのデータからも観光産業がIT技術とのつながりを強めていることがうかがえる。

北海道観光とIT技術

　北海道観光については，その地理的な広大さから観光地が点在していることもあって，多様な情報発信機能について多くの関係者が有効に活用できることがきわめて重要になってきている。観光客が自分の好みにあったコースを選ぶことができるレンタカー移動がこれまで以上に増える可能性があり，観光地としての情報発信がさらに重要になっているからである。情報発信が不十分であれば，観光地として認知すらされず通過点としかみなされない地域すら出現しうる。とりわけ，先行き産業遺跡・地域遺産，地域づくりやまちづくり，新しいレジャー，各種のイベント，など新たな観光資源を掘り起こそうと試行している地域は情報発信によって「観光地としての意思表示」をして，観光客からの反応確認，すなわちコミュニケーションをとることが重要になる。

　観光地がとる観光客とのコミュニケーション手段としては，広告，サンプル

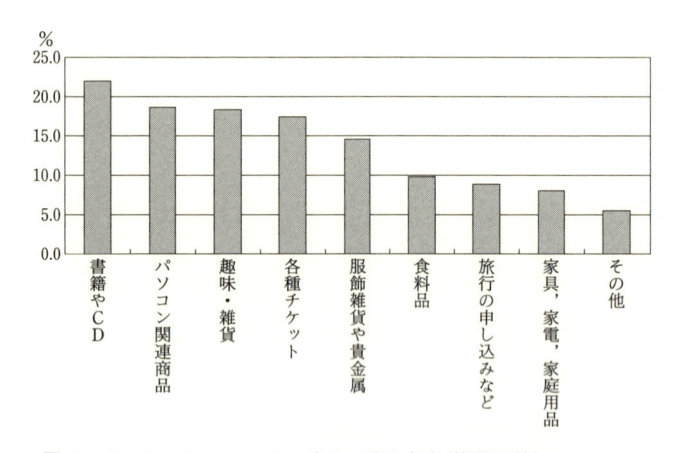

図 4-1-1　ネットショッピングでの購入内容(複数回答)
出典：総務省「平成 14 年通信利用動向調査」を参考に筆者作成

表 4-1-1　各品目別消費に占めるネット刺激型消費の割合

	5〜40%	50〜100%
書籍・雑誌	32.9	15.2
CD・DVD・家庭用ゲーム	20.9	16.3
食品・飲料品	27.0	6.4
洋服，かばん	17.3	8.3
パソコン	9.0	16.0
家庭電化製品	13.3	7.4
AV 機器	7.1	6.6
航空機チケット	3.1	9.5

注：このデータは，たとえば，書籍・雑誌に関しては 15.2%のインターネット利用者が金額にして 5 割以上の書籍・雑誌を「ネット刺激型消費」で購入していることを示している。
出典：「国民生活における IT 活用調査(ウェブ調査)」を参考に筆者作成

の提供，無料体験などのセールスプロモーション(販売促進)，ニュースや記事などのパブリシティなどをあげることができる。これらの多くはマスコミやインターネットなどを通じて実行可能なものである。ただし，すでに観光地として広く認知されている地域やまだ十分に住民にも魅力が浸透していない段階では，過度の広告，パブリシティは観光地の陳腐化や魅力破壊を引き起こしやす

い。もともと広告，パブリシティは広く知らせて認知度を高める機能を有するため，商品やサービスのライフサイクルの視点からみて市場への登場期や導入期などこれから成長期へと移行する段階の地域の方が相応しい取組みとみられる。なぜなら，単なる露出機会の増加だけでは一時的な集客効果にとどまってしまう場合も多いからである。リピーターを増やして地域の魅力ある物語を語り継ぐことによってブランド化へとつながる情報発信を工夫しなければならない。

　道内ではすでにホームページを通じた広報活動にとどまらない，携帯電話など携帯端末などによる道路情報・天気情報・観光情報の発信，コミュニティFM放送による地域の観光資源の掘り起こしなどさまざまな形で情報発信が行われ，地域住民による特色ある取組みが着実に浸透しつつある。また，アーカイブス，観光客の動向分析，などにおいても先進的な動きが現れつつある。

① 携帯端末などを利用した観光情報ガイド

　自家用車での移動を中心にしている道内観光客や道外からのレンタカー利用客に対して地域の観光情報やイベント情報を提供することができれば，潜在的な観光客の掘り起こしが可能になる。独立行政法人北海道開発土木研究所(現寒地土木研究所)を中心とした民間企業・機関・グループは，このような視点から移動中の観光客がその先の地域の道路情報，天候情報，観光情報など必要な情報を車のカーナビゲーション，携帯端末，道の駅のキオスク端末などを通じて今いる場所や時間，利用者の好みに応じて受信できるシステムを研究している。

　このシステムには大きく2種類の受信方法が可能である。まず，受信側が自分の利用目的に応じてサーバにある情報を検索して受信する方法であり，たとえば，道の駅のキオスク端末などで買い物や休憩の際に必要な情報をみることができる。また，サーバから利用登録した人へ自動配信する方法もあり，車で移動中の観光客が欲しがるような目的地の観光・イベント情報，気象情報などを到着前に受信することもできる。このため，イベントの進行などに応じた行程スケジュールの調整にも利用できる。さらに，携帯電話を通じたモバイル版のスタンプラリーを行うこともできることから，セールスプロモーションにも利用可能なようである。

表 4-1-2　モバイル情報の利用目的

	観光やイベント情報を入手するため	気象情報を入手するため	移動時の参考として	道路情報を入手するため	移動計画立案のため
回答数(件)	38	36	27	18	4

出典：北海道開発土木研究所「XML 技術を活用した移動中の情報利用フィールド実験」を参考に筆者作成

　この携帯端末などを利用した情報取得のための研究は，もともとは冬場の降雪による道路災害を未然に防ぐために開発に取り組んだものであるが，アンケート調査などから観光への適用も可能であることが分かっており，その利用可能性に期待が寄せられている。
　携帯端末以外にも北海道で数多く設立されているコミュニティFM放送の役割も注目される。市町村単位で放送認可が与えられるコミュニティFM放送は地域の情報を深く掘り下げて日々放送している。このため，たとえば自動車販売会社のCMであっても地域の特色を活かした個性的な内容で放送される。これを放送局数社でネットワーク化してCMを流すと，多様な住民の個性にあわせた情報発信が可能になる。中央で作成した画一的なCMでは，個別の地域を舞台にした放送はできないが，コミュニティFM放送をネットワーク化すると，各店個別に行っている新車販売セールを地域の事情に合わせて宣伝し，お客を呼び込むことができるのである。このような個性を活かした広報活動の試みを観光に転用する動きも現れつつある。たとえば，離島など旅先での気象情報や道路の混雑状況の具体的かつタイムリーな伝達，観光地の各種の音源の確保・保護・伝達，などにも活用されている。また，お祭りなど地域イベントに放送関係者が出向いて主催者や参加者を取材・放送することで市民の参加意識を高め，ガイド役や啓蒙的な役割を果たして，まちづくり振興や観光客への情報発信に直接的，間接的に役立つ効果も期待されている。
　ちなみに，観光育成のツールという経済的な考え方以上にコミュニティFM放送の存在が重要な意味をもっているのが災害時の地域内での広報活動である。阪神淡路大震災を契機に無線であるコミュニティFM放送が全国に普及したように，ライフラインが途絶した危機的状況においても電波を媒体にしたラジオさえ家庭にあれば各種の情報を確実に把握することが可能になる。このような

非常事態の発生に備える意味でも，日頃からコミュニティFM放送を通じた各種の情報に地域住民の関心を集めていることは地域として重要な取組みとなっている。

　かつて地域はマスコミとは縁のないものであったが，コミュニティFM放送の普及によってこのような機動力と地域性を活かした情報発信，情報交流が可能になっており，地域事情をより深く知ることで魅力を発見，これを住民，そして観光客に広報するための場としての存在意義が高まっている。

② 地域情報アーカイブス

　IT技術のもつ最大の効能はグローバルなネットワーク化と膨大なデータ蓄積能力である。とりわけ，遠距離にいながらにして膨大な量の情報にアクセス，取得できる効果は大きい。たとえば，沖縄県の離島観光のようにサンゴ礁が魅力となっているところでは，自然保護の観点から観光客の立ち入り制限を検討しなければならない事態も想定される。また，台風などの災害によって宿泊施設に閉じこもってしまい，観光客が不満をもって帰るような事態もしばしば起きてしまう。しかし，アーカイブスとして美しいサンゴ礁の画像が蓄積されていれば，ケーブルテレビやインターネットなどを通じてネイチャーセンター，ホテルやフェリー乗り場，フェリーの船上などさまざまな場所で観賞でき，泳げない人までも魅了することが可能になる。北海道においても富良野市のラベンダーや美瑛町の丘の景色は写真家が撮った写真が徐々にファンを集めて，現在のような人気観光スポットを形成していった経緯がある。また，都市から来る観光客のなかには環境問題への意識の高まりを反映して，自分たちが立ち入ることによって自然が破壊されるよりは多少の不便を感じることをいとわない人が増加している[1]。したがって観光地に近接して質の高いアーカイブスを備えることは北海道観光に奥行きを広げるとともに観光の選択肢を増やすことを可能にする。

　北海道の夏は短く，一斉に各地でお祭りが行われる。たとえば，YOSAKOIソーラン祭りと北海道神宮祭は6月，また道南江差町の姥神大祭と函館市の野外劇，近隣の祭りなどは8月上旬に集中しており，同一年に全部をみるのは至難の技である。このような状況においてもイベントのアーカイブスを地域に用意しておいて，首都圏など遠距離からでも観賞可能にして，興味や期待をつな

ぐことは地域の魅力の蓄積を図ることにもなり，重要なことと思われる。この他にも知床半島の自然，利尻島・礼文島の高山植物など北海道では短い夏にその価値を最大限に発揮するとともに，自然保護に努めなくてはならない観光地は数多い。このような観光資源についても発達を続けるIT技術を活用することでその価値の保護と観光客誘致効果をともに最大限に引き出すことが可能となりそうである。

③ 観光客の動向分析

レンタカーで移動する観光客が多くなると，大型バスでの移動が主流で観光サービスを提供する側が見逃してきた価値が突然認められることが起こりうる。ある地域に潜んでいた価値が口コミで伝わり，多くの人が訪れるスポットができあがるようになる。このため，そのスポットにたどり着くまでのコースの選択次第では近隣にある従来の観光地を素通りしてしまうことも起こる。こうして新しい観光地が成長期に発展，既存の観光地では衰退期へと移行してしまう。このような人の移動の変化に気づくのに遅れ，観光地としての情報が観光客に十分に届いていない場合の悪影響は計り知れない。観光サービスを提供する側は常に観光客の最新の動きや観光客が発する情報にアンテナを張っていなければならない。こうしてカーナビゲーションなどのモバイル型機器の機能を利用してレンタカー客の動くコースを把握，情報を提供しようとする動きが出てきている。

また，北海道の場合，観光のピーク期間は短い。とりわけ，花や農村風景などを観光資源にしている地域はごく短い期間に観光客が訪れ，シーズンは終わる。情報入手に敏感で移り気な観光客の動きをできるだけ早い段階で把握して呼び込みを行い，天候異変などによる観光コースの変更などを可能にするためにはカーナビゲーションなどを利用して多様な観光客の動向を分析しておくことが必要になる。移動の起点や転換点となる道の駅などの機能を組み合わせて観光客の動きの変化を把握しておくことも重要な取組みである。自然が相手の観光の場合，緊急時対応も含めて状況変化に柔軟に対応した素早い情報把握が可能な環境づくりが求められている。

観光に関連をもつ産業の広がりは多様である。地域に根付いてきた伝統や文化，歴史，食，自然，遺跡，産業，住居，住民そのもの，レジャー，イベント

などが観光資源へと変化する可能性を秘めている。このような多様な観光資源を結びつけ，地域住民や潜在的観光客に向けてタイミング良く情報発信をするためにはIT技術は欠かせない。また，地域の魅力に対する認知が広がり，都会からの移住などが増えた場合も生活の利便性を高める意味でIT技術の整備が重要になっている。インターネットを活用したビジネスで生計を営む人が急増している現在では，忙しい知的生産者でも田舎暮らしを可能にする通信ネットワーク環境の整備がこれまで以上に求められている。通信インフラのブロードバンド化が滞在型観光や2地域居住，さらには移住までも促進する可能性すら生まれてきているのである。とりわけ，少子・高齢化が進む地域においては商業施設などの存続条件が悪化しているため，交通弱者である高齢者が遠隔地での買い物を強いられるようになっている。このため，宅配需要の高まりから，インターネットを通じた注文・配達環境を整備することが定住者維持，2地域居住，移住者増加の面からも欠かせなくなっている。

　また，これまでみてきたように観光資源の保護や環境保全の面でもIT技術利用の重要性は日々増している。セキュリティ管理や個人情報保護など課題も山積しているが，このような多様な機能を地域の実情にあわせて，観光情報のハブ機能を担いうるとみられる道の駅などに必要な情報機能を備えておくことが，将来の観光育成につなげる道標を形成すると思われる。とりわけ，少子・高齢化で存続が危うくなっている地域の生活環境の整備につながり，そのことが観光環境の改善にもつながっていることを認識する必要性が高まっている。

2.　市町村の観光振興とインターネット

　ネットワークのツール(道具)としてインターネットの普及が著しいが，市町村もその機能を活用して，「観光」「特産品」などの広報・情報発信ツールとして用いる事例が一般化しつつある。(財)21世紀ひょうご創造協会地域政策研究所が，1998(平成10)年2月に行った全国の自治体に対するアンケート調査によると，約95％の市町村がインターネットを利用して「観光・物産情報」「イベント情報」を中心に公開している。また，北海道総合企画部が2000年に道内212市町村に対して行ったアンケート調査でも160市町村がホームページ

表 4-2-1　道内市町村が掲載するホームページの内容

	観光イベント情報	施設紹介	市町村勢概要	特産品紹介	教育文化関係
回答率(%)	95.6	76.3	73.8	66.3	35.0

注：回答率の高い項目を抽出した
出典：『平成12年度版北海道経済白書』p.257を参考に筆者作成

を開設，うち153市町村（96％）が観光イベント情報を公開していた。北海道では，ホームページを開設する市町村は着実に増えており，筆者がアンケートを実施した2001年度末の段階では準備中を除くとすでに201市町村が開設していた。

現在でもホームページを利用して地域の観光資源など情報発信に力を注いでいる市町村は着実に増えている。このため，観光客が道内の市町村を観光で訪ねたいと思って市町村のホームページをみた場合に，その観光客を引き寄せ可能な受け入れ体制ができているかを確認するため，市町村に対して2002(平成14)年1～2月の期間にアンケートを行った。このアンケートはホームページに掲載されている電子メールの問い合わせ先（アドレス）に向けてメールで送信し，返信された結果を取りまとめたものである。また，送信したメールには「意図的に当方の電話番号やファックス番号などを記載しない」ようにした。このような試みを取り入れた理由は，市町村側がメールによる問い合わせなどに対して返答できる体制や環境が整っていることは，インターネットを双方向の情報交換ツールとして活用できる，もしくは高い理解度を有しているとみなすことができると考えたからである。以下にアンケート結果のうち，現在でも参考になると思われるものを掲載した。

回答状況からみた市町村の情報環境

ホームページを開設している市町村からの回答数は103（開設数の51.2％）だった。なお，回答を得られなかった17の市町村には，問い合わせ先アドレスの表示がなかったなどの事情があった。

また，アドレス表示がありながら未回答だった市町村に対して，電話を通じた追跡調査を実施してみた。ホームページ上の問い合わせ窓口はメール担当が

受信しているため，もっともホームページと関係が深いとみられる観光担当窓口に直接電話による聞き取り調査を行った。その結果，約30％が役所内のメール送信窓口は1ヶ所しかない，LANが敷かれていないため，プリンターで印刷され，紙ベースで窓口から届けられるなど，役所内の情報環境事情から従来型の郵送方式の方が回答しやすかったと答えている。また，ほとんどの場合，観光担当部署への観光客からの問い合わせは電話によるものが多いことも分かった。このことは，観光やイベントに関するメールでの問い合わせは，まだ一般化していないことを示しているとみられる。表4-2-2は未回答市町村への追跡調査の結果で代表的な意見をまとめたものである。

「ホームページ利用実態アンケートの結果」概要
① 開設時期

ホームページの開設時期は，わが国にインターネットが普及し始めた1995(平成7)年から1998年までに58％の自治体が開設している。しかし，2000年から2002年にかけての遅い時期に開設した自治体も30％あり，取組み状況に差があることが分かった。

なお，観光部分のホームページの開設時期については，回答してきた市町村のほとんどが公式ホームページとほぼ同時期に開設している。ただし，ニセコ町のように，市町村の公式ホームページを開設する以前に観光用のホームページを作成しているところもわずかながらみられる。

② 予算

ホームページ作成，メンテナンスなどに必要な年間予算を組んでいるかという問いには，31％の市町村が予算をもっていないと回答している。50％近い市町村が50万円未満の少額の年間予算しか確保していない。ちなみに，回答のあった市町村のうちもっとも大きい予算額は300万円であった。

また，ホームページ作成などに際して補助金を得ている市町村は17にすぎず，84市町村は補助金を受けていないと回答している。なお，補助金を受けている先は，北海道からがもっとも多く，10市町村となった。その他として文部科学省，総務省，などからの補助金受給も1件ずつみられた。このような予算，補助金の少なさを反映して，ホームページの作成者は，役所内部の職員

表 4-2-2　未回答市町村に対する電話による聞き取り調査の結果（代表的意見のみ）

- 観光担当課に（メールが）転送されてくる。返信は E メールでの返信も問題なくできるが，現在のところ問い合わせは月に 1 回程度。電話での問い合わせは日に何件もある（人口約 10 万人，A 市）。
- 観光担当には E メールが印刷されて回ってくるため，時間がかかる（LAN が敷かれていない）。E メールでの問い合わせは 2 ヶ月に 1 度程度で，電話が圧倒的に多い（人口 10 数万人，B 市）。
- 観光担当には印刷されて回ってくる。担当で返信の文書を作成し，外部につながるパソコンが設置されている企画が返信する。ただ，観光協会も一緒になっており，こちらからは直接送受信できる。メールでの問い合わせは商工観光課，観光協会あわせて 1 日 5～6 件程度（人口約 10 万人，C 市）。
- 観光担当には印刷されてくる。パソコンが整備されておらず，メールにつながっているのは 1 台だけだが，メールでの返信も問題ない。電話や手紙の問い合わせの方が多いが，E メールも毎日来る（A 町）。
- E メールは観光担当には転送されてくる。E メールでの問い合わせは週に数件で電話の方が圧倒的に多い。たまたま担当者がメールが苦手な場合もあり，電話で返事をする方が楽（D 市）。
- 観光担当には印刷して回ってくる。外部とつながるパソコンは総務に 1 台しかなく，いつも開いているわけではないので，電話や手紙の返事の方が対応しやすい。E メールでの問い合わせは月に 2～3 件。電話や手紙の問い合わせがほとんどである（B 町）。
- 外部とは 1 台のパソコンしかつながっていない。E メールでの問い合わせが観光担当に来たことはない。電話での問い合わせのみ（C 町）。
- E メールは転送されてくる（観光担当のアドレスもあるがホームページには載っていない）。E メールの問い合わせは昨年 10 件くらい。電話の方が多い。E メールが来ても，入力しなくてよいため電話で返事をする方がよい（D 町）。
- 印刷されて観光担当に届き，外部につながる企画のパソコンから返信することになるため時間がかかる。E メールでの問い合わせは 1 日 1～2 件。役場は LAN を組んでいないし，オンラインのパソコンは 4 台しかない。ホームページも町の電気屋につくってもらったもので，環境がきちんとできていない。E メールの方が発信される方には早くて便利だろうが，こちらの都合をいわせてもらえば，電話や郵便の方が対応しやすい（E 町）。

表 4-2-3　ホームページの開設時期について

	1995 年	1996 年	1997 年	1998 年	1999 年	2000 年	2001 年	2002 年	無回答
構成比(%)	1.9	20.4	18.4	17.5	9.7	17.5	10.7	1.9	1.9

表 4-2-4　ホームページ関連の予算額

なし	10 万円未満	10 万円以上 20 万円未満	20 万円以上 50 万円未満	50 万円以上 100 万円未満	100 万円以上 200 万円未満	200 万円以上 300 万円未満	300 万円以上
31.1%	15.5%	15.5%	18.4%	9.7%	5.8%	2.9%	1.0%

表4-2-5 ホームページの作成者(複数回答)

職員が担当	地元の個人やグループ	地元の製作会社	近隣市町村の会社	札幌の会社
60.8%	2.5%	9.2%	15.8%	11.7%

が行っているケースが60%を超えた。次いで多いのが，近隣市町村の会社(約16%)，そして札幌の企業(約12%)となっている。地元の個人やグループ，ホームページ製作会社に依頼しているとの回答は約12%にすぎない。また，市町村向けにホームページを製作している会社で多いのは電算機関連の会社，デザイン会社，通信会社であり，広告代理店や印刷会社なども携わっている。

③ 携帯電話への対応

携帯電話への対応については，対応していない市町村が約80%も占めており，観光客の手軽なアクセスに対応できる環境は整っていない。対応している市町村は千歳市，恵庭市，小樽市，苫小牧市など札幌市近隣の比較的大きな都市であり，さらに，ホームページの設置が2000(平成12)年前後と比較的最近開設された椴法華村，芦別市，富良野市，利尻富士町，鹿追町，芽室町，忠類村，などの市町村となっている。これらの市町村の特徴としては，産業として観光が重要な位置づけとなっているところが多く，ホームページに対する関心の高さがうかがえる。

④ 管　理　者

ホームページの管理担当者は80%以上が役所内部にいる。しかし，特に管理担当者を設けていない市町村も10%程度みられた。更新頻度については，月1回がもっとも多く，23%となった。次いで多いのが週1回で18%，随時行っているのが16%，月2回が12%と続いており，頻繁に更新している自治体が多いことが分かる。なかには，ニセコ町や登別市，鹿追町のような観光地では毎日職員が更新作業を行っている自治体もみられた。また，赤井川村では職員が2日に1回の頻度で更新していた。東藻琴村のように芝桜の開花時期な

表4-2-6 更新作業の担当者

職　　員	職員と委託先・製作会社	委託先・製作会社	運営委員会	不　明
74.8%	6.8%	10.6%	1.0%	6.8%

ど観光シーズンには毎日更新している市町村もあり，観光振興に力を入れている市町村のホームページの多くは職員の努力によって支えられていることが分かる。実際，更新作業は75％の市町村が職員で行っているという結果が出ていた。
⑤ 月平均のメール問い合わせ件数
　もっとも多いのは月10通未満という回答であり，約35％となっている。メールでの問い合わせがほとんどないと合わせると45％の市町村で，ほとんど寄せられていない。ただし，月100通を超える問い合わせが寄せられる市町村も10程度ある。このような市町村は苫前町(6通/日)，初山別村(100通/月)，利尻富士町(5～10通/日)，利尻町(100通/月)，鶴居村(5通・日)，滝川市(10通/日)，幌加内町(4～5通/日)，美深町(5通/日)，名寄市(5通/日)であり，行政情報を中心に問い合わせが多かった滝川市以外は，いずれもパソコンを利用する人口の割合が低いと思われる道北や道東の過疎地が多い。ちなみに，わが国最北端に位置する稚内市が月70～80通，離島の礼文町では70通となっており，件数が多くなっている。これは，離島に観光などで渡る際に備えて気象動向を確認するためのメールが多いためである。また，ニセコ町とトマムリゾートのある占冠村は1日に2通，登別温泉に近い大滝村が2～3通となっており，観光地の天候状況や外部への情報発信を意識した市町村のホームページづくりへの取組み姿勢が問い合わせ数の増加に反映しているとみられる。なお，問い合わせがあったメールに対しては，「担当係に照会，回付等して処理する」と回答した自治体がもっとも多く，63％となった。「返信をする」との回答と合わせると約80％が何らかの形で問い合わせに応じている。
　なお，表4-2-7に人口あたりでみてアクセス数の多い市町村の上位を紹介した。これをみると，大きな特徴となっているのが，ごく一部の町村を除いて選挙の投票率が周辺の町村と比較して高いことである。このことは地域の各種活動に対する参加意識の高さを示す代理変数とみることも可能であり，高いアクセス数と一定の関係性を認めることもできる。
⑥ 掲示板設置状況
　設置しているのは37％，設置していない市町村が59％となった。設置している掲示板の管理についてもやはりほとんどの市町村では職員が行っている。

表 4-2-7　人口あたりアクセス数の多い市町村

市町村	アクセス数	人口	選挙投票率(%)	人口あたりアクセス数
占冠村	118,132	1,644	69.54	71.856
鶴居村	165,393	2,583	76.61	64.031
ニセコ町	194,477	4,506	70.67	43.160
壮瞥町	94,294	3,239	68.66	29.112
生田原町	72,319	2,730	76.09	26.490
剣淵町	108,835	4,161	70.76	26.156
利尻町	85,650	3,538	86.06	24.209
大滝村	37,348	1,575	73.68	23.713
利尻富士町	64,355	3,637	86.21	17.695
初山別村	31,617	1,791	80.76	17.653
遠別町	62,890	3,684	75.37	17.071
西興部村	20,909	1,259	84.47	16.608
幌加内町	33,082	2,176	79.48	15.203
陸別町	46,405	3,288	84.01	14.113
虻田町	133,592	9,768	65.18	13.676
福島町	89,968	6,819	60.76	13.194
滝上町	47,017	3,849	76.39	12.215
音威子府村	13,789	1,162	83.57	11.867
浜頓別町	54,190	4,871	75.73	11.125
丸瀬布町	22,901	2,135	79.31	10.726
東藻琴村	30,728	2,875	71.58	10.688
朝日町	21,255	1,997	81.71	10.643
鹿追町	62,381	6,024	75.32	10.355
日高町	21,274	2,155	66.09	9.872
知内町	59,221	6,060	62.41	9.772
洞爺村	18,232	1,985	75.40	9.185
上富良野町	117,974	12,897	68.38	9.147

注：人口などは住民基本台帳 2001 年 3 月末，アクセス数は 2001 年 10～12 月実施アンケート結果を用いて作成。選挙投票率は 2004 年 7 月と 2007 年 7 月参議院選挙の平均値。合併して現在はない市町村は 2004 年 7 月参議院選挙の投票率を採用。

また，掲示板に寄せられた質問などについても，92%が返事を書くように努力している。

⑦ 閲覧者の想定

みる側の対象者を想定したか，という質問(複数回答)については，約 47%がさまざまな形で対象を想定していると答えている。このなかには以下のような回答がみられた。

- 当初は観光向け，近年は町内と町内出身者
- 観光客のみ，今後住民やゆかりのある人，購買客を対象としていきたい
- 住民に対する行事予定，町外者に観光情報といった設定を行った
- 道外企業や観光客
- 40歳台までを想定

⑧ 役割とその重点

　ホームページの役割として何に重点を置いたかを表4-2-8に，また何を中心に紹介しているかについての回答は表4-2-9の通りである。

⑨ リンク状況

　「地元市町村の個人，企業，団体のホームページはできるだけリンクさせる」との回答は56％あった。また，「一定の基準を設けてリンクさせている」と答えた自治体は24％となっており，約80％の自治体は地元の企業，団体などを

表4-2-8　ホームページの役割として何に重点をおいたか(複数回答)

重点項目	市町村数
観光情報の提供	78
市町村の知名度をあげるため	50
広報誌の役割の代替，補完	47
地元物産の紹介，販売のツールとして	33
住民の利便性向上	31
町おこしのため	21
定住者を促進するため	16
企業誘致に資するため	14
地元出身者との連携強化	14

表4-2-9　何を中心に紹介しているか(複数回答)

中心項目	市町村数
祭りなどイベント情報	69
自然	65
市町村の施設などの情報	56
温泉	54
(食べ物など)名物	48
キャンプ場	44

リンクしている。「民間のホームページにはリンクさせない」と答えているのは11%である。

　リンクに関しての「一定の基準」については以下のような回答が寄せられた。
- 個人企業は掲載しない，公共関係のみ
- 営利関係を除外
- 団体のみリンクさせる
- 公的なものに限定
- 市民の生活に欠かせないもの，営利目的でないもの
- 町に関連が深く，公序良俗に反しないもの，個人的なものは除く
- 原則としてリンクさせないが，故郷会のみリンクさせる

⑩　アクセス数増加への工夫

　アクセス数を増やすためにしている努力としては(複数回答)，「特に工夫していない」がもっとも多く，次いで「更新頻度を多くする」「最新の情報を提供する」となっている。また，クイズなどを定期的に行うことでプレゼントを実施したり，カレンダーをプレゼントした町もある。なお，「掲示板での意見交換」をアクセス数を増やすための工夫としてとらえているところもあった。

⑪　観光関連でどのような問い合わせが多いか

　観光に関する問い合わせについて，どのようなものが多いかを尋ねたところ，もっとも多いのが「宿泊施設に関連したもの(50市町村)」であり，「イベントなどに関連したもの(47市町村)」「交通，道順などに関連したもの(39市町村)」「気候などに関連したもの(19)」の順となっていた。

⑫　ホームページ作成のうえで職員が抱える課題と問題点

　最後にホームページを役所が作成するにあたっての課題と問題点について自由記述方式で質問した。もっとも多かった回答は，職員が兼務で行っているケースが多いために，業務負担が大きいこと，技能向上・人材育成が難しい，などであった。また，他の担当セクションからの理解を得難いことや予算獲得が難しいことも指摘している。さらには，インターネットに関する理解や通信環境など基本的なインフラなどが整っていないことも悩みとして吐露されている。役所がホームページ作成に取り組んでいるために，コンテンツを企画するうえで無難なものとなり，十分にその機能を活かしきれていない，という回答

も寄せられた。

　これまでみてきたように，インターネットが普及してまだ日が浅いこともあり，観光産業などマーケティングへの活用の重要性は認識されつつあるものの，北海道の市町村ではその機能がまだ十分に活かされているとはいい難い。また，予算や専門スタッフに恵まれず職員の努力に支えられた現状では，インターネットを採り入れた効果が十分にあがっているとはいいにくいのもやむを得ないことであろう。これは，インターネットは①きわめて急速に普及してきた，②デザインなどコンテンツに関わる判断基準が難しい，③個人的資質に依存する部分が大きい，などの事情を背景に，職員が関わる業務内容を明確に規定することに困難を伴うため，予算の獲得，業務内容などの分担・配分が難しいことが問題として根底に潜んでいるとみられる。

　本来マーケティングなどの広報活動は戦略があってこそ活きるものである。したがって，自治体がインターネットをマーケティングツールとして取り入れる場合，何のために取り組むかという戦略が重要になると思われる。このような情報発信に伴う戦略的な視点は，観光に限定されるものではなく，災害など，非常時対応の面でも重要な位置づけをもっている。したがって，今後は，一部の担当者に頼った現状から役所内にCIO(最高情報責任者)のようなセクションを設け，委員会形式を導入するなど，戦略性を明確に打ち出すことが必要になるとみられる。

　とりわけ，最近になり，インターネットを利用して宿泊先などの情報を取得することが一般化していることや，携帯電話の普及，ソーシャルネットワーク，ブログなどのコミュニティ型の情報交換が浸透している現状では，口コミ効果がかつてなく高まっている。したがって，自治体内の個人の努力に頼ったこれまでの取組み姿勢を見直してより戦略性をもつことが求められているとみられる。

⑬　自治体職員が感じるホームページ作成上の課題と問題点(自由記述)
　・観光情報が少ない
　・担当課でコンテンツの充実を図る必要
　・作成，更新作業担当職員の育成
　・リニューアル経費が乏しい

- 少ない予算のなかで担当者が対応し，十分な時間をかけることができない
- 情報や内容が増え，業務的に更新作業の頻度が多くなってきている
- 観光的なHPなので，今後は住民に向けた情報発信や定住関係も行いたい
- 内容を充実させたい
- 作成委員会の運営，個人情報の取扱いが課題
- 地域特産物の紹介・購入方法，交通手段の情報の充実が必要
- 運営経費が少ない，技術者がきわめて少ない
- 担当部署で作成更新をやっているが，担当者の能力に頼っているため委員会形式に移行が必要
- 更新などの手間，時間をいかに多くかけられるかが課題
- ISDN，ADSLにならないと重くてみ難い
- 役場内のweb作成に関するシステムを構築する必要がある
- 各課職員の意識啓発が必要
- 情報発信を統一する必要がある
- 小さな町なのでHPの活用やパソコンの活用に抵抗を感じる人が多い
- 地域住民，役場からも意外に情報の提供が少なくコンテンツの作成に苦労した
- どの情報をどの課で担当するかで意見の違いが出る
- お役所がつくるHPは当たり障りのない情報しか表示できない
- 更新を業者委託にした場合，長期間放置されてしまう
- 職員が作成していても業務との兼務で片手間になってしまう
- 当初は観光情報などについても詳しい情報を掲載する必要があったが，確実性を重視する行政のHPでは空き部屋情報などのリアルタイムの情報を知らせることは困難
- インターネットが普及した現在では観光情報は民間に任せ，住民への情報提供や情報収集に徹するべきかもしれない
- 必要な情報を掲載していきたいが今の情報が必要な情報かどうか把握できていない。今後の調査が必要
- 観光係1名ですべての観光業務に対応，大変多忙

- 各課のインターネット環境が整備されていないため，メールの回答に時間がかかる
- 更新が一元的になっていて，所管部署で随時更新できない
- 正確なニーズを把握していない
- 内部の環境も整っていない
- HPとガイドブックを作成しているが，内容のバランスが分からない，今はガイドブック中心
- HPの更新頻度が少ないのは認識しているが他の業務もあり手が回らない
- インターネット環境が整っていないので，更新作業ができる人員が少なく大変
- 行政情報は住民に対するものが理想だがインターネット普及率が少ないため，住民のニーズがあまりない
- 観光客が全道1少ないためHPを活用したいがコンテンツの選定が難しい
- HP作成にあてる時間も予算もないこと
- HPや情報提供のためのプロジェクトチームを設けているがうまく機能していない
- 作成，更新担当は1人しかいないため(他業務と兼務)情報収集や更新がうまくできずリアルタイムの情報提供ができない
- 更新頻度，HP専属職員がいない
- 町のHPがない
- 役場担当者が行っているのでデザイン的な問題がある
- 高度な周辺機器がなく，更新作業に時間がかかる
- 一般家庭の通信速度もあがり，利用者も増えているため，画像や音声を駆使してさらにみる側に配慮していきたい(ホームページのバリアフリー化)
- 役場内での掲載情報の提供が少ない
- ブラウザーソフトの違いにより画像の表現が異なってしまう
- 地域インターネット会社の好意による無料レンタルサーバーのため5メガの容量しかなく掲載内容に限度がある
- 町内のインターネットの普及率が低いため町民を重視したページが薄い

- 自治体HPは販売活動が積極的にできないためHPをつくっていて面白くない
- ソフトも常に購入することができないのでセンスにも限界がある
- 他の仕事もあるので専門的に集中できない
- 環境が整っていないなかで工夫を重ねなければならないのが使命で，担当者の発想のみせどころ
- HPでパンフレット郵送など今までの宣伝活動に比べ効率がよく，省力化・省コストにつながっている面もある
- 閲覧者のニーズに目を向け，なるべく穴のない情報の整備を心がける
- 更新に費用と手間がかかる
- 更新を頻繁にしたいが時間がない

3. インターネットを用いた市町村の情報発信

　このアンケート調査を下敷きにして，さらにインターネットと観光の関係を掘り下げるために，市町村がホームページで観光資源をアッピールすることの最終的な目的である地域ブランド構築が効果的に行われているか否かを検討してみた。具体的には，市町村の観光資源がどの程度一般に認知されているかを推し量るために，ホームページ上でどれだけ話題に取り上げられているか（ページ数の多さ），またその話題が自治体名と結びついているかを検討してみた。その結果を取りまとめたのが本章の最後に掲載した表4-3-1である。

　検討作業としては，まず北海道統計協会発行の「平成15年版　北海道市町村勢要覧」において道内全市町村別に記載されている「特産品」「一言PR」などの観光情報を検討のためのキーワードとして採用した。これらは2005(平成17)年4月1日時点で各市町村や北海道各支庁地域政策部振興課が各市町村の観光資源として表明したものである。取り上げたキーワードをGoogleとYahoo！のサーチ・エンジンで検索し，検出された総ページ数を確認した。この数値をみることでこのキーワードを含むページがどの程度あるか，つまりインターネット上でどの程度このキーワードが話題になっているか（リンクされているか）をみたのである。また，それぞれのページを紹介している簡単な

文章(テキスト)のなかで自治体名が最初に出てくるのは何番目となっているかをみてみた。このことで，そのページでPRしようとしている観光資源と自治体名との一体性が全体のなかでどのような位置づけ(重要度)を示しているかを検討してみたのである。

　このようなことを行ったのは検索エンジンとして採用したGoogleのもつ特性を利用することで，インターネット上の自治体観光資源のブランド力を推測できると判断したからである。Googleで検索した結果から出てくるページ・ランクはウェブ上の膨大なリンクを生かしてページAからページBへのリンクをページAによるページBへの支持投票(リンク数)とみなしたものである。Googleはこの投票数からそのページの重要性を判断している。また，重要度の高いページによって投じられた票はより高く評価されて，それを受け取ったページを重要なものにしていく仕組みとなっている。このような分析を通じて高評価を得たページには高いページ・ランク(検索順位)がつくようになっている。したがって検索に用いるキーワード(自治体がPRしたい観光情報や物産名)が支持投票(リンク数)につながりやすい適切なものであれば，情報としての重要度の高さに応じて検索結果順位は高くなる仕組みとなっている。つまり，市町村がブランドを構築したいと望んでいる観光情報をキーワードとして入力，高ランクになった場合，その観光情報はインターネット上で一種のブランドとしてすでに認知されている，とみなすことができるのである。なお，参考までに載せたYahoo！のページ検索はGoogleの技術を利用しているので，結果はほぼ同じ傾向を示す。

　たとえば「平成15年版　北海道市町村勢要覧」では，札幌市の観光情報としては〝雪まつり〟と〝ホワイトイルミネーション〟を紹介している。〝雪まつり〟をGoogleの検索ページで2004(平成16)年4月10日に入力すると，約3万200件のページがリストアップされた。その最初のページを紹介する文章(テキスト)内に〝さっぽろ〟を見つけることができる。以上からインターネット上では①〝雪まつり〟というキーワードで多くのホームページがつくられている(情報発信，口コミが活発)，そのなかでも②札幌市の雪まつりがもっとも広く認知されている，または③〝雪まつり〟というキーワードでもっとも連想しやすい市町村は札幌市である，とみることができる。つまりさっぽろ雪まつ

りは数ある雪まつりのなかでもっともブランド力を有しているとみることができるのである。なお，検索によってヒットするページ数は頻繁にかなりの数で変動しているため，絶対的な評価基準としてみるのは難しく，相対的なものとしてみるべきであることに注意しなければならない。

　ちなみに，新潟県十日町の雪まつりも札幌市に比肩する歴史を有しており，情報発信も活発であるが，さっぽろ雪まつりほど広く認知されていない(ページ・ランクが低い)。しかし，仮に東京に住む人が「雪まつりをみてみたい」と思い，インターネットで検索すると，思いがけずそれまで知らなかった新潟県十日町の雪まつりが出てきたため，経済的・時間的な観点から判断して新幹線に乗り込む可能性は否定できない。こうしてさっぽろ雪まつり側としては新潟県十日町の雪まつりと差別化した魅力づくり，話題づくり，情報発信を常に心がけなくてはならなくなる。ブランドとしての位置づけの明確化やブランド力の強化(情報発信)が一層求められるようになるのである。本調査は道内市町村が地域の観光資源を育成するうえでこのようなマーケティングやセグメント化(対象の絞り込み，差別化)を通じたブランド構築の視点が重要であることを確認するために行ったものである。

道内市町村の観光資源とブランド力

　さっぽろ雪まつりをキーワードとして行ったのと同様の手順で道内各市町村について観光資源から自治体名をどの程度連想できるかについて検証すると，興味深い結果が浮かび上がってくる。まず，さっぽろ雪まつりのように観光資源そのものに市町村名を冠につけると連想しやすくなるのは容易に想像できることである。逆にすでに強固なブランド連想ができているものを観光資源として採用すると相手を利することになってしまう場合がある。たとえば〝クラーク博士〟は〝北海道大学〟や〝羊が丘公園〟〝札幌市〟との連想(リンク)が強すぎるため，〝クラーク博士〟と縁やゆかりがあることを他市町村が売り込もうとしてホームページを作成しても相手を側面から応援する(総ページ数を増やす)だけで効果的でない(自分のページにたどり着きにくい)。他と視点を変え，差別化した情報発信が必要になってくるのである。

　今金町のホームページは差別化に成功した事例である。全国の多くの市町村

や地域は「米どころ」をPRしている。このキーワードで約1万4600件のページをGoogleで検出できるが，その全国トップに位置しているのは今金町である。この理由は今金町のホームページは函館地区の産業・観光情報を地域で発信するために自治体などの出資により設立された函館インフォメーション・ネットワーク株式会社(通称HINET)とリンクしていることが影響したとみられる。「米どころ」では"宮城"や"庄内"などのページも上位にランクされており，これらを抑えてトップの座を占めることの意義は自治体や特産品の情報発信効果を高める観点からみて大きい。視点を変えると，リンクしている「函館市」がもつ情報発信力・ブランド力が非常に大きいとみなすことができる。また，今金町はこの「函館市」がもつ情報発信力・ブランド力をたくみに利用しながら，「函館市」と差別化した"米どころ"という情報を発信したことがこのような結果を生んだとみることもできる。同様に市町村をネットワーク化して観光資源情報を発信している道内の地域にはオホーツクがあり，数多くの市町村情報をリンクしている。

観光資源のブランド認知

道内の代表的な観光地を例にあげてそのブランド認知がどの程度浸透しているかをみてみる。函館市では"夜景"のページ数が約118万件と非常に多いなかで11番目に位置しており，全国的にも"函館の夜景"はブランド化された観光資源として認知されていることが分かる。ただし，他地域で"夜景"を観光資源として積極的に情報発信している市町村が現れているため，先行きも"夜景"を函館観光の重要なスポットとする場合は，インターネットを用いた広報については一段の努力や工夫が必要になっているとみることができる。小樽市については，"運河"が約18万件ページ数のうちトップに位置しており，"運河といえば小樽"のようなブランド連想ができるだけの認知を得ていることが分かる。富良野市についてはすでに第3章のライフサイクルで触れたように，"スキー"から"ラベンダー"へと観光資源がシフトしている。また，"北の国から"のページ数は約6万9600件と多いもののそのなかで"富良野"への連想(リンク)は比較的少なくなっている(13番目)。つまり，テレビ番組としての話題(口コミ)は多いものの，そのなかで富良野に結びつくものはさほど

多くないことを示している。一方，"ラベンダー"では約27万件のうち5番目に位置しており，富良野観光ともっとも強く結びついた観光資源は"スキー"や"北の国から"よりも"ラベンダー"であることが分かる。

　この他にも地域づくり，まちづくりや観光情報でPRしている資源とインターネット上のブランド連想について興味深い結果を導き出すことができる。代表的なものを取り上げると，網走市では"番外地"という映画との連想は薄れ，"監獄"との結びつきが強くなっている。このことから，インターネットを利用する人たちの間では網走監獄はよく知られていても，ここを舞台にした高倉健主演の映画のことは忘れられつつあることが分かる。また，幌加内町は"そば生産量日本一"という情報との結びつきでは情報発信は多くなく，単純に"そば"と"幌加内"を組み合わせた情報が多く流布している。実際，東京のそば屋でも"幌加内産そばを使用"などとPRして営業している店は多く，"生産量の多さ"がブランドへと結びついているのではなく，"幌加内産そば"そのものがブランドになっていることが分かる。

　同様に夕張市についても，"映画"よりも"メロン"とのリンクが多くなっている。また，"旭岳"と結びついている自治体は東川町であり，"芝桜"ともっとも結びついているのは東藻琴村であることも分かる。特産品では，"昆布"でもっとも密接につながっているのは羅臼町であり，全国的にみて"昆布といえば羅臼"というブランド連想ができあがっていることが分かる。"ワイン"とのリンクについては池田町が全国的にみても非常に強い結びつきをもっていることが分かる。"湿原"というと釧路市（18万件中2位）を連想しやすいが，雨竜町（同3位）は小さな町でありながら，非常な健闘をしている。さらに，8万件を超えるページがある"トナカイ"と強くリンクしているのは幌延町であり，今後の情報発信次第ではブランドとして全国に売り込む期待を抱くことができそうである。

ブランド認知を生むネットワーク

　Googleのページ検索の結果を考慮に入れて今金町などの成功事例を参考にすると，インターネットを用いて，市町村の観光資源情報を多くの人の目に触れやすくするためにはより情報発信力のあるものと結びつくネットワーク化が

有効であることが分かる。実際，「特産品」に関しては日本最大のインターネット・モールである「楽天市場」に載せている商品では検索結果を早い段階（高いランク）で目にすることが多い。商品と情報を高いハブ機能を有するネットワークで結びつけ，商品の持つ情報の発信を活発化することで認知度を高め，ブランド化を図ることが可能になる。とりわけ，ブランド力をつける過程で商品に情報や意味，物語という付加価値を加えることができるネットワーク化は重要である。そのためには「楽天市場」への出店や情報発信力の強い自治体や情報とのリンクなど，強いネットワークの構築が必要であることが分かる。

　ただし，ネットワーク構築によって商品に情報や意味，物語を付加するうえで，留意しなければならないのが戦略性である。たとえば，佐藤はるみ氏の分析によると北海道を代表する土産品メーカーである六花亭製菓と石屋製菓では製品と会社のプロモーション方法が異なっている。六花亭製菓は会社，石屋製菓は製品の告知に重点を置いている。自治体も全国的に高い評価の獲得を目指している商品を戦略的に自治体のホームページと結びつけることは重要である。たとえば，地酒などの場合ではリンク数がきわめて多いため，これと市町村名を密接に結びつけることは"おいしい水""豊かな土地""米どころ"などの連想が働きやすく，市町村のブランド化への道筋を広げやすくする。このことは，ブランド連想によって広がりと物語性をもたせたブランド拡張の戦略を打ち出すことが地域のブランド化にとって有効な手段となっていることも示している。また，競合や差別化を図るだけでなく，補完的な情報の発信が重要であることも示唆している。

　観光情報については道の駅の存在を活用することも商品と情報のネットワーク化のうえで有望な手法であろう。今金町における函館市のように圧倒的な情報発信力をもつ存在がリンク先として手近に見当たらない地域は他のネットワークのハブを見出さなければならない。通常北海道内の市町村であれば，道庁の各支庁の存在がこの役割を担うこととなる。しかし，支庁によってはインターネット上のハブ機能が十分でないところもみられる。たとえば，インターネット上に掲載されているページ数から判断すると，渡島支庁より函館市の方がハブ機能は高い。また，支庁内の個別市町村でもさほどハブ機能が高くないところもみられる。たとえそのような地域であっても道の駅がインターネット

表 4-3-1 北海道市町村勢要覧（平成15年版）「観光情報」をキーワードにしたホームページ検索 検索は2004年4月10～12日で実施

支庁	市町村名	入力キーワード	Googleヒット数と初出順位	Yahoo!ヒット数と初出順位	備考（その他のキーワードでの検索結果など：数値はGoogleのヒット数）
石狩 20万9000件	札幌市	雪まつり	3万200件のトップ	1万6800件のうち11番目	ホワイトイルミネーションで5410件中トップ
	江別市	繁業の町	118件中10番目	86件中11番目	
	千歳市	国立公園支笏湖	1870件中トップ	1050件中トップ	札幌市のHPにリンクでつながっている
	恵庭市	ナナカマドワイン	20件中トップ	17件中トップ	水と緑豊かな総合機能都市のキーワードでヒットはゼロ
	北広島市	クラーク博士（に縁がある）	6670件中36	3770件中36	市内ゴルフ場HPの道案内で初出
	石狩市	石狩温泉「番屋の湯」	647件中トップ	412件中トップ	石狩では20万9000件中トップ
	当別町	道民の森	2050件中3	1110件中2	
	新篠津村	吟醸酒「気まぐれ」	831件中に見つけられず	157件中に見つけられず	「新篠津」のキーワード足す1件ヒット
檜山	厚田村	あい風のおる	11件中トップ	11件中トップ	
	浜益村	ハタハタ飯寿司	10件中トップ（厚田の店）	5件中トップ（厚田の店）	村まるごと新鮮パックではゼロ
	江差町	江差の春は江戸にもない	17件中トップ	14件中トップ	檜山では8番目、ヤフー：江差追分で8780件ヒット
11万件	厚沢部町	鴨ダムオートキャンプ場	52件中トップ	35件中トップ	土橋自然観察教育林は82件中トップ
	熊石町	アワビ	8万1900件中100内になし	3万5400件中100内になし	
	奥尻町	ウニ、アワビ	1万3900件中10	7570件中11	あおびでは6万1800件中8
	北檜山町	狩場山	8270件中7	4300件中9	
	上ノ国町	あおび	6万1800件中100内になし	2万8300件中100内になし	数百年の歴史は道内有数のキーワードではヒットせず
	乙部町	おとべ温泉「いこいの湯」	71件中トップ	48件中トップ	あおびでは6万1800件中4番目に「あおび山荘」
	大成町	がっぱり海の幸フェスタ	61件中トップ	45件中2	
	瀬棚町	日本初の洋上風車	26件中トップ	17件中トップ	
	今金町	男爵いも	3610件中5	1980件中トップ	国内有数の旧石器遺跡ではヒットせず、米どころ1万4600件中トップ・URLに函館（HINET）使用
空知 12万1000件	赤平市	エルム高原	674件中4	261件中5	
	芦別市	合宿の里	297件中4	156件中4	星の降る里では927中3
	岩見沢市	バラナスの丘	158件中7	108件中8	空知では4番目、2万株のバラではヒットせず
	歌志内市	歌志内ワイン	32件中トップ	20件中トップ	スキー場と温泉＆歌志内ではヒットせず
	浦臼町	坂本龍馬ゆかりの地	79件中29	63件中29	浦臼ワインで45件ヒット
	雨竜町	雨竜沼湿原	2260件中トップ	1270件中トップ	暑寒メロンで51件中トップ、湿原で18万件中3

表 4-3-1 続き①

支庁	市町村名	入力キーワード	Googleヒット数と初出順位	Yahoo!ヒット数と初出順位	備考（その他のキーワードでの検索結果など：数値はGoogleのヒット数）
	上砂川町	上砂川岳	498件中トップ	231件中トップ	
	北村	北村田舎(カッペ)酒	ヒットなし	ヒットなし	
	栗沢町	未来に輝く田園文化福祉都市	11件中トップ	7件中トップ	
	栗山町	いきものの里・御大師山	25件中トップ	16件中トップ	北の錦では604件中5
	新十津川町	しんとつかわで心呼吸	4件中トップ	4件中トップ	
	砂川市	北海道子どもの国	357件中トップ	154件中トップ	北菓楼では645件中4
	滝川市	グライダー体験	179件中13	141件中12	
	秩父別町	日本の米どころ百選	ヒットなし	ヒットなし	
	月形町	月形監獄	205件中2	157件中2	監獄博物館で1万700件、監獄で20万2000件。いずれも網走がトップ
	奈井江町	キングメロン	212件中25	117件中25	米どころでは1万4600件中200までヒットせず
	長沼町	ながぬま温泉	594件中トップ	299件中トップ	
	南幌町	リバーサイド公園	378件中トップ	187件中トップ	そば生産量日本一では128件中トップ、そばでは214万件中4
	沼田町	幌新温泉ほたる館	34件中トップ	24件中トップ	北海盆唄発祥の地では32件中トップ、三笠メロン51件中2
	美唄市	宮島沼	2650件中3	1450件中2	
	深川市	農業体験	10万4000件中100位内になし	10万4000件中100位内になし	
	北竜町	ひまわりのまちづくり	7件中トップ	5件中トップ	
	幌加内町	日本一の人造湖	64件中トップ	44件中トップ	夕張メロンでは2万400件中トップ
	三笠市	クリーン・グリーン三笠	6件中トップ	5件中トップ	
	妹背牛町	米子ちゃん	31件中3	18件中3	
	夕張市	映画で町おこし	17件中5	9件中5	
	由仁町	風薫る町のまち	6件中トップ	6件中トップ	
	豊富町	豊かな自然と山海の幸が豊富	ヒットなし	ヒットなし	国稀では13万8000件中トップ
	留萌市	日本一美しい夕日	22件中4	16件中5	留萌では13万8000件トップ、数の子3万3400件中3番目に小樽さといち
留萌 13万9000件					
	小平町	花田家鰊番屋	12件中トップ	10件中トップ	
	苫前町	ホワイトビーチ	5460件中36	3040件中33	風車17万3000件中100番以内になし
	羽幌町	天売・焼尻・サンセット	125件中4	96件中2	トップは留萌のサンセット望楼
	初山別村	しょさんべつ天文台	367件中トップ	263件中トップ	天文台(28万9000件)の道内トップは24番目の名寄市立木原天文台、しょさんべつは47番目

表 4-3-1 続き②

支庁	市町村名	入力キーワード	Googleヒット数と初出順位	Yahoo!ヒット数と初出順位	備考（その他のキーワードでの検索結果など：数値はGoogleのヒット数）
	遠別町	最北の米どころ	10件中 4	10件中 4	
	天塩町	天塩川	6230件	3460件	両方とも士別市、開発局のホームページで紹介されている
	幌延町	ヒマワリの青いケシ	2950件中 29	1620件中 30	トナカイでは8万2300件中トップ
網走	北見市	ハッカ	4万4000件中トップ	2万800件中トップ	
27万2000件	網走市	番外地	2万2600件中 10	1万2500件中 10	網走で3番目（支庁2番目）、オホーツク流氷館では1980件中8、月形町を参照
	紋別市	砕氷観光船ガリンコ号	42件中 3	37件中トップ	ガリンコ号では3300件中5、オホーツクタワーでは2530件中トップ
	東藻琴村	芝桜	1万5900件中 2	8700件中 2	
	女満別町	ミズバショウ	2万2900件中 24	1万2400件中 22	オホーツクのサイトにリンク、11番目に石狩市
	美幌町	道東のスカイスポーツ拠点	ヒットなし	ヒットなし	美幌峠で8230件中 3
	津別町	木のつべつの木	80件中 2	34件中 2	
	斜里町	秘境知床	3270件中 2	1780件中 2	知床では13万2000件中10、羅臼が3
	清里町	斜里岳登山	3250件中 5	1830件中 5	斜里岳では1万2200件中 6
	小清水町	原生花園	1万5000件中 2	7180件中トップ	
	端野町	カレーライスマラソン	150件中トップ	76件中トップ	
	訓子府町	美しい田園風景が広がるまち	ヒットなし	ヒットなし	
	置戸町	オケクラフト	371件中トップ	218件中トップ	
	留辺蘂町	温根湯温泉	4340件中 8	2400件中 2	
	佐呂間町	サロマ湖	1万8400件中 5	1万500件中 10	
	常呂町	カーリング	2万9700件中 79	1万5700件中 68	
	生田原町	ちゃちゃワールド	822件 5	399件中 5	
	遠軽町	瞰望岩	302件中 3	151件中 3	かにめしは4670件中 15
	丸瀬布町	森林鉄道SL	684件中 20	480件中 19	昆虫館7万7400件の中100までになし
	白滝村	白滝遺跡群	113件中トップ	69件中トップ	
	上湧別町	120万本のチューリップ	222件中 3	155件中 3	
	湧別町	眼前に広がるオホーツク	ヒットなし	ヒットなし	
	滝上町	芝ざくら	808件中 3	411件中 4	芝桜で1万5900件中 8
	興部町	オホーツクの四季	231件中 29	160件中 34	
	西興部村	ホテル「森夢」	277件中トップ	156件中トップ	マルチメディア館「IT夢」では379件中トップ、森の美術館「木夢」では395件中トップ

表 4-3-1 続き③

支庁	市町村名	入力キーワード	Googleヒット数と初出順位	Yahoo!ヒット数と初出順位	備考(その他のキーワードでのYahoo!での検索結果など：数値はGoogleのヒット数)
日高 39万1000件	雄武町	オホーツク海が一望できる温泉	ヒットなし	ヒットなし	
	日高町	沙流川	4520件中5	2460件中3	
	平取町	すずらん群生地	113件中トップ	96件中7	アイヌ文化博物館では567件中トップ
	門別町	優駿のふるさと	79件中5	58件中7	
	新冠町	レコード＆音楽のまち	40件中4	34件中3	レコード館では370件中トップ
	静内町	二十間道路桜並木	1940件中トップ	1120件中3	
	三石町	海浜公園オートキャンプ場	649件中10	419件中11	
	浦河町	うらかわ優駿ビレッジ	656件中トップ	312件中トップ	
	様似町	アポイ岳	2850件中トップ	1530件中トップ	
	えりも町	襟裳岬	1万6600件中3	8910件中3	日高昆布では5320件中6
釧路	釧路市	幣舞橋	2710件中トップ	1460件中トップ	炉端焼では9470件中25、丹頂では1万7000件中4、ししゃもでは4万2400件中11
46万6000件	釧路町	長靴アイスホッケー	250件中3	153件中3	
	厚岸町	コンキリエ	1830件中トップ	1020件中トップ	
	浜中町	霧多布湿原	5450件中トップ	2940件中トップ	湿原では18万件中2
	標茶町	湿原と草原のまち	ヒットなし	ヒットなし	湿原では18万件中85、湿原の44.6%は町の財産であると商工会で紹介
	弟子屈町	摩周湖	3万2900件中5	1万7000件中2	屈斜路湖では2万1000件中5
	阿寒町	阿寒湖	3万6100件中トップ	1万9500件中トップ	マリモでは2万7100件中35、丹頂では1万7000件中8
	鶴居村	丹頂	1万7000件中45	9120件中2	
	白糠町	ししゃも	4万2400件中41	1万9900件中4	鹿肉では12万8000件中3
	音別町	ヤナギダコ	492件中100内なし	104件中9	白糠が492件中9
渡島	松前町	松前漬	4100件中トップ	2210件中2	松前城では2070件中トップ
5万5600件	知内町	おっぱい酒	49件中2	11件中2	マコガレイでは8830件中19、元気のでる野菜生産の町ではヒットゼロ
	上磯町	トラピストバター	347件中7	184件中8	トラピスト修道院では2190件中13
	七飯町	大沼国定公園	3140件中トップ	1720件中トップ	
	恵山町	ツツジ	13万3000件中100内なし	5万5900件中100内なし	恵山＆ツツジでは313件中トップ、ゴッコでは1万6100件中55、昆布31万5000件中7
	南茅部町	昆布	31万4000件中39	10万6000件中37	日本一の昆布では64件中トップ、日本一&昆布では8940件中トップ

表 4-3-1 続き④

支庁	市町村名	入力キーワード	Googleヒット数と初出順位	Yahoo!ヒット数と初出順位	備考（その他のキーワードでの検索結果など：数値はGoogleのヒット数）
	砂原町	駒ヶ岳	3万3400件中100内になし	1万8300件中100内になし	3万3400件中4番目が七飯、鹿部。ブルーベリーワインでは990件中14
	八雲町	バター飴発祥の地	ヒットなし	ヒットなし	バター飴ではトラピスチヌバター飴が1540件中2、木彫熊発祥の地では17件中トップ
	函館市	国際観光都市	1万3800件中2	7460件中トップ	夜景では118万中11、元町では38万5000件中11
	福島町	横綱記念館	2690件中トップ	1440件中トップ	青函トンネル記念館では1540件中11
	木古内町	寒中みそぎ	582件中トップ	210件中3	
	大野町	北海道水田発祥の地	54件中トップ	40件中トップ	マルメロおいしくては18件中トップ
	戸井町	本州に一番近い町	3件中トップ	2件中トップ	マグロ&大間2760件ヒット、マグロ&戸井228件ヒット
	椴法華村	灯台ファミリー博物館	162件中トップ	80件中トップ	
	鹿部町	鹿部温泉	8510件中トップ	4620件中トップ	655件中3番目は函館
	森町	イカメシ	655件中33	278件中33	
	長万部町	二股ラジウム温泉	726件中トップ	588件中トップ	かにめしでは4670件中39
後志	島牧村	狩場山	8310件中7	4550件中8	
	黒松内町	ブナ林	4万800件中19	2万2100件中21	自然体験では8万9400件中2
3万2100件	ニセコ町	有島武郎	8890件中5	4970件中5	アウトドアでは245万件あるが、100位内は16の北海道、網走
	留寿都村	ルスツリゾート	5320件中2	2900件中トップ	
	京極町	ふきだし公園	949件中2	768件中2	京極温泉614件中トップ
	共和町	かかしの古里	17件中トップ	11件中トップ	
	泊村	ともリンク	106件中2	69件中2	
	積丹町	島武意海岸	793件中2	349件中2	日本の渚百選では3330件中2、積丹岬では1万4900件中トップ
	仁木町	フルーツパークにき	181件中トップ	102件中トップ	カルデラの湯は全部で2件
	赤井川村	キロロリゾート	3290件中2	1800件中2	寿都温泉ゆべつのゆでは141件中トップ
	寿都町	弁慶岬	2660件中トップ	1350件中トップ	
	蘭越町	7つの温泉郷	86件中トップ	70件中トップ	五色、湯元、昆布、新見、湯の里、昆布川、薬師の7ヶ所
	真狩村	細川たかし	1万1000件中14	5890件中13	マッカリーナでは504件中トップ、羊蹄山では2万8700件中16
	喜茂別町	中山峠	1万700件中2	5970件中2	あげいもでは690件中3、羊蹄山では2万8400件中2

表 4-3-1 続き⑤

支庁	市町村名	入力キーワード	Googleヒット数と初出順位	Yahoo!ヒット数と初出順位	備考 その他のキーワードでの検索結果など：数値はGoogleのヒット数
	倶知安町	道内一の豪雪地帯	2件中トップ	2件中トップ	豪雪をうたう同一PRのもう1つは幌加内、羊蹄山では2万8400件中3
	岩内町	2つの美術館と3つの温泉のある街	ヒットなし	ヒットなし	木田金次郎では741件中2、雷電温泉では3230件中7
	神恵内村	温泉でケーグルス	ヒットなし	ヒットなし	神恵内温泉では847件中トップ
	古平町	たらつの節	72件中トップ	57件中トップ	北海道五大民謡では85件中8
	余市町	余市宇宙記念館	912件中トップ	707件中トップ	ニッカウヰスキーでは5550件中2
	小樽市	運河	18万件中トップ	6万3800件中トップ	小樽雪あかりの路では838件中トップ
上川	中川町	ハスカップワイン	384件中9	216件中15	
24万3000件	美深町	チョウザメ	8280件中3	4490件中4	松山湿原618件中2
	風連町	もち米の里	96件中トップ	77件中トップ	
	下川町	アイスキャンドル	4140件中トップ	2240件中トップ	
	剣淵町	絵本の館	494件中トップ	244件中トップ	
	鷹栖町	旭川のすぐ隣	ヒットなし	ヒットなし	このキーワードで出たのは美瑛と比布、オオカミの桃では532件中4
	比布町	夏はヒマワリ、冬はスキー	ヒットなし	ヒットなし	イチゴの町では38万8000件中100位内にはなし
	東川町	旭岳	2万100件中2	1万900件中2	写真の町では555件中トップ
	愛別町	町の温泉でキノコ料理	ヒットなし	ヒットなし	キノコでは33万7000件中100内になし
	美瑛町	麦秋	9550件中55	4230件中50	丘では246万件中68、丘のまちでは801件、前田真三では3320件中4
	中富良野町	元祖ラベンダー観光の町	ヒットなし	ヒットなし	ラベンダーでは27万件中9
	南富良野町	エンジョイアウトドア	ヒットなし	ヒットなし	アウトドアでは245万あるが、100内になし
	音威子府村	森と匠の村	73件中トップ	60件中トップ	
	名寄市	サンピラー	2280件中トップ	1230件中トップ	ダイヤモンドダストでは1万2500件中100内になし
	士別市	世界のめん羊館	184件中トップ	114件中トップ	サフォークでは4470件中トップ
	朝日町	天塩岳	8470件中2	4610件中トップ	岩尾内湖では801件中3
	和寒町	自然の恵み野	23件中トップ	20件中トップ	越冬キャベツでは290件中3
	旭川市	道北の拠点都市	26件中トップ	19件中トップ	ラーメンでは274万件中49
	東神楽町	アルストロメリア	1万2300件中100内になし	6650件中100内になし	森林公園では12万2000件中51
	当麻町	いち日ランド当麻	44件中トップ	27件中トップ	鍾乳洞では5万9800件中40
	上川町	層雲峡温泉	1万6400件中トップ	8890件中トップ	大雪高原牛では189件中トップ

表 4-3-1 続き⑥

支庁	市町村名	入力キーワード	Googleヒット数と初出順位	Yahoo!ヒット数と初出順位	備考その他のキーワードなど：数値はGoogleのヒット数
	上富良野町	十勝岳連峰	4460件中2	2490件中2	ラベンダーでは27万件中100内に上富良野はなし
	富良野市	北の国から	6万9600件中13	3万9300件中14	ふらののワインでは2010件中トップ、ラベンダーでは27万件中5
	占冠村	トマムリゾート	1140件中2	334件中トップ	鹿肉では12万8000件中10
宗谷	稚内市	利尻, 礼文, サハリンへの玄関	4件中トップ	3件中トップ	日本のてっぺんでは298件中3、利尻で5万9000件中5、サハリンで6万1100件中5
10万9000件	猿払村	ほたて貝柱	4810件中26	2610件中27	
	浜頓別町	白鳥と砂金と温泉のまち	10件中トップ	8件中トップ	クッチャロ湖では4650件中トップ
	中頓別町	砂金缶詰	5件中トップ	3件中トップ	
	枝幸町	毛がに	2万9400件中11	1万6000件中12	
	歌登町	うたのぼりだんご	8件中トップ	7件中トップ	
	豊富町	サロベツ原生花園	822件中トップ	662件中トップ	豊富温泉では19万件中トップ
	礼文町	花の島	2630件中5	1420件中5	桃岩では3840件中5
	利尻町	昆布	30万4000件中8	10万6000件中9	
	利尻富士町	ネイチャーウォッチング	2400件中100内になし	1110件中100内になし	利尻富士では2万8900件中トップ
胆振	豊浦町	いちご・豚肉温泉まつり	68件中トップ	45件中2	豊浦イチゴでは20件中トップ
	虻田町	緑と樹海と心のふれあう町	ヒットなし	ヒットなし	ホタテスモークでは52件中14
4万6200件	洞爺村	シンジュネス	977件中40	799件中40	洞爺湖では4万9300件中10
	壮瞥町	湖と火山と温泉の街	ヒットなし	ヒットなし	有珠では10万6000件中15
	大滝村	温泉と花と渓谷美	ヒットなし	ヒットなし	
	伊達市	北海道の湘南	136件中トップ	96件中トップ	
	室蘭市	白鳥大橋	4390件中4	2480件中3	地球岬では3万2100件中トップ
	登別市	11種類の温泉と3つのテーマパーク	ヒットなし	ヒットなし	
	追分町	鉄道文化	30万4000件中100内になし	15万9000件中100内になし	
	鵡川町	日本一のタンポポ群生地	8件中トップ	7件中トップ	シシャモでは1万2300件中3
	穂別町	クビナガリュウ	588件中11	319件中6	穂別メロン67件中トップ
	白老町	噴火湾	2万4400件中100内になし	1万3600件中100内になし	白老牛では1万1100件中トップ、コタンでは2万2200件中33
	苫小牧市	ハスカップ	1万1900件中3	6420件中4	
	厚真町	じゃがいも農園	ヒットなし	ヒットなし	
	早来町	社台スタリオンステーション	2110件中4	1150件中3	ウトナイ湖では6050件中4

表 4-3-1 続き⑦

支庁	市町村名	入力キーワード	Google ヒット数と初出順位	Yahoo!ヒット数と初出順位	備考(その他のキーワードでの検索結果など;数値はGoogleのヒット数)
十勝 276,000 件	帯広市	酪農・畑作地帯	2630 件中 35	1420 件中 46	豚丼では 11 万 3000 件中 6
	忠類村	ナウマン象	3830 件中 4	2090 件中 5	
	大樹町	歴舟川	1670 件中 3	939 件中 2	
	広尾町	シーサイドパーク広尾	478 件中 4	248 件中 4	
	芽室町	ゲートボール発祥の地	128 件中トップ	89 件中 3	ゲートボールでは 10 万 5000 件中 3
	中札内村	花と縁とアートの村	3 件中トップ	3 件中トップ	花畑牧場では 3230 件中 10
	清水町	町民合唱団	3360 件中 80	1850 件中 94	牛トロでは 2060 件中 2
	鹿追町	然別湖	8860 件中トップ	4810 件中トップ	自然体験では 8 万 9400 件中 6
	新得町	アウトドアスポーツ	7 万 5400 件中 100 内になし	3 万 5200 件中 100 内になし	サホロリゾートでは 1710 件中 4、そばでは 214 万件中 100 内になし、新得そばでは 803
	幕別町	パークゴルフ発祥の地	103 件中 2	80 件中 2	パークゴルフでは 4 万 7900 件中 27
	更別村	スピードウェイ	3 万 3900 件中 41	1 万 7700 件中 19	
	豊頃町	ハルニレ	6260 件中 6	3380 件中 4	
	浦幌町	森林公園	12 万 2000 件中 56	5 万 4400 件中 55	
	音更町	十勝川温泉	1 万 1600 件中 5	6490 件中 5	
	士幌町	肉用牛飼育頭数日本一	137 件中トップ	116 件中トップ	
	上士幌町	熱気球	3 万 2000 件中 20	1 万 7200 件中 33	
	池田町	一村一品	3990 件中 100 内になし	2160 件中 100 内になし	ワインで 271 万件中 16
	本別町	とうもろこし迷路	44 件中 4	35 件中 4	迷路で 31 万 2000 件中 28
	足寄町	自治体面積日本一	4260 件中 23	2300 件中 23	ラワン蕗では 127 件中トップ
	陸別町	しばれ	4080 件中トップ	2210 件中トップ	銀河の森天文台では 1510 件中 3、天文台では 28 万 9000 件中 7 番目だが地名表示なし、地名運動は 57
根室 145,000 件	羅臼町	北方領土	5 万 200 件中 65	2 万 900 件中 59	昆布では 31 万 4000 件中トップ、羅臼昆布では 7920 件中トップ、知床で 13 万 2000 件中 3
	標津町	サーモンパーク	970 件中トップ	757 件中トップ	北方領土で 5 万 200 件中 50
	中標津町	開陽台	5250 件中 2	2850 件中 2	野付半島では 1 万 1200 件中 9、ホッカイシマエビでは 534 件中 17
	別海町	トドワラ	2730 件中 2	1480 件中トップ	
	根室市	納沙布岬	8860 件中トップ	4780 件中トップ	北方領土で 5 万 200 件中 2、花咲ガニでは 3560 件中 3

上で道内各地域の観光情報の集結・発信の機能を担うことができれば，ネットワーク(ページ数とリンク数)の面で大きな効果を期待することができる。ただし，ハブ機能があまりにも強いものとのネットワークは他との識別がつき難くなりやすいため，せっかくの情報発信もハブ機能のなかに埋没してしまって効果が薄れてしまう場合があることに注意しなければならない。大量のネットワークを構築したうえで他市町村との差別化に成功すれば情報発信面での競争力が飛躍的に高まるとみられる。

ま　と　め

　地域に蓄積された情報を発信することは，慎重かつ真剣に議論を重ねた戦略性をもって望まなければならない。行政は多くの利害関係者(ステイクホルダー)をもっているため，情報の発信方法も慎重に選択され管理されたものとなりがちである。このため，誰からも批判を受けない無難，かつ一方的な情報発信姿勢がみられた。また，一般的にみて市町村よりも都道府県，そして国の方が情報発信する機会が多い。より公共性の高い組織は多様なステイクホルダーをもつ性格上，多くのネットワークに接点を有しているため，情報のハブ(結節点)としての機能を担うからである。しかしながら，このことは観光地の魅力を高めたり，地域の特産品をブランドにするうえでは複雑な問題を内包することになる。なぜなら，具体的な商品やサービスを末端の消費者に届けるはずが，より公共的な性格を情報発信と結びつけたために商品やサービスに〝あいまい〟さがつきまとうようになるからである。より公共性の強い性格をもつ組織が行う情報発信は多様なステイクホルダーとの摩擦を避けるために〝あいまい〟性を伴うものとなってしまいがちである。結果として商品やサービスがブランドとなったときに威力を発揮するはずの識別機能が不十分なものとなりやすい。このような商品やサービスの特徴のなさはそのまま価格競争への展開を早めてしまいやすい。

　情報の時代が進展するとともに，ブログやソーシャルネットワークなどを通じて情報発信や必要な情報の入手は誰でもが可能となってきた。観光情報の発信は地域の魅力を発見，表現することで成り立っているため，その取組み次第

では観光客からの評価が高まるだけでなく，逆に批判を受けることも予想される。たとえば，第3章でみたように，インターネットの宿泊先情報には宿泊者から厳しい言葉で書かれた多くのクレームが寄せられている。観光客はこのような個別具体的な情報を事前にみて宿泊先を決定している。自治体などの関係者はこのような地域の悪い評判が広まるような情報を放置することなく，地域に蓄積された情報に対してきめ細かく目配りするため，地域内での話し合いをもつことで地域の魅力向上に努めなければならなくなっている。

しかしながら，自治体の観光担当者に対して実施したアンケート調査結果でも明らかになったように，現状における自治体のインターネットを通じた情報発信に関しては，財政や人的資源などさまざまな制約から職員の個人的能力や努力によって支えられている側面が強い。このため，地域づくりやまちづくりに積極的に取り組んでいる自治体，観光地としての自覚をもっている自治体などのインターネットへの取組み姿勢の差がそのまま地域の情報発信の格差を生み出すようになってきた。したがって，このような個人の努力に依存する不安定な現状を戦略的な視点に立って見直し，地域情報の発信方法を地域価値向上の観点から総合的に再検討しなければならなくなっているようである。

こうして地域が情報発信に取り組むうえで関心を払う必要性が高まっているのが地域住民とのネットワークである。コミュニティFM放送の急速な普及で明らかになったように，地域の情報は住民の日常生活のなかに蓄積されている。このため，批判を招くような情報の発信を予防するとともに，新たな魅力を掘り起こすためには，住民同士の意見交換，行政と住民との連携や協働が欠かせないものとなっている。住民が地域内の問題点についてその改善策に関する話し合いをもつ。また，地域内に埋もれている魅力を発見・共有，これを行政と住民が発信することによって地域外から人を呼び込むことにつながる。情報があふれ価値観の多様化が進むなかで，地域のなかに多様な魅力を掘り起こし，磨きをかけるためには住民ぐるみのネットワークを構築してできあがった情報を発信することが目指すべき方向性となりつつあるようだ。このような視点から，次章では観光振興に取り組むうえでの市民との関わりについてみてみたい。

〈注〉
(1) 2006年10月28日に行われた北海道経済学会における小磯修二釧路公立大学教授の報告による。同大学地域経済研究センターホームページには当該報告のもとになった研究報告の報告書の一部も掲載されており，参照されたい。

〈参考文献〉
井上繁「インターネットを使った自治体の情報戦略」『計画行政』1997年，20(4).
金川幸司他「都市マーケティングと地域情報発信における公私関係性に関する研究」『計画行政』1999年，22(4).
『平成12年度版北海道経済白書』2001年.
北海道開発土木研究所「XML技術を活用した移動中の情報利用フィールド実験」2002年2月.
佐藤郁夫・佐藤はるみ「市町村のホームページ活用利用実態調査」社団法人行政システム研究所『行政＆ADP』2002年7月.
総務省『平成15年度 情報通信に関する現状報告 特集「日本発の新IT社会を目指して」』2003年7月.
総務省「平成14年通信利用動向調査」『平成15年度情報通信白書』2004年3月.
総務省「国民生活におけるIT活用調査(ウェブ調査)」『平成15年度情報通信白書』2004年3月.
薄井和夫『マーケティングと現代社会』大月書店，2003年9月.
佐藤はるみ「六花亭ブランドの形成」『産研論集』札幌大学経営学部附属産業経営研究所，2006年3月，No.31・32.
金山智子編著『コミュニティ・メディア コミュニティFMが地域をつなぐ』慶應義塾大学出版会，2007年3月.
Googleホームページ http://www.google.com/intl/ja/help/interpret.html

ワンポイントガイド

ネットワークから生まれるメタファー，メタファーとしての温泉地域力

　多様で雑多な情報に〝特定の意味〟を与えて共有された「つながり」や「ネットワーク」を形成，さらにシンボル化へと結びつけた例として有名なものが「エルデシュ数」と「ケビン・ベーコンの神託」である。天才数学者で放浪癖のあったポール・エルデシュは世界を放浪しながら数学者を訪ね歩き，共同研究を行っていた。数多いる数学者のなかで彼と共同研究した研究者を特別扱いする試みとしてエルデシュ数が生み出された。エルデシュと共同研究・一緒に論文を発表した数学者はエルデシュ数〝1〟とみなされ，その研究者と共同研究した研究者のエルデシュ数は〝2〟となる。つまり，エルデシュ数はいわば数学者としての知名度や能力，ある種のステータスを意味する代替表現となっている。このネットワークの考え方をさらに一般にも理解しやすいように広げたのが「ケビン・ベーコンの神託」である。ケビン・ベーコンは話題となった映画への出演数の多いことで知られるハリウッド俳優である。このため，ケビン・ベーコンと共演した人が「No.1」，この俳優と共演した人を「No.2」とみなしていくことで映画俳優にある種の格付けをするゲームができあがった。バージニア大学のインターネットを通じて現在も行われているゲームであるが，たとえば，2007年5月22日時点で「高倉健」と入力すると，ケビン・ベーコン数は〝2〟で出てくる。高倉健は1989年公開の映画「Black Rain」でアンディ・ガルシアと共演，アンディ・ガルシアは2007年公開の「Air I Breathe」でケビン・ベーコンと共演している。日本人映画監督兼俳優の「北野武」のケビン・ベーコン数も〝2〟である。北野武は1995年に公開された「Johnny Mnemonic」でサイモン・シンと共演しているが，サイモン・シンは2005年公開の「Truth Lies」でケビン・ベーコンと共演している。

　実際にはケビン・ベーコン数の対象となる俳優のほとんどが〝3以内〟に納まっている。つまり，〝4以上〟の映画俳優はすでに遠い過去に銀幕に登場した人であるか，ケビン・ベーコンが出演するような知名度の高い映画には出演する機会に恵まれていない俳優ということになる。これがケビン・ベーコンの神託で代替表現された映画俳優のネットワークである。ただし，このゲームの対象となっている俳優はバージニア大学の同サイト上にデータとして載っている（インターネット上でリンク可能な）87万5711人に限定されている。つまり，言葉を代えると3人以内のネットワークの輪に87万5711人もの多数の俳優が納まって

いることを意味しており，それより低いランクの俳優は約88万人もの輪にすら入ることができていないということになる。ところで，そのネットワークのハブ（結節点）となっているのはケビン・ベーコン唯一人であり，このネットワークを一言で言い表す抽象化・シンボル化したものとして「ケビン・ベーコンの神託」が存在していることになる。

ちなみに，「ケビン・ベーコンの神託」は数あるネットワーク理論のなかでももっとも知られたものの1つである。この〝神託〟という言葉が示しているのは，本来は大衆とは無関係に存在しているはずだったハリウッド俳優というバラバラな集合に意味を与え，単なる人気にとどまらない新しい格付け方法の判断材料となるリトマス試験紙となっているとみることができる。つまり，エルデシュ数やケビン・ベーコンの神託のような指数化によってできあがった「つながり」「ネットワーク」が数学者，俳優としての格付けを通じて新しい意味を与えていることも分かる。こうしてメタファーができあがっていく。

同様の試みはさまざまな場面で行われている。たとえば，自動車タイヤメーカーのミシュランが行い，世界に類似広がっているレストランの評価・格付けのように観光分野でも類似した試みがなされている。ミシュランのような格付けは行っていないが，北海道立地質研究所，北海道立衛生研究所，札幌大学の3機関が平成17年度から3ヶ年計画で取り組んでいる「温泉資源の多面的利活用に向けた複合解析」も北海道の豊かな温泉資源の利活用に役立つ指標やデータベースの構築を目指している。この共同研究のメタファーの1つとなっているのが〝温泉地域力〟である。

資源の少ないわが国にとって温泉は貴重な天然資源である。環境省によると，平成16年度の北海道における温泉総湧出量は毎分約25万5000リットルである。これはわが国の湧出量の約10％に相当し，札幌ドームを約7分で満杯にする量にあたる。また，北海道全体から温泉として放出される熱エネルギーは基準温度10℃で約1100メガワットとなる。これは，泊原子力発電所の発電量にほぼ匹敵するものである。つまり，北海道では泊原子力発電所の発電量と同程度の熱エネルギーを源泉として常時放出していることになる。それだけ北海道は温泉資源に恵まれている。

ところが，温泉王国といわれているはずの北海道にあって，この天与の地場資源が必ずしも有効に利活用されていないという指摘もなされている。温泉資源は，観光，地域振興，健康増進，保健・療養，ローカルエネルギー分野など利活用の可能性は多岐にわたっている。しかしながら，温泉開発が進展するにつれて，レ

ジオネラ属菌などによる集団感染事故，温泉偽装問題などをきっかけに温泉情報の公開が求められてきた。また，資源の衰退・枯渇現象も地域的には深刻な問題となっている。さらには，国民の消費行動の変化や外国人観光客の増加など魅力ある温泉地づくりへの取組み，エネルギー利用における地球温暖化問題への対応など，温泉を取り巻く情勢は急速に変化している。このような背景のもとで共同研究はスタートした。地質研究所は地域資源としての道内各地温泉を地球科学的な観点，衛生研究所は健康増進や疾病予防・アトピー性皮膚炎などの保健衛生分野，札幌大学は社会科学的な切り口から，温泉地の発展要因についてアプローチしている。

　この共同研究は，地球科学，保健衛生学，社会科学という異なった学問分野をネットワークすることで，温泉のもつさまざまな特性や価値を結びつけ，データベースを構築したうえで地理情報システム（GIS）というプラットフォームを用いて分析できることを目指したものである。したがって，その研究ネットワークの成果はこれからの温泉を核とした豊かで住みやすい特色のある温泉地づくり，いわば"温泉地域力"を高めるための基礎情報となることが期待されている。

　現代のストレス社会において，安らぎや癒しを得る場である温泉は，これまで長い間，われわれの心身両面にさまざまな恩恵を与えてきただけでなく，今後もわれわれにとって非常に貴重な存在である。天然資源は無限ではないことを考慮に入れると，これから高齢社会と余暇活用時代が定着するなかで，温泉の価値や役割を再認識する必要性が高まっていると思われる。持続的な温泉資源の活用を実現するためのキーワードとして"温泉地域力"への関心の高まりが今まさに求められている。

　（共同研究については北海道立地質研究所・秋田藤夫，ネットワークとメタファーは佐藤が分担執筆）

म
第5章

地域経済の変化と観光

はじめに

　新しい情報や魅力を求めて人が移動することによって観光地が生まれ，地域活性化への糸口もできあがる。そのためには，地域の経営資源である行政と住民が協働することによって埋もれている魅力を発見・共有・育成，外に向けて発信することが必要となる。自然保護，文化活動，各種のイベントなど行政と住民の協働による相互交流や地域活動，まちづくりが運命共同体の関係にある地域の魅力を高めて質の高い観光ができあがっていくことを函館市，旭川市の事例からみてみる。

1. 社会・経済変化と観光地の盛衰

　観光地は常に盛衰しており，人を呼び込み続けることは容易でない。観光地がもつ価値は常に安定しているわけではなく，消費者の行動の変化などを受けて移ろい続けているからである。有名観光地のなかでもかつては新婚旅行のメッカとして知られていた九州の宮崎県や静岡県の熱海市などにも社会変化，消費者行動の変化の波が押し寄せている。割安感が増した海外観光や発信する情報のマンネリ化，団体客から個人旅行への指向の変化を受けた温泉地の不振などによる魅力低下などから他地域に旅行客を奪われるようになっているからである。宮崎県の場合，起死回生策としてリゾート施設のシーガイアを打ち出したが，運営主体である第三セクターのフェニックスリゾートは巨額の負債を抱えて経営破綻し，宮崎観光再生の夢をいまだ果たせていない。熱海市の観光客の入り込み状況をみると，首都圏の奥座敷として企業の会合や団体の気軽な1泊旅行に出かける先としての位置づけは維持しているものの，レジャーなど若者の余暇の過ごし方の多様化などを受け，日帰りのイベント客数などが減少傾向で推移している。このような観光地の盛衰，とりわけ衰退の事例が各地にみられるようになっている。なかでも，温泉地を取り巻く環境は厳しさを増している。わが国を代表する温泉地である九州の別府温泉でも，かつては団体客を中心に200万人近くが訪れていたが，別府温泉の宿泊客の7割以上を占めて

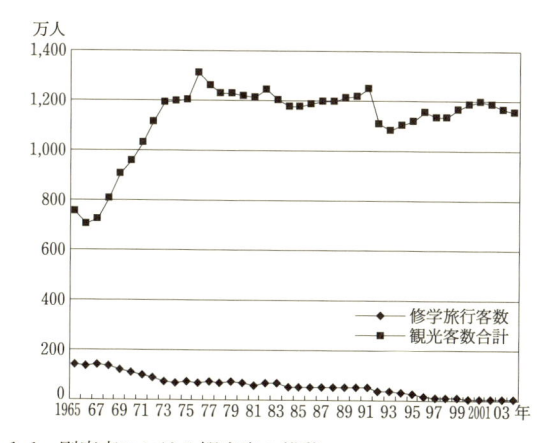

図 5-1-1　別府市における観光客の推移
出典：別府市観光経済部「別府市観光動向要覧」を参考に筆者作成

いた修学旅行客が6万人を割り込むまで減少するなど，宿泊客の低迷を受け，苦戦を強いられている。このような状況を打開するため，豊富な湯種や湯量など地域の魅力を前面に打ち出した各種の体験型観光や外国人観光客の誘致などに注力して入り込み客の確保に努めているが，これまでのところ伸び悩み傾向に歯止めはかかっていない。

　わが国の観光地は高度成長を迎えて所得水準が高まり，産業構造のサービス化，余暇の増加などから，観光へのニーズが高まり，多くの人を呼び込んで成長を遂げた。しかし，経済の成熟化，高速道路や飛行機など社会資本整備の落ち着き，集団行動から個人志向の高まりといった社会・経済構造や消費・旅行行動などが大きく変化するなかで，観光地にも大きな転換が訪れた。本章では，このような観光地の変化の事例をみることで，観光地の盛衰について考えてみたい。

　まず，観光を主力産業としながらも苦境に立たされている函館市の動きをみてみたい。函館市は道内有数の観光地として長く全国の観光客に親しまれてきたが，他の多くの観光地と同じく，最近になって成長に頭打ち感が出てきている。このような状況を克服するため，市民によるまちづくり活動が観光都市・函館を下支えしている。経済の成熟化，少子・高齢化が進むなかでは，限られた地域資源を活かすためには市民の意識の高まりが欠かせない。そのような意

味で函館市には道内他地域でも参考にすべき示唆に富む取組みが豊富にみられる。また，交通の要所，軍事・防衛の拠点として道内第2，東北でみても3番目の人口を擁する都市として栄えてきた旭川市が旭山動物園人気でにわかに観光地として注目されるようになった。レジャーや余暇の過ごし方が多様化するにつれ，動物園の人気は低迷していた。なかでも旭山動物園は事態が深刻で，存続の危機にすらさらされていた。これが施設整備を機会に展示方法を見直したことで全国的な知名度を確保するまでに躍進したのである。地域に眠る既存の資源を見直すことで衰退局面から急成長した，全国にみても貴重な観光ライフサイクルの実際事例として旭川市の観光をみてみたい。また，旭山動物園復活劇には閉園の危機に直面していた時期に動物園の魅力を広めるために立ち上がった市民組織の存在も無視できない。この市民活動団体が果たした役割についてもみてみることで，観光における市民の役割，とりわけ行政と市民との相互関係や協働について考察してみたい。

2. 市民と行政の協働が支える函館観光

　北海道観光は先行き少子・高齢化を受けて全国に先駆けて人口が減少することが予想されている。このため，①札幌市への人口集中が予想されるなかで地域の魅力をどのように高めていくか，②北海道の魅力の大部分を占める地域の自然以外の資源の魅力をいかに高めるか，などについて考えることが，これからの北海道観光の成長要素を考慮するうえで重要な意味をもっている。そのような観点から，札幌市からの移動に時間を要する観光地が地域の魅力をどう引き出していくかを考えるため，函館市の事例をみてみる。

協働による函館市の観光活性化

　函館市は，幕末に長い鎖国を終えて開港に向かったときから急速な発展を遂げた。『函館市史』によると，開港直前の1853(嘉永6)年にはわずか9419人だった人口が，戊辰戦争終結時の1869(明治2)年には2万5000余人，日露戦争直後の1906(明治39)年には9万885人に達しており，明治30年代までには，北海道最大の港町となっていた。このため，表5-2-1で分かるように，昭和

第 5 章 地域経済の変化と観光　171

表 5-2-1　函館市の大正から昭和初期にかけての全国における人口規模の位置（10 万人以上）

	1920(大正 9)年	1925(大正 14)年	1930(昭和 5)年	1935(昭和 10)年	1940(昭和 15)年
1	東京市	大阪市	大阪市	東京都	東京都
2	大阪市	東京市	東京市	大阪市	大阪市
3	神戸市	名古屋市	名古屋市	名古屋市	名古屋市
4	京都市	京都市	神戸市	京都市	京都市
5	名古屋市	神戸市	京都市	神戸市	横浜市
6	横浜市	横浜市	横浜市	横浜市	神戸市
7	長崎市	広島市	広島市	広島市	広島市
8	広島市	長崎市	福岡市	福岡市	福岡市
9	函館区(144,740)	函館市	長崎市	呉市	川崎市
10	呉市	金沢市	函館市	仙台市	八幡市
11	金沢市	熊本市	呉市	長崎市	長崎市
12	仙台市	福岡市	仙台市	八幡市	呉市
13	小樽市(108,113)	札幌市	札幌市	函館市	仙台市
14	札幌区(102,571)	仙台市	八幡市	静岡市	静岡市
15	鹿児島市	呉市	熊本市	札幌市	札幌市(206,103)
16	八幡市	小樽市	金沢市	熊本市	佐世保市
17		鹿児島市	小樽市	横須賀市	函館市(203,862)

注：1920 年と 1940 年の札幌，函館，小樽のカッコ内の数値は人口数
出典：『函館市史』通説編　第 3 巻 p.5 を参考に筆者加筆

10 年代までは北海道最大の人口を誇る街であった。この繁栄は対ロシア向けを中心とした外国貿易や日露戦争を契機に結ばれた日露講和条約によって，沿海州からオホーツク海沿岸，東西カムチャツカ半島沿岸に及ぶ広大な地域の漁業の拠点となったことからもたらされたものであった。その後も大正期から第二次世界大戦前までは蟹工船など北洋漁業の基地として繁栄を続けたのである。また，関連する造船業，鉄工業，食料品工業，製網業なども急速な発展を遂げていった。この間に①耐火建築の鉄筋コンクリート構造やコンクリート・ブロック構造の建築物が数多く建てられた，②東北以北では最初の路面電車が営業された，③近代的ビルディングの本格的な百貨店が建てられた，④映画館や劇場，カフェなどが数多く立地していた，などからモダンな街として発展したのである。

　このような発展過程を経て街に残された歴史的な遺産や建物，古い港町特有の文化的な情緒などが，戦後の高度成長を経た後のオイル・ショック，200 海里規制による北洋漁業の撤退，造船不況などの長い経済的な低迷期を経て，函

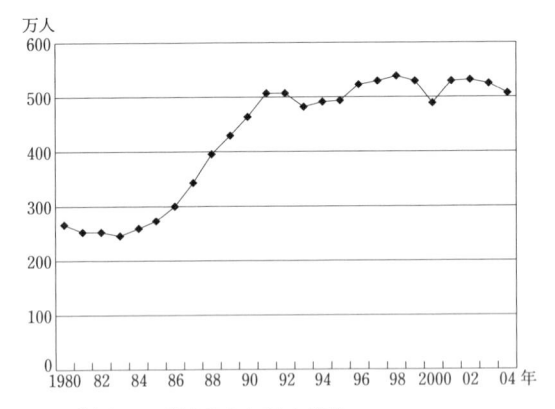

図 5-2-1　函館市への観光客入り込み推移
出典：北海道経済部観光のくにづくり推進局「北海道観光入込客数調査報告書」を参考に筆者作成

館市の基幹産業を観光へとシフトさせていったのである。

　ところが、その北海道を代表する観光地・函館市の観光客の入り込み数が1998(平成8)年の約540万人をピークに伸び悩んでいる(図5-2-1)。開港から開発に至る長い歴史を思い起こす、異国情緒豊かで美しい港町として優れた文化遺産を資源にした全国有数の観光都市として成長してきた函館市に有珠山噴火などが立ちはだかり、その後いったんは回復軌道に戻ったものの頭打ちで推移している。函館観光にこのような逆風が吹くなかで、行政、民間、それぞれが協働で函館市のまちづくりに取り組み、魅力を高める努力が続けられている。まちづくり活動を担う主体としてここで取り上げるのはさまざまな市民活動やNPO(民間非営利組織)である。法人化されていない自主的な市民による活動である「はこだてクリスマスファンタジー」、元町倶楽部、そして特定非営利活動(NPO)法人・市民創作「函館野外劇」の会などについて、それぞれの成り立ち、まちづくりとの関わり、抱える問題、などについてみてみる。このような函館市の行政と市民が一体となった協働によるまちづくり活動から、ハード中心の行政、ソフト中心の市民活動という地域の魅力づくりについて考えてみたい。

函館市によるまちづくり

　まず，行政である函館市の観光推進に向けた動きをみてみる。函館市が本格的に観光振興に向けて取り組んだのはオイル・ショックが終わり，経済が回復，バブル経済の最盛期を迎えた1988(昭和63)年に青函トンネルが開通したことを記念した「青函トンネル開通記念博覧会」の開催であった。これを契機に観光客受け入れのための各種の基盤や施設が整えられ，市民活動も活発化した。とりわけ本州資本が入り込んでマンションが乱立した状況を受けて，西部地区の歴史的な街並みを保存するための「西部地区歴史的景観条例」の施行は，年間500万人を超える観光客を受け入れる市民意識を形成する一歩へとつながった。

　1996(平成8)年3月には住民・高校生に対する意識調査を実施するとともに，まちづくりアイデアなどを募集して，21世紀を展望した「第四次函館圏総合計画」(1996～2005年度)を策定した。シンフォニック・ポエム21と名づけられたこの総合計画は国際化，高齢化，情報化，環境対策などを視野に入れ，「ふれあいとやさしさに包まれた世界都市」を目指して「交流拠点をめざすまちづくり」「地域の特性を活かした個性あるまちづくり」「住民の協働によるまちづくり」の3つを基本姿勢とした。

　このうち「地域の特性を活かした個性あるまちづくり」と「住民の協働によるまちづくり」について触れたい。まず，「地域の特性を活かした個性あるまちづくり」としては，「西部地区歴史的景観条例」を1995(平成7)年に「都市景観条例」に改めて，全市的な都市景観の形成を進めている。具体的な取組み事例として末広町にある分庁舎の再生事業をあげることができる。大正期に建設された旧丸井今井百貨店は1989年に景観形成指定建築物に指定されたが，建築後70年以上経過し，老朽化が進んだ。この建物は，東北以北最古のエレベーターがあるなど，函館市の歴史・文化を継承する建築物であることや市電停車駅に近接していることなどから，観光資源となりうることを考慮して，耐震性能の向上などの再生を通じて市役所分庁舎として使用している。

　一方，中心市街地の活性化事業にも積極的に取り組んでいる。函館市の人口は北部・東部へと移動している。モータリーゼーションの進展を受け商業・業務集積も郊外へ移転している。このような動きから市の商業・業務の中心部は

西部地区を皮切りに駅前・大門地区，本町・五稜郭地区，美原地区へと展開をみせた。こうした商業核の分散化や地域住民の流出・高齢化進展に伴い，かつての駅を中心とした商業集積地の販売不振，商店数減少，空き店舗増加が深刻な問題となっている。

　こうして，函館駅地区の活性化を目指して，新駅舎の建設と駅前広場の整備に取り組むことになった。「中心市街地活性化基本計画」では，函館駅前・大門地区の中心部48ヘクタールを中心市街地として位置づけ，〝函館ハイカラタウン〟を基本コンセプトとして，大正期の西部地区の雰囲気をもった基本方針・整備構想を展開させている。これらの取組みのなかで商業の活性化については，2000(平成12)年9月に函館市，函館商工会議所，函館都市商店街などが一体となって第三セクターの株式会社はこだてティーエムオーを設立，活動を開始した。その主な事業内容は空き店舗対策などを狙ったチャレンジショップ，インキュベーション，イベント事業などである。最近では，介護サービスにも場を提供するなど，立地の良さを活かした中心部の活性化を目指しているようである。

市民によるまちづくり

　次に「住民の協働によるまちづくり」について触れる。まず，市民と行政との協働のまちづくりを進めるにあたって「第四次函館圏総合計画」の際に公募で100人会議を設置。1997(平成9)年度の都市計画マスタープランの策定にあたっては，一般公募による21人の市民によって懇話会「G・D・21(グランド・デザイン・21)」を形成し素案づくりを行った。

　このような行政主導型のまちづくり活動にとどまらず，ボランティア市民を中心にした一歩踏み込んだ協働の動きが函館市にはみられる。これらの市民による自主的な活動はその多くが「西部地区歴史的景観条例」の施行などが契機となっている。まず，夏には特別史跡〝五稜郭跡〟を会場として，函館の太古から現代までを再現する市民創作「函館野外劇」が開催され，函館観光の振興に大きな役割を担っている。また，冬場には観光がオフ・シーズンになるため，姉妹都市のカナダ・ハリファックス市から贈呈される〝幸せを呼ぶモミの木〟のクリスマスツリーをメインとした「はこだてクリスマスファンタジー」や

「五稜星（ほし）の夢」など，市民による手づくりのイベントが行われ，観光客の誘致に一役買っている。

はこだてクリスマスファンタジー

「はこだてクリスマスファンタジー」に取り組むきっかけは1992（平成4）年の「第41回日本青年会議所全国会員大会」にあった。このとき全国から1万5000人ものメンバーが集まった。この会議の経済効果算出のために行った参加者のアンケートでは，1人平均10万円を消費，しかも90％が〝観光資源が豊かで大変素晴らしい〟，92％が〝また来たい〟と答えたのである。4日間のコンベンションによる直接効果約15億円，間接効果も約42億円に達した。このため，函館市の青年会議所メンバーは観光振興の重要性に大きな可能性があることを実感したのである。

ところが，青年会議所のメンバーたちは夏場のホテルなど宿泊施設の稼働率は100％近いのに対し，冬期には50％にも達しないという問題を抱えていることにも気がついた。この厳しい現実に頭を悩ませていた函館市の青年会議所メンバーの1人はたまたま映画で観たニューヨークのロックフェラーセンターのクリスマスツリーに魅せられた。こうして，異国情緒あふれるとともに雪の降る函館の地が日本でもっともクリスマスが似合うと考え，世界一のクリスマスツリーを立てることを思いついたのである。それも，日本にはほとんど生息していない本物のモミの木を持ち込むことを計画した。

この計画実現に協力してくれたのは姉妹都市のカナダ，ノバスコシア州ハリファックス市であった。同州には世界一のクリスマスツリーファームがあるため，青年会議所メンバーは同市を訪ね，交渉の結果，モミの木の寄贈とモントリオールまでの輸送費負担，最低3年以上の継続，苗木300本の寄贈までも承諾させたのである。イベントの実行にあたっては，市内の若手を中心とした5団体を中心に函館市役所，観光協会，観光関係企業などで実行委員会を結成。数々の困難を経て，1998（平成10）年12月5日の最初のイルミネーション点灯式以来，1日平均約1万人の来場者を数えるようにまで成長，函館市の冬期観光はかつてない盛り上がりをみせた。なお，このイベントに必要な資金は市民の手づくりによる1枚500円のメッセージプレートの販売によっている。

ただし，このように冬の函館観光を盛り上げている「はこだてクリスマスファンタジー」であるが，ここにきて問題に直面している。スタート当時のような勢いに陰りがみられ，伸び悩み傾向がみられるのである。

特定非営利活動法人・市民創作「函館野外劇」の会

函館市のまちづくりを支える市民活動のなかでNPO主体の事業として特筆されるのが市民創作「函館野外劇」の会である。この会は1987(昭和62)年に創設され，すでに20年の歳月が流れようとしている。きっかけは日仏協会の会員である市民3人が函館市内に長年住むフィリップ・グロード神父と渡欧，観劇者が30万人に達して欧州最高の野外劇と評されている「ル・ピディフ野外劇」を視察したことである。これに啓発されて，函館の歴史と文化，そして底流にある市民史を正しく後世に伝える野外劇による市民文化活動を起こそう，としたのである。まず1987年に「ル・ピディフ野外劇団」と姉妹提携を結ぶ。そして1988年7月，五稜郭跡において，市民ボランティア約850名の参加によってわが国で最初の地域特性を基盤とした市民史スペクタクル，"五稜郭よ永遠に"を上演した。この年の上演は10回で観劇者1万4000人に達した。

多くの市民ボランティアに支えられて，平均観劇者数は約1万人を超え，函館市の夏の風物詩として定着している。台本は市民からの公募でできあがり，劇中への参加者は延べ千人を超え，受付や会場整備，衣装，小道具，効果音などの役割を得て働く市民ボランティアも数百人に達している。函館市の基幹産業である観光にも貢献することが行政からの支援を得ることにつながるため，鑑賞に堪える本格的なものに仕上げる必要がある。このため，2003年度にはプロの演出プロジェクトチームが参加してリニューアルにも取り組んでいる。この新規一転した2003年の主要シーンは，①これが自慢のフラッグダンス，②高田屋嘉兵衛の時代，③函館戦争，④東洋のダ・ヴィンチ武田斐三郎と五稜郭，⑤迫力の空爆戦，⑥函館大火，⑦函館戦争と剣士土方歳三，⑧幻想的レーザー光線，⑨大漁とヨサコイ，⑩ペリー函館にやってくる，⑪外国船の入港とハイカラ時代，⑫アイヌと和人の戦い，⑬函館港まつり，⑭オープニングシーン，⑮土方歳三永久に，⑯キリシタン弾圧，などとなっている。

市民創作「函館野外劇」の会は，1991(平成3)年の地域づくり表彰では国土

長官賞，1993年にはサントリー地域文化賞，北海道地域づくり優良事例知事賞，1997年の北海道ふるさと大賞，読売新聞社'97北のくらし大賞，など数々の栄誉に輝き，社会的評価も定着したとみられている。しかし，その道のりは苦難の連続で，上演に至るまでには多くの困難があった。

　五稜郭跡は国の特別史跡であり，文化財である石垣が崩れたら，責任をもって補修することを文化庁など担当官庁から申し渡されて公演を続けている。このため，公演開始前に製作した設備などを公演終了後に「原状復帰」させる費用が大きな負担となっている。ボランティア中心で支出を最小限に抑えていながら，上演諸経費が年間4000万円を超えてしまうため，収支を黒字にするのは難しくなっている。しかも残念なことに国や道，市などからの助成についても多くは期待できず，自力に頼らざるを得ない。

　さらに第1世代を支えてきたメンバーの高齢化が深刻化し，後継者の育成も課題となっている。このため，函館市および道南町村の諸学校の文化活動としての普及と展開などが必要であると考えられている。

元町倶楽部

　1988(昭和63)年9月に函館市のまちづくり活動を活発化させるきっかけとなった「函館市西部地区歴史的景観条例」が制定された。この条例は，西部地区の一部の120ヘクタールを「歴史的景観地域」に指定し，この地域内における建築行為などについては市役所への届け出を求めるようにした。条例制定にあたっては地元住民の理解と協力を得るために，合計25回もの住民説明会が開催された。条例制定の背景となったのは，1978年に現在は函館市の元町公園内にある「旧北海道庁函館支庁庁舎(北海道指定有形文化財)」が北海道開拓の村へと移転されるという問題に端を発して，市民団体「函館の歴史的風土を守る会」が発足して多彩な市民運動が盛り上がりをみせたことである。市としてもこのような市民活動の高まりを受けて市民の意見を考慮すべく，重要文化財「旧函館区公会堂」の修復や元町公園の整備などに取り組むとともに，景観条例制定へと動き出したのである。ところが，規制の網をくぐってマンション建設用地へと自宅などを売却する人は絶えなかった。

　このようないわば隣人の行動に心を痛めていた市民活動家がたまたま「旧函

館区公会堂」の修復工事を観ていて，歴史的建造物の塗装の下には現在の外観とは違う色の塗装が隠されていることに気がついた。このことがきっかけとなり，歴史的建造物の塗装表面をサンド・ペーパーでこすって古い色を調べるという「こすり出し」運動が始まった。これが現在の函館の色彩文化を考える会，元町倶楽部である。こうして「こすり出し」運動を通じて，歴史的建造物の外観が以前には緑だったり，灰色だったり，白や茶色であったことが発見されていった。戦時中には灰色が多く，戦後はパステル調の明るい色彩が多いこと，また戦前の公共建造物は青や白や黄などのハイカラな色彩であったが，民家はモス・グリーンが街並みを形成する主要な色彩であったことが分かってきた。ちなみに，このように建物に刻まれた歴史を色で読み取る，色によって時代の貌（かお）がみえてくることを，会のメンバーは，"時相色環"と名づけた。

　元町倶楽部の活動の次なる転機は1991（平成3）年に訪れた。「こすり出し」運動の研究成果である「港町・函館における色彩文化の研究―下見坂のペンキ色彩の復元的考察」が評価されてトヨタ財団が主催する「第五回"身近な環境をみつめよう"研究コンクール」で最優秀賞を獲得，奨励金として2000万円を受けた。元町倶楽部のメンバーはこの資金をイベント資金などに充当せず，これを原資にして，「函館からトラスト」の掛け声のもと，市民によるまちづくりのための公益信託事業「函館色彩まちづくり資金」を設立することにした。こうして，1993年7月，「市民の市民による市民のための街づくりを目指し」活動を開始したことを宣言し，市民の代表からなる7名の運営委員と1名の信託管理人などが広く寄付を募りながら基金の運営が開始された。

　この公益信託事業開始から，毎年まちづくり活動を支援する助成が行われる。5つのまちづくりに関する基本的な方針がある。それは，①函館のカラー（色彩や地域の歴史・文化）にこだわった街並み，まちづくりを支援する，②函館からの発信，③行政，市民にとって辛口の内容やいいにくいことを自由にいい合う，④基金に関係する人々，活動のカタリスト（触媒）として機能する「函館からトラスト事務局」と情報媒体としての機関誌「から」の発行，⑤助成活動を通して実際の環境に，目にみえる成果を着実に積み上げていく，などである。しかし，ゼロ金利が続いたため，原資を維持することが難しくなり，支援を続けるために基金の取崩しが行われている。

なお，情報発信，市民による辛口の発言の媒体として，重要な役割を担っているのが日本初のコミュニティFM放送「FMいるか」の定時番組「じろじろ大学」である。この番組を通じて元町倶楽部は地域文化の発信ツールとして函館の文化活動のネットワーク化や交流の場を形成している。

協働で魅力を育てる町・函館

以上みてきたように，函館市では行政と市民の役割分担が整然と位置づけられている。双方の協力がなければ，函館市の観光客入り込み客がさらに落ち込んでいる可能性は否定できない。しかし，今後はさらに踏み込んだ協力体制づくりが求められることであろう。たとえば，経営難が続く「函館野外劇」の会の活動が途絶した場合の函館観光に与える影響を考えて，何らかの行政支援を検討する必要も出てくることであろう。また，「はこだてクリスマスファンタジー」が冬場の観光に与えたプラス効果をさらに高める方法も検討しなければならない。このように，市民の絶え間ない発案と努力によって新しい企画や取組みを観光客に届け続けなければ，次第に街の魅力に陰りがみえてしまうことが運命づけられている。このため，スペインの伝統行事を参考に街の飲食店を飲み歩くバル街や別府温泉の温泉地再生の取組みを範にした湯の川温泉のオンパクなどへの取組みも続けられている。

3. 軍都から観光へ・旭川市

旭川市は北海道第2の人口を擁する都市である。東北以北でみても福島県のいわき市とほぼ同じ35万人超であり，札幌市，仙台市などの政令指定都市にはさすがに及ばないものの，東北各県の県庁所在地を上回る人口規模を抱えている。また，『新旭川市史』によると，1909(明治42)年に北海道庁が火事により消失した際に，北海道庁の旭川移転運動が起こったことでも分かるように，早くから北海道を代表する街の1つであった。このような都市へと発展したのは，北海道の地理的・軍事的な歴史と深い関わりがある。北海道は屯田兵が北方の防備を行うとともに開拓を行ってきたが，1894(明治27)年に勃発した日清戦争を契機に屯田兵も動員され，臨時第7師団が編成された。終戦後は対ロ

シアとの緊張が高まってきたため，1895年に第7師団が正式に設置されることとなった。当初第7師団は札幌にあったが，上川地域が北海道の中央に位置し，山に囲まれて天険に富み，防御に適していることや，永山武四郎が北海道庁長官だったときに上川地域を北海道の「行政・警備の本部」にする構想をもっていたことなどが背景となって，旭川への移転が決定した。

　その後日露戦争の勃発などで，樺太方面への侵攻など第7師団の重要性は高まりをみせていった。また，この間に世相が戦争へと向かうなかで，物資輸送などの必要から旭川は交通の要所としての現在の姿も整えつつあった。1896(明治29)年には官製鉄道の上川線(空知太―旭川)が着工され，その竣工前に，上川線の延長である十勝線(旭川―帯広)，天塩線(旭川―宗谷)も1897年には着工している。また，1900年に第7師団が移駐する前に馬車鉄道の敷設の許可申請が提出されている。こうして，旭川市発展の基盤ができあがっていったのである。上川線開通の前年の1897年末の人口は3413人であったが，5年後の1902年には約5倍，10年後には10倍に達する激増ぶりとなった。こうして，生活物資の流通拠点としても急成長し，米，木材，魚類，銅鉄材，などの多くの物資が旭川駅を経由して道内各地へと運ばれていった。このため，卸売業が旭川を代表する産業として発展，昭和30年代には市町村合併によって人口増加が進み，道北の拠点都市として成長したのである。

　ちなみに，第一次世界大戦後の活況に沸き，札幌で1918(大正7)年に開道50年博覧会が開催され，北海道が経済的な発展期を迎えた頃の1920年，旭川における最初の洋式ホテルが開業している。小樽でサイダー飲料の製造販売業を営んでいた北海屋商店が1918年に建てた北海屋ホテルの旭川支店として新設したのである。北欧風の3階建てで，客室数は24であった。このことからも，旭川が商業都市として早い時期から発展していたことがうかがえる。ただし，交通の拠点であるとともに，比較的札幌に近いこともあって通過型の街としての印象が強く，農業，建設業，製造業，サービス業などが基幹産業であり，観光地として認知されることは最近までほとんどなかった。

旭山動物園の閉園の危機

　この商業都市・道北の拠点都市としての旭川市の特徴を一夜にして観光地へ

と変身させたのが旭山動物園である。2007(平成19)年3月末(2006年度)の旭山動物園の入園者数は305万人に達し，上野動物園の実績は下回ったものの，人口35万人程度の地方都市にある動物園としては驚異的な入園者数を記録している。しかも，前年度実績に約90万人上乗せした結果であり，その前年度も前年度対比で約70万人増えていた。旭山動物園の入園者数が26万人の最低を記録したのは1996(平成8)年度であり，わずか10年間で10倍に増えたことになる。とりわけ，全国的に知られるようになった2004年度からの伸びには目を見張るものがある。しかしながら，2007年度に開園40周年を迎える旭山動物園が過ごした最初の30年間は苦難の連続であり，存続の危機と隣り合わせであった。

1967(昭和42)年度に開園以降，入園者は漸増傾向をたどっていたものの，1980年に入園料金を200円から400円へと引き上げたことが影響して有料入園者数は減少するようになっていた。各地の動物園と同じく，旭山動物園にもメリーゴーランドやジェットコースターなど遊園地の施設が整備されている。しかしながら，1980年代に入り，家庭内ゲーム，レジャー，レクリエーション，テーマパークなど余暇の過ごし方の多様化の影響を受け，入園者の減少傾向に歯止めがかからなくなっていた。これに追い討ちをかけたように1994(平成4)年度に人気者だったローランドゴリラがエキノコックス症にかかって死ぬという事件が起きた。エキノコックス症は法定伝染病ではなく，予防が可能であることは関係者として熟知していたものの，やむなく一時的に閉園することとなった。マスコミに事情を説明したものの，風評被害が広がり入園者の減少は加速した。JR駅前の買い物公園に出かけて再開を告知するなどの努力を続けたものの，1996年度には26万人の最低入園者数を記録するまで落ち込んだのである。

バブル経済崩壊後，動物園には逆風が吹いていた。このことを世界の人々に知らせたのは1991(平成3)年から1992年にかけて話題になった世界最初の動物園であるロンドン動物園の財政難による閉鎖問題であった。民間の寄付などによって閉鎖は逃れることができたものの，その規模は縮小を余儀なくされた。わが国においても同様であった。上野動物園ですら，パンダが来た1970年台がピークで700万人台を何度も超えたものの，バブル経済が始まった1985年

以降は減り続けて，現在では300万人台となっている。これは戦後すぐの1950年代の水準さえも下回っている。ちなみに，やはり入園者数の減少が問題となった横浜市では2004年7月に「横浜市立動物園のあり方懇談会」を設置して，対策を検討している。同会の調査によると，1990年度から2003年度にかけての横浜市を除く全国の動物園入園者数は毎年3%以上減り続けていた。

　エキノコックス症で深刻な打撃を受けた旭山動物園にとどまらず，全国の動物園がその社会的存在意義を問われ，存続の危機に直面していたのである。

奇跡の復活

　このような旭山動物園を取り巻く危機的状況に好転の兆しがみえたのは旭川市の政策の転換であった。同市は県庁所在地並みの人口規模を抱えながら，レジャー施設など若者が遊ぶ場に乏しく，札幌市への流出がかねてから問題となっていた。しかしながら，レジャー施設の誘致を選挙公約にあげていた新市長が就任してもバブル経済崩壊後の不況期であったため，民間の誘致がかなわなかった。残されたわずかな選択肢の1つとして1997(平成9)年に創立30周年となる市立動物園を1億円の予算で整備することであった。旭山動物園にとって実に16年ぶりについた予算である。こうしてできあがったのがウサギやモルモットなどの動物と直接ふれあうことのできる体験型施設の「こども牧場」と3000平方メートルの広大な敷地にネットを張ってそのなかをカモやガンなどの鳥を自由に飛ばせて鳥本来の飛行能力をみせるように工夫した「ととりの村」である。「ととりの村」は行動展示の原点となるとともに，この年，年間パスポートの販売も開始，旭山動物園の躍進の第一歩が刻まれたのである。

　翌1998(平成10)年に建設された「もうじゅう館」は既成の動物園で一般的だった展示の概念を根底から見直すものだった。大規模施設で広まっていた生態展示では入園者との距離が遠くなってしまうため，間近で観察できるように設計した。また，小高い場所に設置した網のうえで眠るヒョウ，草原のライオン，森林のトラ，など動物それぞれの生息環境に合わせて比較展示できるように工夫をこらした。

　これらの新しい施設が子供たちに受け入れられて，1998(平成10)年度の入園者数は35万人にまで回復した。翌1999年には既存の施設ではサルを人間が

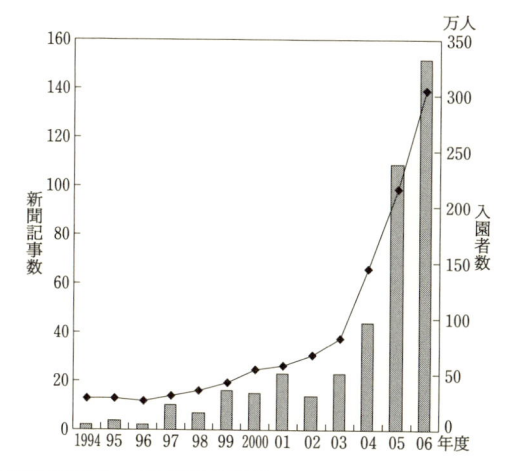

図 5-3-1　旭山動物園関連の新聞掲載数推移と入園者数(右目盛り・折れ線)の推移
　出典：朝日新聞の記事を日経テレコム 21 で検索して集計。入園者数は旭川市商工観光部資料を参考に筆者作成

見下ろすのが一般的だったのをサルは樹上での生活が通常の生活であるため，発想を転換して，人が見上げてサルが人を見下ろすことでサル本来の行動を引き出す「さる山」を新設した。こうして入園者数は 42 万人を超えた。このような施設新設が続いた頃から小学校や幼稚園の行事で見学に訪れた子供たちの間に徐々に旭山動物園の〝良さ〟が口コミで広がるようになり，1998 年頃を境に子供たちが誘い出した大人の間にも関心が広がり，来園者が増え出したという[1]。

　ちなみに，朝日新聞のなかで「旭山動物園」が掲載された記事についてデータベースを用いて検索してみると，1994 年以降の記事の見出しに「旭山動物園」が登場したのは 1997(平成 9)年 6 月 30 日付の北海道・地域版が最初である。この日の記事は翌 31 日に開園 30 周年を迎え，シロサイなどに命名式を行うというお知らせであった。なお，その 2ヶ月前の 1997 年 4 月 1 日付の全国版にゴマフアザラシが高齢出産をした，という記事が載せられているが，この記事の見出しには「北海道・旭川動物園」と書かれており，まだ動物園の名称すら浸透していなかったことが分かる。1998 年 9 月 10 日付の道内地域版には「猛獣館」が 27 日に開館するというお知らせが掲載されている。この記事も漢

字で「猛獣」と書かれており，旭山動物園が意識していた子供向けのひらがな表記の「もうじゅう館」とはやはり食い違いがみられる。ちなみに，旭山動物園では企画段階では漢字表記をしても，正式に〝館〟という名称を用いる場合はひらがなを用いることにこだわっている。なお，北海道内地域版の同年10月14日付の記事にはカピパラの赤ちゃんが2頭誕生して人気になっているというお知らせ記事が掲載されている。

　このように，1998年頃からお知らせ記事が新聞などに掲載されるようになって，口コミ効果がマスコミへと広がるようになっていったことが分かる。旭山動物園では入園者が漸減していた時期に飼育係の間で「市民を味方につける」「マスコミを味方につける」「飼育係が打って出る」ということを入園者数回復の戦略に据えていた。これが飼育係による入園者へのワンポイントガイドへとつながったのであるが，その根底にあるのは「1人が10人の味方をつくる」という口コミによる市民の支持者の獲得であった。また，マスコミがきっかけとなって風評被害を受けたこともあり，動物の子供の誕生，死亡など，あらゆる出来事を市民に伝えることが動物園への理解を深める，という考え方に立って，パブリシティに積極的に取り組んできた。このような市民に動物園の日々の営みを知らせる努力の積み重ねが徐々に市民の間に共感を呼び，支持が浸透していった。職員1人ひとりのネットワークの広がりが口コミによるマーケティングへと展開していったのである。

　ちなみにこのように口コミ効果などからブーム，ブランド形成に至る思いもかけない急激な変化が起きることを物理学では「相転移」と呼んでいる。伝染病の感染や旭山動物園のような文化的流行の伝達や一種のブームは，ある臨界点付近で感染者や口コミなどの情報発信が少しだけ増加することによって突然生じる。たとえば，口コミ，ラジオ，テレビ，雑誌などの小さなメディアのクラスターがたった1つの「巨大連結部分」につながると，他の節点すべてを吸収し，連結する。しかも，動物園，野生動物，観光・レジャー，遊び，子供などのクラスターも「旭山動物園」という巨大連結部分へとつながってしまう。エルデシュとレーニーが明らかにしたランダムグラフで表された相転移の図5-3-2を参考にして，旭山動物園の入園者数の推移を表した図5-3-1を比較してみると，2003年度から2004年度にかけて相転移（ブーム）が生じたと推測さ

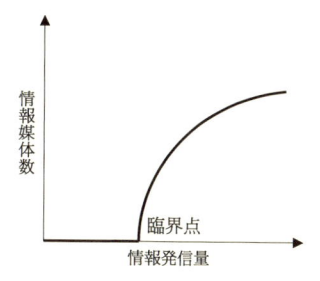

図 5-3-2　情報のカスケードと臨界点
出典：ダンカン・ワッツ『スモールワールド・ネットワーク』p.49 に筆者加筆

れる。このようないわば雪崩現象のような行動を人間に当てはめてある種の情報が引き起こした服装の流行やブームなどを情報のカスケード（雪崩）としてとらえる向きもある[2]。こうして，情報が増加を続けて相転移が生じた段階で旭山動物園は地方動物園から，観光の拠点へと変貌を遂げてしまったとみることができる。

旭川型協働を目指す，特定非営利活動法人・旭山動物園くらぶ

　その市民へのネットワーク構築と口コミマーケティングの橋渡しの役割を担ったのが，「NPO法人・旭山動物園くらぶ」である。市民による自主的な活動として設立されたのは，旭山動物園が創立30周年を機会にどん底の状態から再起を図って第一歩を踏み出した1997（平成9）年の開園日であった。代表の多田の言葉によると〝旭山動物園をこよなく愛する市民〟によって立ち上がった団体である。こうして，動物園の限られた職員だけでは手の回らないところを市民が補っていく体制もできあがった。「旭山動物園くらぶ」の特徴は，全国の動物園に多くみられる動物園主導型のファンクラブやボランティア組織とは異なり，市民が自主的な判断から立ち上がって市民のものである動物園を多くの人に知らせるための活動を主体としていることである。この組織ができあがったことによって動物園の存在に厚みが生まれてきたという。なぜなら，動物園をサポートしたい市民が集まり，1つの意思をもって独立した団体をつくり，その団体と市民がお互いに「動物園の発展」「動物園の魅力の発掘」「事業展開の企画立案」について独立した立場と意思で考え，取り組んでいるからである。つまり，サービスの提供者と受益者が一緒になった，アルビン・トフラーが『第三の波』で唱えたプロシューマーを目指したとみられる[3]。

したがって，このような組織は動物園側が望んだからといってできあがるものではなく，あくまで自主的な取組みが前提となる。そのような組織が全国的にも，地域内でもまだ認知度が低かった時期に生まれたのは，この頃からすでに旭山動物園には何らかの魅力が生まれつつあった証左と受け取ることもできる。なお，現在の会員数は法人(約30団体)も含めて270となっている。ちなみに，旭山動物園の協力団体としてはこの他に絵本の読み聞かせの会と2006年に青年会議所によってつくられたボランティア組織がある。

　「旭山動物園くらぶ」の動物園との関係が深まるなかで，これまで実施されてきた主な活動としては，1999(平成11)年に行われた8月の「夜の動物園」期間中のポストカード販売やミニ企画を盛り込んだ"夜ZOO屋台"を実施している。2000年には，動物園側からの「園内の売店が休業になる冬期開園機関に温かい食べ物などを提供できないか」という打診を受けて"ブタ汁"の販売を行っている。これは後に公式の売店ができたため取りやめることになるが，2004年まではホットドリンクと合わせて定期販売していた。また，2001年の動物園開園時には，自主企画として「巨大ポスター」を作成して展示した。2003年の市民主催「旭川市民秋まつり」の際には，動物園の協力で「こども動物園」からウサギ，モルモットを出してもらって「ふれあいコーナー」を開設した。2005年4月にNPO法人の認証を受けた後は，市から許可をもらって園内にオリジナルグッズ販売を中心とした「くらぶショップ」を営業している。その他にも，毎年の冬期休園後の開園前には園内の業者と競合しないように配慮しながら，市民に呼びかけて周辺の清掃作業に取り組むなど，各種の自主的な活動を展開している。

　なお，「旭山動物園くらぶ」が運営する「くらぶショップ」では事業からあがった収益の一部について旭川市を通じて動物園の施設整備などに活用してもらえるような条件つきで寄付行為などを実施している。これまでの実績としては，2005年秋には厳しい冬場に暖房をとれるように，プレハブの休憩所兼授乳室を建設，2006年11月にはみすぼらしかった団体用入り口・看板などを建設するため300万円を支出している。また，2007年2月には人気となったペンギンの散歩用に「ペンギンブリッジ」建設のための寄付金(100万円)も提供している。

その他にも，広報誌発行，地元コミュニティFM放送への出演，書籍の出版活動，講演会，地元メディアへのコラム執筆などを通じて，直接的・間接的に旭山動物園をサポートする活動を継続している。しかしながら，「旭山動物園くらぶ」の活動を振り返ってみると，けっして順調だったわけではない。とりわけ，旭山動物園の入園者数が急増したため，当初は軽い気持ちで始めたボランティア活動のはずが，負担が大きくなり，会員から離れていった人も多かったようである。このため，市外からの会員が増えるなど，活動の維持に苦慮することもあるという。ただし，これからも活動の軸は動物園の支援とその活動を通じたまちづくりに据えていくという。その根底にあるのは，動物園とは観光のために存在するのではなく，〝野生動物から命を学び，その大切さを伝える場〟，であることを社会に訴え続けるという考え方である[4]。

ま と め

歴史の浅い北海道のなかで函館市は比較的長い歴史を活かした「歴史」と「ロマン」と「文化」にあふれた貴重な観光資源を有する街である。元町倶楽部はバブル経済の時期に神戸市の歴史的な街並みが壊れていくように心を痛め，自分たちが生まれ育った街のためにできることを仲間が声をかけあってできあがった団体である。函館市を訪れる観光客も元町倶楽部のメンバーと同様に函館の異国情緒あふれる街並みや文化性に魅力を感じている。そこには，市民創作「函館野外劇」の会が長い時間をかけてつくり上げてきた函館の歴史，文化・ロマンそのものがあり，函館の物語（ストーリー）が底に流れている。函館の魅力をもっとも感じているのは函館の価値を知る市民であり，行政はこのような市民の声につき動かされて建物・施設（ハード）の保存などに取り組んでいるのである。

街がもつストーリー性が人を呼び寄せることを改めてわれわれに知らせてくれたのが旭山動物園である。社会的使命を終えたとの見方が広まっていた地方都市が運営する動物園の数少ない復活のチャンスに「行動展示」というまったく新しい手法で取り組み，2006（平成18）年度には300万人を超える入園者数を記録した。しかし，起死回生のきっかけとなった「行動展示」の根底にある

のは，野生動物に関する専門的な知識に基づいた「命を伝える」ための努力であり，その専門的な知識が「他と違う動物園」という情報をつくり上げ，口コミ，あるいはマスコミの関心を引き付け，閉鎖の危機から奇跡的な復活を達成したのである。その過程のなかで，早くから旭山動物園の魅力を知っていた市民は声を掛け合って，最悪期に自主的なサポータ役を買って，旭山動物園にまつわるストーリーの語り部として市民の輪を広げていった。サービスを受ける側からサービス提供側へと自発的に一歩踏み出したのである。

　函館市と旭川市は同じ北海道を代表する都市でありながら，その成り立ち，街の経済を支えた産業の歴史，観光地としての成立過程やその特徴，市民と行政の協働の取組み方法には大きな違いや隔たりがみられる。たとえば，函館市は社会変化や消費者志向の変化を受けて観光地としての成長持続の課題に直面し，これを克服するために市民と行政が力を合わせて魅力づくりに取り組んでいる。一方，旭川市は元来，観光とは縁の薄い街であったはずが，市営動物園の閉園の危機に直面しながら，施設リニューアルがこれまでの動物園にない話題を市民に提供，一躍全国的な観光地として知られるようになった。このため，急増した観光客が減少局面に転換する前にいかに次のまちづくり，地域振興に結びつけるかが課題となっている。こうして2つの観光地としての成り立ちや特徴を比較すると，共通するものがさほど見当たらないような印象を受けかねない。しかしながら，2つの地域にはそれぞれ独自の価値や魅力から生まれた街のストーリーがみられる。そのストーリーに気づいた市民がこれを多くの人に伝え，街に目を向けてもらい，訪ねてきてもらうことで観光地としての価値や魅力が形成され，多くの人を引き付けている。このような観点からみると，共通するものを認めることができる。とりわけ，2つの街はともに街の魅力のストーリーの伝達者（ナラティブ）として市民が重要な役割を担っている。このような視点に立つと，観光地では市民として地元の魅力を楽しむとともに，これを他の地域の人に伝える「草の根のマーケティング」がもつ価値の意味について大きな示唆を与えてくれる。

〈注〉
(1) 多田ヒロミ『大好き！　旭山動物園』日本放送出版協会，2005年7月，p.59．

(2) ダンカン・ワッツ著，辻竜平，友知政樹訳『スモールワールド・ネットワーク』阪急コミュニケーションズ，2004年10月，p.46-50，マット・リドレー著，岸由二監修，古川奈々子訳『徳の起源』翔泳社，2000年6月，p.251-255．
(3) アルビン・トフラー著，徳山二郎監修，鈴木健次，桜井元雄他訳『第三の波』日本放送出版協会，1980年10月，p.381-396．
(4) 「NPO法人旭山動物園くらぶ」多田ヒロミ氏への2007年5月1日の聞き取り調査による．

〈参考文献〉
アルビン・トフラー著，徳山二郎監修，鈴木健次，桜井元雄他訳『第三の波』日本放送出版協会，1980年10月．
西村幸夫『町並みまちづくり物語』古今書院，1997年2月．
函館市史編さん室『函館市史』通説編　第3巻，1997年3月．
マット・リドレー著，岸由二監修，古川奈々子訳『徳の起源』翔泳社，2000年6月．
『エスプラナード』函館市，2001年10月号．
道民カレッジ「大学放送講座」テキスト，2004年8月．
ダンカン・ワッツ著，辻竜平，友知政樹訳『スモールワールド・ネットワーク』阪急コミュニケーションズ，2004年10月．
『旭山動物園の奇跡』扶桑社，2005年4月．
多田ヒロミ『大好き！　旭山動物園』日本放送出版協会，2005年7月．
小菅正夫『旭山動物園革命』角川書店，2006年2月．
旭川市商工観光部「動物園が地域経済に及ぼす影響」2006年3月．
島泰三編，小菅正夫，岩野敏郎著『戦う動物園』中央公論新社，2006年7月．
原子禅『旭山動物園のつくり方』文芸春秋，2006年12月．
北海道経済部観光のくにづくり推進局「北海道観光入込客数調査報告書」各年度版．

---- ワンポイントガイド ----

自治体の観光振興とマネジメント

　社会が成熟化するとともに，まちづくりなどの市民活動が地域に浸透するようになっている。ただし，市民活動であっても事業である限りは，財・サービスの生産，供給体制の整備，資金や人材などの資源調達，など企業経営と同様のマネジメント手法が求められる。とりわけ，自治体の利害を前面に押し出して市場の狭いエリアに閉じこめた事業はマネジメントが最重要課題となりやすい。各自治体に存在する観光協会はまさにこの問題に直面している。自治体ごとに設定された観光振興策をミッション(使命)としているため，〝自治体(法で規定された地域)〟がそのまま事業規模を規定してしまう。一方，観光客(主体)は〝自治体〟という法的な制限を受けることなく自由に移動する。このため，自然やスキー場など同じ観光資源を行政単位で線引きすることが観光客の行動と合致しなくなり，各種の弊害が生まれる。

　このような事情を背景に観光協会を特定非営利活動法人(NPO法人)や株式会社組織に変える動きが最近増えている。北海道でも阿寒湖周辺のまちづくりを行う阿寒観光協会まちづくり推進機構は2005年7月にNPO法人として設立。減少する観光客の呼び込み，増加する空き店舗対策など阿寒湖温泉再生のためのまちづくり事業に取り組んでいる。また，全国で初めての観光協会の株式会社化として注目されたのが，ニセコ町にできた株式会社ニセコリゾート観光協会である。同社設立以前の観光協会は収入の7割近くを町からの補助金に頼っていたため，社団法人を設立し，民間活力を導入して自主財源を確保して，安定した運営を目指すのが当初の計画であった。しかしながら，産業振興による地域活性化，ニセコへの集客と観光客の満足度向上，自主財源の確保などの課題を達成するためには，第3セクター方式の株式会社となることが望ましいとの判断がなされ，2003年9月に株式会社としてスタートした。

　ただし，自治体の活性化をミッションとするならば，NPO法人，社団法人，株式会社のいずれの法人形態であっても共通の課題が残される。自治体と運命共同体であることから，やはり資金調達・顧客数拡大などマネジメントの問題に直面するからである。たとえば，経営の自由度が高いはずの株式会社組織であっても，資本の多くは自治体から出資されている。このため，近隣自治体住民への旅行の斡旋などの業務については問題がないものの，集めた観光客を近隣自治体に誘導することは株主(住民)の利益を損なうことにつながる。また，税金を投入し

て事業を営むことから,リスクを伴う事業に積極的に取り組む場合も,経営判断にある程度の制約が生まれる。さらに,資本を増強することは経営の安定化につながるはずであるが,これも大口株主である自治体への配慮から,ある程度の制約が加えられるものと推察される。自治体の利害を反映して設立されたNPO法人,社団法人であれば,経営上の各種の制約がさらに強まることは避けられないはずである。

　このようなことを考慮すると,自治体の観光振興を現実のものとするには,法人形態にはとらわれないで観光客の自由な行動にそった広域連携,地域間の相互協力などを取り入れた事業の検討もマネジメントの観点からすると重要となりそうである。

付表　観光・ホテル戦後略年表

年・月	北海道	全国
1946(昭和21)年　4月	北海道観光連盟設立	
6月		運輸省観光課設置
		全日本観光連盟設立
10月		日本レクリエーション協会設立
1948(昭和23)年　7月		国際観光の再開(観光目的の外国人入国許可)
		厚生省国立公園部設置
		旅館業法制定
		温泉法制定
		公衆浴場法制定
12月		国際観光旅館連盟成立
1949(昭和24)年　5月	支笏湖洞爺湖国立公園指定(戦後道内初)	
6月		日本国有鉄道設立
		通訳案内業法制定
12月		国際観光ホテル整備法制定
		国際観光事業の助成に関する法律施行
1950(昭和25)年　2月	第1回さっぽろ雪まつり開催	
4月		(財)国立公園協会設立
6月		国鉄推薦旅館連盟設立
8月	ニセコ，襟裳，網走，利尻を道立公園に指定	
9月	札幌市経済部振興課に観光係が設置される	ホテルの政府登録始まる(第1号　帝国ホテル)
11月		日本観光地百選実施
12月		旅館の政府登録始まる
1951(昭和26)年　5月	札幌グランドホテルが北海道で初の政府登録国際観光ホテルに	
9月	羽衣の滝，小清水海岸を北海道名勝に指定	
10月		民営のユースホステル設置始まる
		日本航空，国内線運航開始(東京—千歳間空路開設)
		日本ユースホステル協会設立
11月		国際観光土産品協会設立
12月		旅券法施行
1952(昭和27)年　3月	五稜郭を国の特別史跡に，阿寒のマリモ，タンチョウを国の特別天然記念物に指定	
7月		旅行斡旋業法公布

年・月		北海道	全国
	8月	札幌グランドホテルの米軍接収が解除される	
	10月		(財)日本修学旅行協会設立
	11月	札幌グランドホテル営業再開	
	12月		日本ヘリコプター輸送成立(1957年全日本空輸に)
1953(昭和28)年	3月		(社)日本旅客船協会成立
	4月	登別グランドホテル営業再開	
	6月	北日本航空創立	
	11月		日本航空, 国際線運航開始
	12月	繊維品販売業「唐神呉服店」創業(カラカミ観光)	
1954(昭和29)年	10月		国民保養温泉地指定始まる
1955(昭和30)年	2月		国鉄, 一般周遊券発売
	4月	厚岸と富良野・芦別地区を道立自然公園に指定「唐神呉服店」商号を「唐神商店」に変更。土産品販売を開始	
	6月		国際観光協会設立
	8月		運輸省観光部, 観光局に昇格
1956(昭和31)年	4月		国民宿舎設置始まる 空港整備法制定
	6月	北日本航空, 道内航空路開設	
	7月		国鉄, 北海道周遊券発売
	8月		「観光事業振興基本綱要」決定
1957(昭和32)年	1月		国鉄, 団体乗車券代売制度実施(日本交通公社・日本旅行会・近畿日本ツーリスト・全日本観光)
	4月	唐神商店, 店舗増築し, 土産品販売業界道内随一となる	
	6月		自然公園法公布(国立公園法を改正) 全国観光土産品連盟設立
	7月	登別温泉ケーブル株式会社(ルスツリゾートの母体)ケーブルカー運転開始	
	8月	さっぽろテレビ塔完成	
	9月	登別市のカルルス温泉, 国民保養温泉に指定(道内初, 全国12番目)	
	10月	大雪国道開通	

年・月		北海道	全国
1958(昭和33)年	4月		公営ユースホステルの設置始まる
	7月	網走，大沼両道立公園を国定公園に指定	
	8月	釧路にタンチョウヅル自然公園完成	
		登別温泉ケーブル株式会社，山頂に熊牧場を造成	
	9月		全国旅館環境衛生同業組合連合会設立
1959(昭和34)年	4月		(特)日本観光協会設立
	6月		国際旅行業者協会設立(後の日本旅行業協会)
	8月	運輸省，丘珠飛行場を民間航空基地に決定	日産自動車，ダットサン・ブルーバード発売(マイカー時代の先駈け)
	9月	札幌市の羊ケ丘展望台が竣功開設	初のモーテル開業(モーテル箱根)
	10月	全日空，東京―千歳線開設	
		オロフレ荘(登別カルルス温泉)道内初の公営宿舎として開業	
1960(昭和35)年	4月	桧山道立自然公園指定	
	5月	札幌市の羊ケ丘の参観が許可される	日本観光学会設立
	7月	札幌市藻岩山リフト運航開始	日本自然保護協会設立
	12月		全国国民宿舎運営協議会設立
1961(昭和36)年	4月	北海道知事の諮問機関として北海道観光審議会設置	国立ユースセンター開設
		道に観光課設置(後に観光振興課，観光振興室に)	
	6月	恵山，川汲地帯を恵山道立自然公園に指定	
	10月	北海道初のディーゼル特急「おおぞら号」走る	
	11月	道，観光審議会「本道における観光事業振興方策とくに当面措置すべき施策について中間答申」	
	12月	丘珠空港開港	国民休暇村設置始まる
			(財)国民休暇村協会設立
1962(昭和37)年	4月	暑寒別を道立自然公園に指定	
	7月	札幌市の羊ケ丘展望台で試験放牧実施	

年・月		北海道	全国
	9月	北海道観光連盟創立	
	12月	野付・風連を道立自然公園に指定	日本観光協会，東京有楽町に観光総合案内所開設
1963(昭和38)年	4月		政府，地方公共団体に助成金を交付し，有料休憩所および案内地図版の整備開始
	6月	(株)登別プリンスホテル設立(野口観光の前身)	観光基本法公布 総理府に観光政策審議会設置
	7月	ニセコ・積丹・小樽海岸を国定公園に指定	
	12月		(株)日本交通公社営業開始
1964(昭和39)年	2月	天売，焼尻を道立自然公園に指定	
	4月		海外旅行の自由化 (社)日本観光協会設立 (特)国際観光振興会設立 総理府，第1回観光白書発表 北日本，富士，日東3社合併して日本国内航空発足
	5月	札幌市に札幌ロイヤルホテルオープン	
	6月	知床半島，国立公園に指定	
	7月	函館—大間間に最初のカーフェリー就航 札幌市にホテル三愛オープン	厚生省国立公園部設置
	12月	帯広空港開港 道産新連絡船「松前丸」就航	
1965(昭和40)年	1月		日本航空ジャルパック発売
	2月		全国旅行業協会成立
	3月	日本国内航空，東京—札幌線開設	
	4月	唐神商店，ニュー阿寒ホテル(客室数51室)を開業	国産機YS11初就航
	7月	利尻・礼文国定公園に昇格	
	8月		第1回観光週間実施
	10月		国鉄，「みどりの窓口」設置
	11月	道，観光審議会「本道における観光資源の保護と産業開発の調整施策とくに当面措置すべき方策について中間答申」	
1966(昭和41)年	5月	ホテル三愛が札幌パークホテルと改称	
	7月		初のオートキャンプ場開業

年・月		北海道	全国
	11月		第21回国連総会，1967年を「国際観光年」と指定
1967(昭和42)年	1月		国連，国際観光年のスローガン「観光は平和へのパスポート」とする
	4月		国民保養センター設置始まる
	6月		(社)日本民宿協会設立
	8月	札幌観光協会の事業として大通公園のトウキビ売りを始める	
1968(昭和43)年	3月		(社)国民宿舎協会設立
	4月		簡易保険保養センター設置始まる
	5月	松前・矢越，北オホーツク，野幌森林公園を道立自然公園に指定	
	6月		運輸省観光局，大臣官房観光部となる
			大臣官房国立公園部設置
			文化庁設置
	11月	唐神商店，商号変更で「カラカミ観光株式会社」へ	
	12月		観光資源保護財団設置
1969(昭和44)年	3月	北海道庁旧本庁舎(赤レンガ)が国の重要文化財に指定	
	10月	国道230号線の通称「定山渓ルート」開通，定山渓鉄道，電車廃業	
1970(昭和45)年	2月		国内初のペンション開業
	4月	カラカミ観光，洞爺パークホテルを開業	少年自然の家設置始まる
			国民保養地の設置始まる
			海中公園の指定始まる
			観光レクリエーション地区の設置始まる
	6月	旧札幌農学校演武場(時計台)を国の重要文化財に指定	
	7月	小樽―舞鶴間に世界最大のカーフェリー「すずらん丸」就航	
	8月	北海道百年記念塔完成(野幌森林公園)	
	10月		国鉄「ディスカバー・ジャパン」キャンペーン開始
			国鉄，ミニ周遊券発売

年・月		北海道	全国
1971(昭和46)年	3月		旅行業法制定(旅行斡旋業法を改正)
	4月		青少年旅行村の整備始まる
			自然休養村の設置始まる
	5月		日本国内・東亜両航空合併,東亜国内航空(株)設立
	10月	道経済センターに「北海道商工観光センター」開設	(財)日本観光開発財団設立
	12月	道央自動車の千歳―北広島間と札樽自動車道開通	
1972(昭和47)年	4月		(財)余暇開発センター設立
	5月	神恵内村に本道初の青少年旅行村開設	
	6月	狩場茂津多道立自然公園指定	自然環境保全法制定
	7月		国鉄,ルート周遊券発売
	10月		日本ペンション協会設立
			旅行業取扱主任制度実施
	11月		旅行業法全面施行
			※海外旅行者100万人突破
1973(昭和48)年	3月	道,自然公園内の高さの基準を設ける	
	4月		勤労者いこいの村の設置始まる
			勤労者フレンドシップセンターの設置始まる
			レクリエーションエリアの設置始まる
			総合森林レクリエーションエリアの設置始まる
			地方公共団体に補助金を交付し,観光レクリエーション地区整備開始
	5月	センチュリーロイヤルホテル,オープン	
	6月		大規模レクリエーション地区整備開始
			※海外旅行者200万人突破
1974(昭和49)年	2月		オイル・ショックによる燃料節減で国内線減便開始
	3月		(株)日本近距離航空設立

年・月		北海道	全国
	10月	日高山脈襟裳国定公園指定	
		国鉄石勝線開通に伴い，占冠村内に占冠・トマム(旧石狩高原)の2駅が開設	
	12月	札幌市第1回ホワイトイルミネーションを大通西二丁目で点灯	
		ニセコ町に「ニセコいこいの村」オープン	
1982(昭和57)年	3月	(株)シムカップ・リゾート開発公社設立(第三セクター方式で，総資本9800万円のうち村が51%出資)	
	9月	占冠村，ホテルおよびスキー場同時起工式	
	11月	「大和ルスツ」から「ルスツ高原」に名称変更	
1983(昭和58)年	11月	ルスツ高原にルスツ高原ホテル・トラベルロッジが営業開始	
	12月	ホテルアルファトマム，リゾートセンター，インフォメーションセンター，リフト4基，ゴンドラ1基など完成し，スキー場としてオープン	
1985(昭和60)年	4月	小樽市運河周辺地区修景施設整備工事着工	
	8月	(株)サホロリゾート設立	
	9月	カラカミ観光，定山渓ビューホテルを開業	
1986(昭和61)年	4月	小樽市運河周辺散策路，ガス燈完成	
	11月		大規模リゾート地域整備推進協議会設立(47都道府県が会員で発足)
	12月	新得町に世界有数のレジャー企業「地中海クラブ」が西武セゾンと提携し，日本初のバカンス村を狩勝高原に建設することが決定	国土，農林水産，通商産業，運輸，建設，自治の6省庁がリゾート法案の一本化を合意
1987(昭和62)年	4月	(株)登別プリンスホテルを野口観光(株)に会社名変更	

年・月	北海道	全国
6月		総合保養地域整備法(リゾート法)公布・施行
		第四次全国総合開発計画閣議決定,戦略プロジェクトの1つとして,大規模リゾート地域の整備が位置づけられる
7月	ルスツ高原ホテル・サウスウイング竣功	
11月	北海道新長期総合計画発表,戦略プロジェクト「国際リゾート連担都市」	
12月	レストラン,ゴルフ場などを経営する「クラブメッド・サホロ」創立	
1988(昭和63)年 4月	函館市,西部地区歴史的景観条例を指定	東亜国内航空,日本エアシステムに社名変更
	「函館ヒストリープラザ」(明治時代に建造されたレンガ倉庫3棟の一部を転用して,ビアホールの函館ビアホール,多目的ホールの金森ホール,クラシックモールと呼ばれるショッピング街からなる)営業開始	
	赤井川村にキロロリゾートのゴルフ,ホテル事業などを管轄する「ヤマハ北海道リゾート開発(株)」設立	
6月	赤井川村にキロロリゾートのスキー場,レクリエーションなどを管轄する「(株)赤井川森林レクリエーション開発公社」設立	
7月	「ベイ・はこだて」(明治時代に建造されたレンガ倉庫2棟を転用して1棟はレストラン・物販,もう1棟はイベントホール)営業開始	
9月	函館市,西部地区内の120ヘクタールを景観地域に指定,特に重要な部分を伝統的建造物群保存地区に指定	

年・月	北海道	全国
1989 (平成元) 年 4月	総合保養地域整備法に基づく基本構想承認(北富良野・大雪リゾート地域整備構想－重点整備地区指定)	
7月	「函館シーポートプラザ」が発足 グリュック王国(帯広)開業	
8月	函館市国際観光都市宣言	
11月	ルスツ高原から「ルスツリゾート」へと名称変更 ルスツ高原ホテルからルスツリゾートホテル&コンベンションに変更	
12月	「ロッジサホロ」新装オープン	
1990 (平成2) 年 7月	西武グループ大沼湖畔にリゾートホテル完成 カナディアンワールド(芦別),開業 登別マリンパークニクス,開業	
1991 (平成3) 年 3月	旧青函連絡船「摩周丸」を若松ふ頭に固定係留,レストランなどとしてスタート	
1992 (平成4) 年 4月	登別時代村,開業 天華園(登別),開業	
1993 (平成5) 年 5月	ルスツタワーオープン(ルスツリゾートの総収容人数4000人に)	
1995 (平成7) 年 7月	カラカミ観光,日本証券業協会店舗登録市場に株式を公開(この時点での総客室数1490室,総収容人員数6281人)	
1998 (平成10) 年 12月	北海道国際航空株式会社の第1便,羽田空港を新千歳空港に向け飛び立つ	
2002 (平成14) 年 6月		小泉政権「経済財政運営と構造改革に関する基本方針2002」を発表
12月		国土交通省「グローバル観光戦略」発表
2003 (平成15) 年 4月		「ビジット・ジャパン・キャンペーン」開始

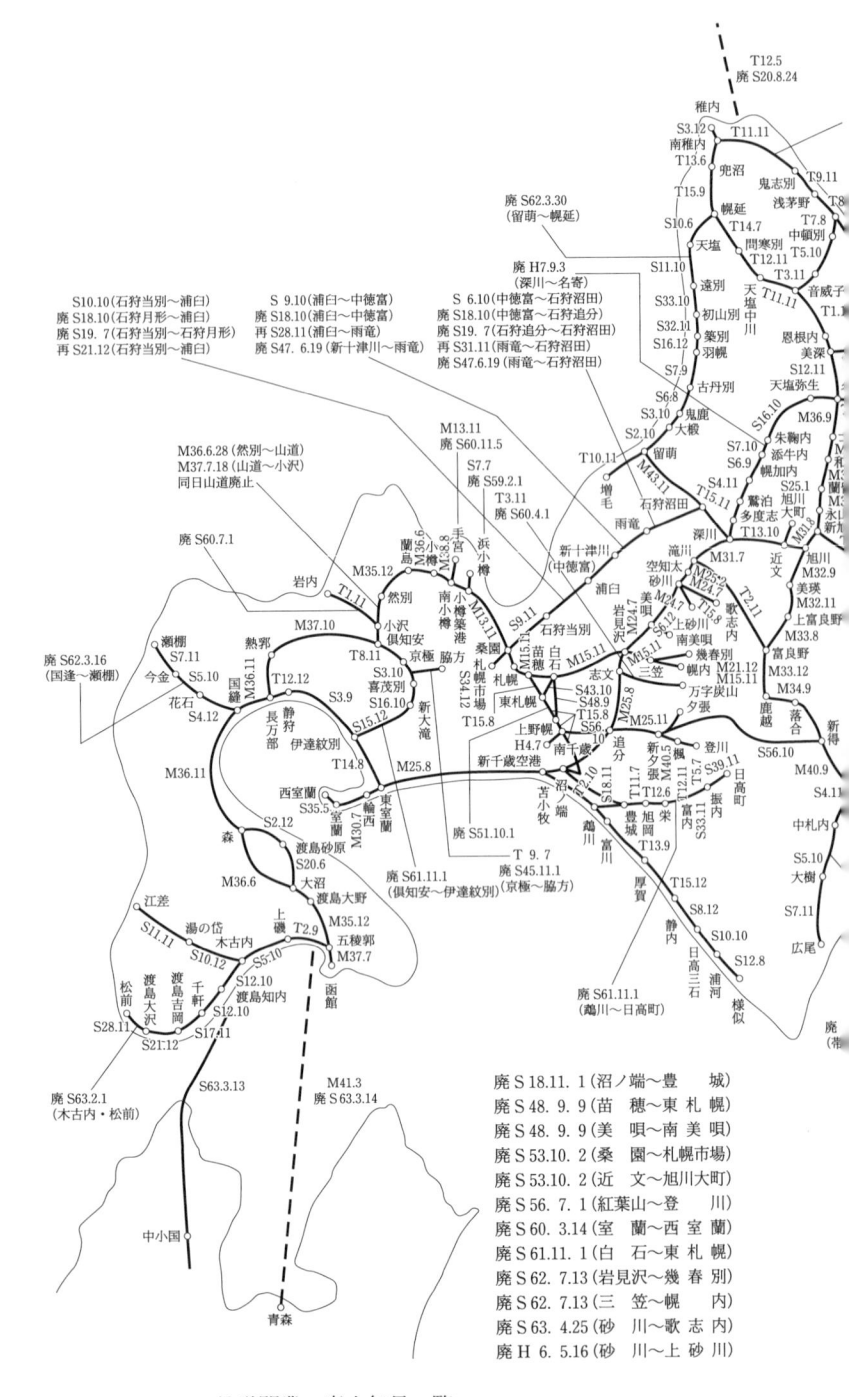

鉄道開業・廃止年月一覧

出典：太田幸夫『北海道の鉄道125周年記念　北海道の鉄道125話』より
引用文献：太田幸夫，鉄道開業・廃止年月一覧，『北海道の鉄道125周年記念　北海道の鉄道125話』富士コンテム，2005年12月。

※・白石〜東札幌間は定山渓鉄道としてT7.10.17開業。千歳線が開業したT15.8.21からは苗穂〜東札幌間は定鉄、国鉄共通使用。S20.3白石〜東札幌間レールを戦争のため供出。

※・S43.10. 白石〜東札幌間、白石〜新札幌駅(現札幌貨物ターミナル駅)間開業。

※・池北線(池田〜北見間)は、平成元年6月3日をもって営業廃止となったが、翌4日から第三セクター北海道ちほく高原鉄道株式会社が、路線の愛称を「ふるさと銀河線」として、営業を継承した。しかし、経営悪化のため平成18年4月21日廃止となった。

※ 廃止日とは列車が運行された最後の日の翌日をいう。

凡 例
M：明治年代
T：大正年代
S：昭和年代
H：平成年代

あとがき

　観光は地域経済や産業と密接な関わりをもっている。このため，地域経済の発展過程からできあがった交通インフラ，産業活動や衰退した産業の関連施設（産業遺跡），都市型のレジャー施設や商業施設，住民生活と密接な飲食関連施設など，多種多様な集積が観光と接点を有している。したがって，観光産業を振興しようとする場合も観光産業そのものは存在しないことから，地域の産業振興，もしくは地域経営という観点に立って取り組まなくてはならない。地域に存在する観光資源などの経営資源を掘り起こし，活性化へと結びつけるためには住民と行政，企業など地域構成員の参加と協力が欠かせない。

　これまでみてきたように，北海道を代表する観光地である小樽市や函館市であってもその観光地としての発展の道のりは住民や市民の地域づくりやまちづくりによって踏み固められたものであった。富良野市の観光資源であるラベンダー畑の場合は，同じ住民や市民であっても個人の努力によってもたらされた部分が大きい。急成長している旭川市の旭山動物園は行政職員が工夫をこらしたことによって活況を勝ち取ってきたが，その取組み姿勢は予算が限られるなかで日常業務の範囲を超えたものであり，動物好きの市民との相似形がみえる。また，その旭山動物園が閉園の危機に直面していた時期に支援を続けてきたのも市民である。旭山動物園の職員と同様に日常業務の範囲を超えた労力の投入がなされているとみられるのが自治体のホームページを担当している職員である。自治体内部に地域づくりやまちづくりへの関心が高まるとともに情報発信の手段として質的要素の高さを求めて業務範囲が広がりやすい性格をもっている。このため，職員が業務に取り組むうえで通常とは異なるエネルギーが求められる。また，急速に国内に普及しているコミュニティFM放送局では住民や市民が自分たちの住む街の情報を同じ住民や市民に語りかけることで，地域の魅力を日々掘り起こしている。

　特筆すべきは，北海道の空の玄関となって世界中から多くの観光客を受け入

れているわが国を代表する千歳空港も元々は市民の手づくりによってできあがった飛行場が原点であったことである。さらには，さっぽろ雪まつり，YOSAKOIソーラン祭りなど，北海道を代表するイベントの多くが市民の創造的な取組みに端を発している。また，行政主導によって鳴り物入りで取り組んだ食の祭典が失敗に終わったという貴重な経験も市民の役割の重要性を示す逆の例としてあげることが許されるはずである。

　このような個々の住民や市民の地域をみつめる真摯な姿勢が積み重なってそれまでは気づかなかった多様な魅力が掘り起こされ，観光客に地域の情報を伝えることが可能となっている。観光とは地域を総合的にみて，体感することである。地域にある資源のなかでもっとも多様性に富み，しかも他の資源とのネットワーク関係を結んでいるのは地域と運命共同体となっている住民そのものであろう。しかも，その価値を伝えるうえで多様なメディアを活用し，魅力的な口コミなどを身につけることができれば，地域資源に新しい意味や価値を与えることとなってその効果も高まるはずである。市民意識の高まりは，ときには函館市のように観光客を引き付ける魅力を創造する市民活動にまで発展する可能性も秘めている。北海道観光が伸び悩んでいる現状において，これまで地域で観光振興に関わってきた行政や観光関係者は，観光が関係する産業の多様性と市民の役割の重要性を改めて認識することが求められている。とりわけ，少子・高齢化で担い手の減少が顕在化していることを考慮すると，地域資源をこれまでと異なった視点で見つめ直し，地域住民の意志をまとめあげることができるような求心力を備えた新たな地域経営への取組みが急がれる。

2008年2月8日

佐藤郁夫

索　引

【ア行】
アイサード　7, 28
あいまい　161
赤井川村　74, 111, 139
アーカイブス　128, 131, 133
赤字ローカル線　77
阿寒湖温泉　36
阿寒町　108, 111, 115
旭川市　7, 168, 170, 179, 180, 188
旭山動物園　7, 8, 17, 19, 20, 23, 108, 110, 170, 180〜184, 186〜188, 193
────くらぶ　185, 186
虻田町　108, 109, 115
アーリー　18, 21
アルビン・トフラー　185
アルファトマムリゾート　77
安・近・短　81
アンノン族　61
域際収支　25, 84
石屋製菓(株式会社)　13, 62, 152
移出産業　13
隠喩　20
ヴェブレン　17, 18
宇沢弘文　28
運河　69, 100, 150
エアドゥ　83
エイチ・アイ・エス　82, 83
エコツーリズム　17
エルデシュ数　164, 165
大滝村　111, 115, 121
小樽市　69, 100, 101, 103, 110, 139, 150, 193
小樽市街自動車株式会社　40

小樽乗合自動車合資会社　40
帯広千秋庵　62
温泉
────地域力　164〜166
────法　48

【カ行】
開道 50 周年記念博覧会　39
外部効果　6
カスケード　21, 185
株式会社
────キロロ開発公社　75
────サホロリゾート　68
────はこだてティーエムオー　172
上川町　109, 114, 115
加森観光株式会社　69
カラカミ観光　14, 51
唐神商店　59
観光
────基本法　57
────客入込調査　57
────協会　43, 45, 49
────事業審議会　48
────週間　59
────主体　3, 27
────政策審議会　57
────の定義　27
────白書　57
観光クラスター　14, 15
────理論　6, 16
観光地形成　22
────者　8
観光(の)ライフサイクル　22, 96, 98,

101,102,128
　──理論　12
観光立地　3,11,12,16
　──論　5
函樽鉄道株式会社　38
換喩　20
記号　19,21
希少性　14,18,21
北日本航空　50
基盤産業　13
キャリア　65
競争優位　13,15
　──性　7
共有地　30
距離費　5
均一周遊券　53
近畿日本ツーリスト　53,81
空間
　──的移動　6
　──立地論　15
空間経済　3,7
　──学　6,7,15
草の根のマーケティング　187,188
倶知安町　109,111,124
クラスター理論　12,14,15,17
グラビティー　4
　──・モデル　3
グリーンシャイン構想　72
グリーンツーリズム　17,34
クルーグマン　7,15
黒川温泉　115,118
グローバル観光戦略　85
経済基盤説　12
経済財政諮問会議　55,85
経済地理学　3
結節点　12,21,161,165
ケビン・ベーコンの神託　21,164,165
顕示的閑暇　17
公共財　28
航空業界の規制緩和　83

公正取引委員会　82
行動展示　20,23,187
神戸ポートアイランド博　78
交流人口　25
国際観光
　──協会　43,46,52
　──局　45
　──都市宣言　76
　──年　60
　──ホテル整備法　48
国際収支　40,55,84
国際リゾート連担都市　74,81
国鉄民営化　81
コミュニティFM放送　131～133,162,
　179,187,193
コモンズ　30

【サ行】
サッチャリズム　71
札幌(市)　100,108,109,111,148,149
　──観光協会　54
　──商工会議所　44
札幌グランドホテル　44,51,63
札幌国際スキー場　68
札幌国際冬季オリンピック　62
札幌自動車合資会社　40
札幌パークホテル　56
さっぽろ雪まつり　49,149,194
札幌リゾート開発公社　67
時刻表　46,82
支笏湖洞爺湖国立公園　49
施設立地モデル　6
自然遺産　93
市町村合併　118
シナジー効果　23,25,26,122
市民創作「函館野外劇」　174
　──の会　172,176,187
占冠村　68,84,140
シムカップ・リゾート開発公社　68
地元産業　13

索引　211

社会的
　　──共通資本　27
　　──ジレンマ　28
　　──ネットワーク　128
ジャパン・ツーリスト・ビューロー
　40,41,46
ジャルパック　58
収穫逓増　6
集積効果　6
準公共財　5,27
定山渓　111
　　──温泉　35,118
ジョン・アーリー　29
知床　85,93,108,109,134
　　──国立公園　76
新千歳空港　83
神頭（広好）　5,27
新得町　68,121
スカイマークエアラインズ　83
ステイクホルダー　161
ストーリー　21,187,188
スモールワールド・ネットワーク　20,
　21
西武セゾン（グループ）　68,74,82
世界遺産　85,93
世界・食の祭典　78
全日空（全日本空輸）　50,54,58〜60,65
全日本観光連盟　47,52
層雲峡温泉　36
総合保養地域整備法　73,74
相乗効果　23,122
相転移　21,182
壮瞥町　109,113,115
ソーシャルネットワーク　144,161

【タ行】
ダイエー　82
大規模リゾート地域整備推進協議会　73
第三セクター　68,72,75,77,81,168,174
第三の波　185

大雪山国立公園　44
ダイヤモンドモデル　15
第四次全国総合開発計画　74
滝上町　121
ダグラス・G・ピアス　27,30
ただ乗り　28
ダブルトラック　83
地域
　　──と観光の重層化　10
　　──ブランド　5,16,18,20,147
地中海クラブ　68,74
千歳空港　50,54,62
地方交付税　118
チューネン　3,4
帝国ホテル　42
ディスカバー・ジャパン　61
弟子屈町　111,115
デスティネーション　65
鉄道省国際観光局　44
電子掲示板　126
伝達者　186
東亜交通公社　46
東亜国内航空　50
東亜旅行社　46
東京オリンピック　56,60,61
同質地域　11
洞爺湖　44
　　──温泉　36,43,51
洞爺村　113
都市間の階層性　6
トマムリゾート　72,140
トリプルトラック　83

【ナ行】
内需拡大　71
内発的発展論　12
中村（剛治郎）　11,15,27
ナショナルトラスト運動　77,94
雪崩　21,185
ナラティブ　188

西岡(久雄)　4,6,9,27
ニセコ(町)　57,65,67,74,124,125,137,140,190
日本観光協会　52
日本航空　50,53,58,60
日本交通公社　40,46,47,53,58,60,61,65,68,81
日本国内航空　59
日本国有鉄道　48
日本修学旅行協会　48
日本食堂　41
日本新八景　43,68
日本政策投資銀行　118
日本鉄道　39
日本鉄道会社　38
日本の市区町村別将来推計人口　113
日本万国博覧会　60
日本ヘリコプター輸送　50,54
日本郵船株式会社　38,39
日本旅行(会)　40,53,81
入湯税　118
ネットワーク理論　20
登別温泉　35,36
　　──ケーブル　54
のぼりべつクマ牧場　69
登別市　108,109,115

【ハ行】
はこだてクリスマスファンタジー　172,174,175
函館市　75,100,101,103,108,110,111,150,152,168〜170,172,175,179,187,188,193
バトラー　22,96
幅運賃制度　83
ハブ　12,152,161,165
バブル経済　69,71,80〜84,96,100,181
万国博覧会　61
ピアス　24
美瑛町　113

ヒエラルキーモデル　6
東藻琴村　113,121,139
非基盤産業　13
ビジット・ジャパン・キャンペーン　55,86
人の空間(的な)移動　8,9
非排除性　5
美深町　140
ファーム富田　103
複合遺産　93
藤田(昌久)　7,28
プラザ合意　71,81
富良野市　100,101,103,108,111,139,150,193
ブランド
　　──拡張　150
　　──形成　15
　　──認知　151
　　──連想　150
フリーライダー　28
ブログ　144,161
プロシューマー　27,30,185
プロダクトサイクル　22
　　──理論　12
文化遺産　93
貿易収支　43,50
ポーター　12,14,15
北海道
　　──開発庁　51
　　──開発法　51
　　──観光審議会　54,59,64
　　──観光連盟　46,56
　　──新長期総合計画　74,81
　　──総合開発第一次5ヶ年計画　51
北海道大博覧会　54
北海道炭鉱汽船株式会社　38
北海道炭鉱鉄道会社　37,38
北海道中央乗合自動車株式会社　40
北海道中央バス　40,57,67
北海道東北開発公庫　56,69,76

北海道洞爺湖サミット　12,86
北海道富良野・大雪リゾート地域整備構想　74
北海ホテル　42
ホテル三愛　56
ポートピア'81　78
ポートフォリオ　23
ポール・クルーグマン　28
幌内炭山　37

【マ行】
前川レポート　71
まなざし　18,19,21,25
見えざる輸出(産業)　11,14
民活法　71
メタファー　20,164,165
メーリングリスト　128
もく星号　50
元町倶楽部　172,177,178,187
物語　19,21,187

【ヤ行】
山岸俊男　28
山崎(朗)　15,16,28,29
山村(順次)　8,28
夕張市　31,32,78,151
湯の川温泉　34

【ラ行】
楽天市場　152
楽天トラベル　116
利害関係　24
　　──者　161
陸軍演習場　45
利尻町　114,140
利尻島　134
利尻富士町　111,114,139,140
リゾート法　73
立地論　3～9,17
旅館業法　48

緑陽日本構想　72
旅行幹旋業　41
　　──法　48
旅行業法　48
臨界点　21
臨時行政調査会　71,77
林野庁　76,78
ルスツ高原　69,74
留寿都村　69,111
ルスツリゾート　54
ルック　60
留辺蘂町　111,114,115
レーガノミックス　71
歴史的景観条例　76,173,174,177
礼文町　111,140
礼文島　134
連合軍総司令部　46
ロイヤルホテル　56
六花亭製菓(株式会社)　13～15,62,152

【ワ行】
脇田(武光)　5,6,27

【B】
basic industry　13

【E】
economic base theory　12

【G】
GHQ　46,47
Google　147,148,151

【J】
JR　81
JTB　81,82

【M】
M・E・ポーター　29

【N】
non-basic industry　13

【S】
Space-Economy　7
Spatial-Economy　7

【T】
Tourism Area Life Cycle　96

【Y】
YOSAKOI ソーラン祭り　82, 133, 194

佐藤 郁夫(さとう いくお)

1955年　北海道初山別村に生まれる。
　　　　上智大学法学部卒業後,昭和シェル石油㈱,㈶日本エネルギー経済研究所,北海道銀行調査部を経て,1996年より札幌大学勤務。
現　在　札幌大学経営学部教授・附属産業経営研究所所長
　　　　東京大学大学院法学政治学研究科客員研究員
主　著　『北海道産業史』〈共著〉北海道大学図書刊行会,2002年
　　　　『札幌シティガイド』〈監修・共著〉札幌商工会議所,2004年
　　　　『起業教室』中央経済社,2005年
　　　　『北海道の企業』〈共編著〉北海道大学出版会,2005年

観光と北海道経済——地域を活かすマーケティング

2008年4月25日　第1刷発行

著　者　　佐藤郁夫
発行者　　吉田克己

発行所　北海道大学出版会
札幌市北区北9条西8丁目 北海道大学構内(〒060-0809)
Tel. 011(747)2308・Fax. 011(736)8605・http://www.hup.gr.jp

アイワード　　　　　　　　　　　　　　　Ⓒ 2008　佐藤郁夫
ISBN978-4-8329-6696-3

北海道の企業 ―ビジネスをケースで学ぶ―	小川正博 森永文彦 編著 佐藤郁夫	A5・320頁 価格2800円
日本資本主義と北海道	田中　修 著	A5・366頁 価格3500円
日本経済の分析と統計	近　昭夫 藤江昌嗣 編著	A5・372頁 価格4400円
現代の労働・生活と統計	岩井　浩 福島利夫 編著 藤岡光夫	A5・394頁 価格4200円
日本的生産システムと企業社会	鈴木良始 著	A5・336頁 価格3800円
日本的経営とオフィスマネジメント ―ホワイトカラー管理の形成と展開―	児玉敏一 著	A5・240頁 価格3500円
非営利組織の経営 ―日本のボランティア―	小島廣光 著	A5・256頁 価格4600円
経済のサービス化と産業政策	松本源太郎 著	A5・216頁 価格3500円
雇用官僚制［増補改訂版］ ―アメリカの内部労働市場と"良い仕事"の生成史―	S.ジャコービィ 著 荒又・木下・ 平尾・森 訳	A5・456頁 価格6000円
会社荘園制 ―アメリカ型ウェルフェア・キャピタリズムの軌跡―	S.ジャコービィ 著 内田・中本・ 鈴木・平尾・森 訳	A5・576頁 価格7500円
アメリカ大企業と労働者 ―1920年代労務管理史研究―	平尾・伊藤・ 関口・森川 編著	A5・560頁 価格7600円
ニュージャージー・スタンダード 石油会社の史的研究	伊藤　孝 著	A5・490頁 価格9500円
社会史と経済史 ―英国史の軌跡と新方位―	A.ディグビー C.ファインスティーン 編 松村・長谷川・ 髙井・上田 訳	四六・296頁 価格3000円

〈価格は消費税を含まず〉

――――――― 北海道大学出版会 ―――――――